# 덕립선언서

# 덕립선언서

서찬휘 지음

생각비행

2019년 〈그녀의 사생활〉이라는 TV 드라마가 나왔다. 시쳇말로 '아빠백통'으로 불리는 거대한 렌즈를 끼운 DSLR을 버겁게 든 채로 표정만은 해맑게 짓고 있는 언니가 포스터에 떡하니 서 있었다. 이 언니가 작중에서 어떤 역할을 하는 사람인가 했더니 다름 아닌 홈마(홈페이지 마스터)란다.

홈마는 연예인들의 동선 일체를 따라다니며 초고해상도 사진과 동영상을 촬영해서 자기 홈페이지에 올리고 팬들에게 팔기도 하는 이들을 뜻한다. 기획사에 고용된 이도 기자도 아니고 사진 전문가도 아니지만 연예인 한정으로라면 연예지 기자보다 더 생생한 인물 화상을 촬영해내어 내 새끼들(?)을 더 가까이에서 보고픈 팬들의 욕망을 채워주는 사람들이다. 놀라운 건 이런 이를 주인공으로 내세운 작품의 포스터에 적힌 홍보 문구다. "덕질이 세상을 아름답게 하리라!" "나는 '사랑'이라 하고 세상은 '덕질'이라 합니다." 어쩔 수 없이

(?) 흥미가 동해 들여다보다가 저 어마어마한 대구경 렌즈의 줌을 당기며 외치던 주인공의 대사 하나에 그야말로 뒤집어졌다. "역시 덕질은 장비발이지!" 그렇다. 여기서 말하는 덕질 어디에도 만화와 애니메이션은 없다. 장비발로 승부하는 냉혹한(?) 러블리 홈마와 그 먹잇감이 될 가련하지만은 않은(?) 피사체가 있을 뿐.

아이돌을 좋아하던 이들이 '빠'(팬을 비하하던 빠순이·빠돌이의 어감에서 멸시를 탈락시킨 말)를 넘어 '덕질'(오타쿠로서의 행위 일체)로 진입해 들어오던 흐름이야 이미 수년 전부터 감지되던 바다. 그렇지만 홈마를 주인공으로 내세운 TV 드라마에서 '덕질'이 아예 연예인에게 마음이 동하고 몰입해 온 힘을 다하는 일로 명확히 규정되는 모습을 보면서 나는 살짝 아연하면서도 아련한 기분에 빠지고 말았다. 그렇군. 이제 나 같은 오덕의 시대는 이렇게 끝났구나. 의식이 있는 채로 사망신고서에 서명하는 의사를 바라보고 있는 기분이란 이런 걸까.

* * *

오타쿠가 아닌 자생형 한국산 오덕의 이야기를 콘셉트로 잡았던 나의 첫 책 《키워드 오덕학》은 세종도서 선정을 비롯해 그 나름대로의 성과를 냈다. 의도와는 완전히 부합하지 않는 감상도 더러 있었으나, 많은 분이 일본발 오타쿠 문화의 단순 번역이 아니라 우리 시선에서 풀어낸 우리네 오덕 이야기라는 점에 공감해주셨다. 두 번째 책 《나의 만화유산 답사기》를 낸 이후 출판사는 《키워드 오덕학》의 후속작으로서 오타쿠와 오덕 용어를 인문학적 견지에서 해설하는 사전을 쓸 것을 제안했다. 지금 이 책은, 원래는 사전이 될 예정이었다. 그러나 결과적으로는 그리 되지 못했다. 그 짧은 사이에 많은 것이, 그리고 모든 것이 완전히 변했기 때문이다.

《키워드 오덕학》은 한국 땅에서 만화와 애니메이션을 좋아했던 한국산 '오덕'으로서 일본의 오타쿠 문화를 일본과 동시기에 똑같은 감각으로 영위할 수 없는 까닭을 말했던 책이다. 그래서 우리의 이야기가 많이 들어 있지만, 반대로 말해서 우리가 받아들였던 많은 문화의 원산지와 배경을 새삼 다시 확인하는 이야기이기도 했다. 그리고 나아가 그럼에도 한국 땅에서 만화와 애니메이션을 좋아하는 입장에서 이 문화가 일본의 단순 복제에 머무르지 않고 나름의 색채를 띠고 한국의 대중문화 안에서 역할과 영향력을 지니기를 바라는 마음을 담은 글들이기도 했다.

한데 쓴 지는 3년여, 책이 나오고는 불과 2년여 만에 한국은 《키워드 오덕학》을 쓰던 당시엔 상상도 할 수 없던 형태로 변했다. 오덕질, 나아가 맥락이 탈락한 개념으로서의 '덕질'의 주류가 만화와 애니메이션에서 콕 집어 K-POP으로 그야말로 완전히 넘어갔다. 개념이 변하고 있다는 언급을 하긴 했지만 개념이 확장되는 수준을 넘어 주류 자체가 뒤집어진 것이다. 그사이에 K-POP은 만화나 애니메이션을 좋아하는 입장에서는 정말 언젠가 죽기 전에는 닿을 수 있을까 싶던 위상으로 성큼성큼 앞장서 올라서고 있었다. 불과 2년여 만이다. 과연 국가번호 82를 단 나라의 시민들다운 모습 아닌가.

6

그 첨병이라 할 방탄소년단BTS의 행보는 콘텐트의 스토리텔링에서부터 팬층의 확대, 캐릭터화, 그리고 전 세계가 주목하는 해외 무대에 이르기까지 한국 만화가 보일 수 있으면 좋겠다고 생각하던 대부분의 것을 눈앞에서 보여주고 있다. 방탄소년단만이 아니다. K-POP은 음악은 물론 한국 대중문화의 성격과 저변이 '한국적'이라는 모호한 딱지를 붙여서야 자부심을 억지로 제조할 수 있던 시기를 어느덧 벗어나 있음을 보여주고 있다. 그런 와중에 2020년 한국 영화 〈기생충〉이 미국에서 오스카상을 받는 일까지 일어나고 나니, 소위 '국뽕'까지 안 가더라도 이젠 자연스레 "우리 좀 괜찮네?"라고 말할 수 있게 됐다 해도 과언이 아니다. 이들을 통해 형성되는 덕들의 범위는 일본에 기인해 영향을 받았으되 자생하기도 했던 우리나라의 어느 부류라는 설명이 무색하게 그냥 '세계 단위'다.

우리가 모르는 사이에 우리나라의 문화적 체급은 많이 올라가 있었던 셈이다. 물론 모든 건 각자의 성취지만 그것이 저변의 문화자산 없이는 나오지 않는다는 점을 배제해선 안 된다. 한데 공교롭게도 우리가 내심 우위로 인정하며 속상해하던 옆 나라 일본은 문화를 넘어 사회 전체가 많은 부분에서 어이가 없을 만큼 허술함을 노출해가고 있었다. '우리가 알던 일본이 맞나?'라는 당혹감과, 객관적 견지에서도 우리가 앞서는 것으로 보이기 시작하는 상황은 어느덧 마흔을 훌쩍 넘긴 만화 오덕 아저씨 입장에선 그야말로 적응을 할 수 없을 만큼 기괴한 상황이다.

그러나 어쩌랴? 대중문화라는 넓고 깊은 바다의 주도권을 쥐고 압도적인 영향력과 파괴력을 보여주는 건 나를 포함한 앞 세대 오덕들이 그토록 보고 싶던 만화와 애니메이션이 아니고, 또한 지금의 세대가 필요로 하는 만화와 애니메이션은 우리가 그토록 성취하고 싶던 형태와는 완전히 거리가 멀어졌다.

　냉정하게 말해 대중 평균이 형성되어 있는 지점이 급격히 달라졌다. 공교롭게도 일본과 연결되어 있거나 영향을 받았던 개념을 분석하고 해설하는 건 《키워드 오덕학》이 나오던 그 시기까지가 딱 한계 지점이었던 셈이다. 기막힌 타이밍에 막차를 탔구나 하는 안도감도 잠시, 나는 계약한 이 책을 놓고 깊은 절망에 빠졌다. 창작자나 업계인, 연구자를 위한 지식이 아닌 바에야 대중에게 이미 덕질이란 만화와 애니메이션 쪽과는 아무런 상관이 없는 영역이 됐다. 그리고 일본은 더 이상 참고가 될 만한 역할을 하지 못한다. 이래선 원래 내려던 책에는 아무런 의미가 없다. 그래서 과감히 결단했다. 책의 방향을 완전히 바꾸자. 판단은 늦었지만 더 늦으면 아예 답이 없는 상황이었다.

　이 책은 그래서 '일본의 영향을 받은 건 맞지만 우리 나름대로 이 땅에서 소화하고 자생해온 지점'을 논하던 《키워드 오덕학》과는 달리 조금 더 우리 안에서 형성되어온 것의 연유와 현재에 집중한다. 오덕으로서도 일본과의 연결점에 매일 필요가 사실상 사라진 지금 우리네 안에 형성된 자산을 돌아볼 필요를 느꼈기 때문이다. 영향을 받아 형성된 영역은 앞 책에서 충분히 짚었고 지금은 이미 그 역할이 중요하지 않게 되기도 했다.

지금을 파악하기 위해 과거를 훑을 수밖에 없는 대목이 많지만 너무 멀리는 가지 않으려고 애를 썼다. 이 책이《한국 오덕사》는 아니기 때문이다. 원형이나 연혁을 좇는 부분이 아니라면 대체로 2010년을 전후한 시점부터 10여 년 정도의 근래를 훑으려 했다. 덕분에 지난 10여 년간 써왔던 글들을 끄집어서 다시 보고 스스로 힘겨워하는 반성의 시간을 강제로 보내기도 했다. 기회가 닿는다면《한국 오덕사》라는 기획을 집필해볼 만은 하겠지만 이번은 아니다. 이 기획은 언젠가의 숙제로 남겨두고자 한다.

* * *

원고를 쓰는 와중 터진 코로나19 사태는 재택근무에 너무나 익숙한 내게도 견디기 버거웠다. 전 세계를 덮치는 역병과 그 여파 한가운데에 서리라곤 상상도 못 했는데, 그로 말미암아 나와 내 주변은 물론 세계의 모습과 질서가 근본적인 부분에서부터 바뀔지 모른다는 생각을 하면 그저 아득할 따름이다.

게다가 설마하니 〈아키라〉 속 2020년 도쿄 올림픽 중지가 진짜로 현실화하는 모습을 눈앞에서 지켜보게 될 줄은 몰랐지만, 어이없음은 잠시고 역병을 맞이하는 과정에서 안 그래도 충분히 우스웠다가 더 우스운 꼴로 무너져가는 일본의 모습을 보며 복잡미묘한 심경에 빠지고 있었다. 그러다 어쩌면 지금 이 시점 내 안에서 나오는 이야기는 일종의 독립선언문일지도 모르겠다는 생각이 들었다. 그래서 책 제목을 이리 붙였다. 이제는 진짜 우리 이야기만 해도 괜찮을 것 같다는 심정이다. 아마도 비슷한 심정으로 근 몇 년을 보낸 이들이 많을 터다. 괜찮다. 원하는 방향은 아니긴 할 터이나 크게 보면 바라던 방향 아니던가?

　세상 걱정을 안 할 수 없는 이 상황 속에서 말할 수 없을 만큼 힘겨웠다. 자잘한 원고들이 너무 겹쳐 있기도 했지만 느닷없이 보름 넘게 몸이 퍼져 병원에서 그 유명한 마늘주사를 맞고 오는 촌극도 겪었다. 앞서 썼던 글들을 수정, 가필하는 경우도 있었지만 사실상 뼈대만 남기고 거의 다시 쓰다시피 한 경우가 대부분이어서 공은 되레 곱절로 들어갔다. 어쨌거나, 어찌어찌 끝을 맺는다. 언제나 그렇지만 책의 내용에 관한 모든 판단은 내 손을 떠난 순간부터 독자 여러분의 몫이다. 나의 여섯 번째 책을 기꺼이 집어 들어주신 모든 분께, 아울러 가족과 오랜 시간 인내심을 지니고 기다려주신 출판사 생각비행 관계자 여러분께 감사 말씀을 전한다.

2020년 경자년 6월

서찬휘

ConTenTs

01

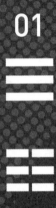

# 2019 일본발 서드 임팩트, 그 입맛 쓴 결말

한국의 오덕 문화가 더 이상 일본 영향권이 아니게 된 사건

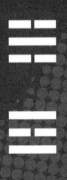

지난 2019년 8월 23일, 한국의 래퍼 데프콘은 자신의 유튜브 채널
인 데프콘TV에 영상 한 편을 올린다. 이 3분 58초짜리 짧은 영상에
서 데프콘은 작업실 한 면을 차지하고 있는 대형 화보를 찢었다. 화
보에 담긴 건 소류(시키가미) 아스카 랑그레이. 다름 아닌 일본 애니
메이션 〈신세기 에반게리온〉의 주인공 가운데 한 명이자, 데프콘이
"내 여자친구"라고 공언하고 다니던 캐릭터다.

2D 캐릭터지만 온 힘을 다해 인격체로 여기고 사랑함을 온갖 방
송 활동 속에서 드러냈던 대상을 '버리기로' 작정한 데프콘의 움직임
은, 얼핏 보면 일말의 미련조차 남기지 않은 듯 가벼웠지만 중간중
간 배어나오는 비통한 감정만큼은 애써 태연한 듯한 등 뒤에서도 절
절히 묻어났다.

많은 이가 이 광경이 보여주는 묵직한 침울함을 이해하고 동조하

래퍼 데프콘이 2019년 8월 23일 유튜브에 올린 영상에서 여자 친구라 공공연히 말해왔던 '아스
카'가 그려진 대형 화보를 자기 손으로 찢는 장면을 공개하고 있다.
https://www.youtube.com/watch?v=hhz5DCBoFjE

는 까닭은 데프콘이란 인물이 내비쳐온 애정이 진심이었기 때문이 크다. 하지만 더 큰 이유가 있다면, 그랬던 사람이 이렇게까지 하는 이유가 너무나 명확했기 때문이기도 하다. 그 이유란 바로 〈신세기 에반게리온〉의 캐릭터 디자이너이자 만화판 작가인 사다모토 요시유키貞本義行가 지난 2019년 8월 9일 트위터에 적은 평화의 소녀상 모독 때문이다.

## 평화의 소녀상을 둘러싼 설왕설래

평화의 소녀상은 일본군 '위안부' 피해자의 아픔을 형상화한 조형물이다. 의자에 앉아 있는 단발머리 소녀의 형상을 한 이 조형물은 부모와 고향에서 단절당한 소녀의 아픔(머리)과 전쟁이 끝나고도 정착하지 못한 아픔(뒤꿈치를 든 맨발), 이미 세상을 떠난 피해자와 지금까지도 사과를 받지 못한 채 남은 피해자의 현재를 연결하는 매개체(새), 피해를 입었던 모습에서 세월이 지나 이제 노인이 된 모습(할머니 그림자), 마지막으로 세상을 떠났거나 미처 드러나지 못한 채 사라져 간 모든 피해자들(소녀 옆의 빈 의자)을 상징하고 있다. 사다모토 요시유키는 바로 이 소녀상을 "더럽다"고 말했다.

"더러운 소녀상. 천황의 사진을 불태운 후 발로 밟는 영화. 그 나라의 프로파간다 풍습. 대놓고 표절. 현대 예술에게 요

キッタネー少女像。
天皇の写真を燃やした後、足でふみつけるムービー。
かの国のプロパガンダ風習
まるパク！

現代アートに求められる
面白さ！美しさ！
驚き！心地よさ！知的刺激性
が皆無で低俗なウンザリしかない

ドクメンタや瀬戸内芸術祭みたいに育つのを期待してた
んだがなぁ...残念でかんわ

트윗 번역하기
오후 2:45 · 2019년 8월 9일 · Twitter for iPhone

사다모토 요시유키의 2019년 8월 9일자 트윗글.

구되는 재미! 아름다움! 놀라움! 지적 자극성이 전혀 없는 천박함에 질렸다" 　　　　2019. 8. 9 사다모토 요시유키 트위터 중

시기 면에서 보자면 일본군 '위안부' 문제를 정면으로 다룬 일본계 미국인 미키 데자키Miki Dezaki 감독의 영화 〈주전장〉을 두고 불쾌감을 표현했다 보이는 발언이다. 하지만 이 시기는 일본 정부가 한국을 드러내놓고 식민지로 여기고 있는 게 분명할 만큼 어처구니없는 외교적 결례를 반복하고 있는 와중이었다. 이 시점에 타이밍도 기막히게 터져 나온 사다모토 요시유키의 반응은, 〈신세기 에반게리온〉이 지니는 상징성과 더불어 이 작품에서 사다모토가 지니고 있는 위치가 결부되면서 말 그대로 태풍의 눈이 됐다. 사다모토 요시유키의 발언은 그렇게 한동안 시끄러움을 낳았고, 한국인들의 '〈신세기 에반게리온〉 손절' 선언은 물론 동료 일본인 창작자들의 비판과 대리

사과도 이어졌다.

　어느 나라에나 시대착오적 차별주의와 전체주의에 허우적대는 이들은 있다. 한국엔 그런 이들이 없냐 하면 일베(일간베스트)나 나무위키로 대표되는 일군의 극우 파시스트들이 끊임없이 지역 혐오와 정치 혐오, 성 차별을 조장하고 있다. 서구권의 인종 차별 또한 말할 것도 없어서, 홀로코스트를 사과했다는 독일에서조차 여전히 상존하고 있을 만큼 유구하고 뿌리 깊다. 일본이 문제인 건 그나마도 독일처럼 사과조차 안 한 채로 오로지 피해자와 희생자들이 모두 사라지기만을 기다리고 있기 때문이기도 하지만, 심지어 가해자 입장에 서 있던 이들이 대를 이어서 국가 정치의 중심에서 끊임없이 과거의 욕망을 현재에 관철하려 들고 있다는 점에서도 문제가 크다.

　사다모토 요시유키의 발언은 엄밀히 말하면 일본은 물론 한국에

가이낙스 원작, 사다모토 요시유키가 만화를 맡은 〈신세기 에반게리온〉 만화판.
사진은 한국어 정식 번역본 4권으로 아스카가 표지에 나와 있다.

서조차 걸핏하면 튀어나오는 이상한 소리 중 하나에 불과하고 그 수준도 '논'하기조차 안타까울 만큼 저열하다. 하지만 문제는 그 말을 한 당사자가 〈신세기 에반게리온〉에 매우 중요한 입장으로 참여한 사람이라는 데에 있다. 〈신세기 에반게리온〉의 감독은 분명 안노 히데아키庵野秀明다. 그렇다고 사다모토 요시유키를 이 작품에서 떼어 놓고 이야기하는 건 불가능하다. 사다모토 요시유키는 작중에서 움직이는 인물들의 원형을 만든 사람이자, 이 작품 만화판의 작가이기도 하기 때문이다. 게다가 〈신세기 에반게리온〉의 만화판은 애니메이션판을 만화로 충실하게 변환하기만 한 작품이 아니다.

〈신세기 에반게리온〉이 어떤 작품이던가? 한 시기 명백히 존재하던 한일간 대중문화 수준의 불균형 속에서 인터넷조차 지금 같지 않던 시기에 어렵게 어렵게 접한 최신 애니메이션이었다. 게다가 어딘지 하나같이 결함을 지니고 있던 인물들에, 종말론적인 냄새를 짙게 풍기는 세계관, 수수께끼와 상징 체계로 점철된 듯한 설정, 게다가 14살이라는 주인공들의 연령대까지 더해 급속 성장의 끝물과 이윽고 닥쳐올 몰락의 대혼란기를 맞이하던 시기의 젊은 청춘들의 가슴을 뒤흔들기에 충분했다.

일본에서도 만화와 애니메이션을 비롯한 대중문화는 〈신세기 에반게리온〉 전후로 나뉜다고 거칠게 단언해도 이상할 게 없다. 하지만 물 건너 한국에서도 그 '물 건너'라는 희소성까지 포함해 이 작품에 몸과 마음이 경도된 청소년기를 보낸 이들이 많았다. 그리고 그 시점부터 20여 년 정도가 지난 지금, 당시의 청소년과 청년들은 나

이를 먹어 옛 추억을 간직한 채 장년층, 다시 말해 데프콘 정도의 연령대가 돼 있다. 그런 이들이 품고 있던 추억과 청춘의 한 페이지를 다른 누구도 아니고 작품을 만든 중요 인물이 찢어발긴 셈이다. 사다모토 본인은 그게 한국을 혐오한 것이라고는 상상도 못할 만큼 별 생각이 없었던 모양이지만, 〈신세기 에반게리온〉을 좋아하던 한국인 입장에서 떠안아야 할 실망감은 그 깊이를 헤아리기 어렵다. 하물며 데프콘은 2013년 애니메이션 행사인 PISAF2013 참석 차 방한한 사다모토 요시유키에게 사인을 받으러 갈 만큼 본인의 애정에 열성을 보인 바 있다.

## 〈신세기 에반게리온〉 손절, 세계를 부순 자를 향한 이별 선언

데프콘은 벽면 한가득 채워놓았던 특제 아스카 화보를 자기 손으로 찢으며 이후 이 작품에 관해 이야기하는 일은 없을 것이라 선언했다. 형태 자체는 몰입하던 대상이나 그 관계자에게 받은 실망감에 소위 '탈덕', 즉 대상을 향한 덕질을 그만둠을 선언하는 수순이다. 이런 탈덕 사례는 데프콘이 아니라 해도 정말 많다. 하지만 조금만 달리 보면, 이 사건이 매우 중요한 상징성을 지니고 있음을 알 수 있다.

데프콘의 탈덕은 〈신세기 에반게리온〉의 최중요 창작자 중 한 명인 사다모토 요시유키가 일으킨 설화 때문이고, 그 설화란 일본군

서울 성북구 한성대입구 앞에 자리하고 있는 평화의 소녀상.
바깥과 안쪽의 끝없는 모독과 조롱, 훼철 시도에도 소녀상은 역사의 피해자들을 증거하고 있다.

'위안부'들의 아픔과 현재를 상징하는 평화의 소녀상을 모독한 것이
었다. 이 문제가 일제강점기의 일본을 지금의 일본이 전혀 죄라 생
각하지 않고 시민사회 안에도 그와 같은 지향점을 관철시켜온 데 따
른 결과물인 이상, 사다모토 요시유키의 발언은 실제로는 지극히 정
치적인 발언이었다. 여기에 중요한 시사점이 있다. 바로 "창작과 덕
질의 본질은 정치다"라는 점이다.

　정치라는 표현을 언급했을 때 떠오르는 풍경이 그리 긍정적이지
만은 않은 탓에 무슨 소리냐고 펄쩍 뛸 사람도 많을 터다. 한데 창조
는 한 세계를 창조하는 과정이고 덕질은 창조된 세계를 자기의 시선
으로 해석하는 행위다. 창작물이란 창조된 세계에 인간과 그에 상응
하는 지성체들을 풀어놓고 그들이 이루는 사회의 형태를 그려낸 결

19

과물이다. 그리고 사회를 움직이는 원리는 엄연히 신의 의지가 아닌 인간의 정치다.

따라서 창작 과정은 정치를 명확히 드러내는가, 적절하거나 교묘하게 숨기는가, 긍정하는가 부정하는가, 아니면 아예 자발적으로 무시(탈정치 선언)하거나 아예 모르는가라는 차이 들이 있을 뿐—무지까지 포함해—정치의 결정체다. 창작물의 감상이란 감상자가 자기 세계의 법칙과 규정, 즉 자기 정치의 범주 안에서 창작자가 창조해 놓은 창작물의 세계를 해석하는 것에서 시작하며, 오타쿠-오덕(덕후)쯤 되는 심화학습자(?)들은 이 해석을 한층 더 예민하게 인식하고 공부, 나아가 해부해온 이들이다. 이들이 해석 대상으로 놓는 작품들의 세계가 갈수록 앙상한 형태를 띠고 사람들이 이를 즐기는 이유조차 앙상해져 간다면, 역설적으로 일본 사회를 관통하는 정치관, 다시 말해 자신들을 둘러싼 세계를 향한 인식이 앙상해지고 있다는 의미가 된다.

창작과 감상, 나아가 창작과 덕질이란 서로가 한 세계를 놓고 벌이는 대련이라 해도 과하지 않다. 그러니 창작물은 세상에 나와 감상에 이르는 과정 모두가 당연히 명백하게 정치적일 수밖에 없다. 비트겐슈타인의 "내 언어의 한계는 내 세계의 한계"라는 말을 빌려와 말하자면 창작물이 보여주고자 하는 바와 이를 이해하는 정도는 창작자와 감상자가 각기 현실 속에서 인식하고 있는 정치의 크기와 형태를 '절대로'는 아닐지언정 '대부분' 벗어나지 못한다. 이를 창작물을 이루는 요소로서 창작자가 얼마나 겉으로 드러내려 드는가(또는 상업적인 의도 등에 따라 본래 방향성과는 다른 바를 견지하려 드는가)의 차이, 그리고 감상자가 자기와 충돌을 일으키는 지점에서 어디까지를 인정 내지는 감내하고 어디까지를 양해 내지는 무시할지의 차이 정도가 있을 뿐이다. 예외가 있다면 창작물이 창작자와 감상자를 넘어 특정 시대 또는 특정 사건의 상징으로서 의미를 부여받을 때 정도로, 이쯤 되면 창작물은 본래의 의도와 목적과는 다른 함의를 품게 된다.

데프콘으로 대표되는 한국의 오덕들이 〈신세기 에반게리온〉을 내려놓은 건 생각의 차이나 입장 차를 확인하는 수준 이전에 해당 작품의 창작에 깊게 관여하고 있는 자가 사실상 자해에 가까운 형태로 창작물을 부쉈기 때문이다. 피상적인 반일 감정과 애국심으로는 한국에서 일본 작품을 깊이 덕질하는 행위가 성립할 수 있을 리 없다. 이는 반칙으로 자기 세계를 부순 창작자에게 내보인 처절한 이별 선언이다.

## 문자 그대로 표현의 부자유를 보여준 '표현의 부자유전—그 후'

평화의 소녀상을 둘러싼 사건은 사다모토 요시유키의 자폭(?)에서 그치지 않는다. 비슷한 시기에 일본에서는 아이치 트리엔날레 2019라는 행사가 개막했다. 아이치 트리엔날레는 3년마다 열리는 일본 최대 국제 예술제로, 2019년 행사의 주제전이었던 '표현의 부자유전-그 후'에서 김서경, 김운성의 조각 작품인 〈평화의 소녀상〉의 전시가 시작 사흘 만인 8월 3일 중단되는 일을 겪었다.

예술제 실행위원장을 맡고 있는 아이치현 지사 오오무라 히데아키大村秀章는 기자회견을 통해 전시 중지를 발표했다. 오무라 지사가 발표한 공식 입장은 테러 협박에 따른 안전 확보 때문이라고는 하나, 실제로는 전날인 8월 2일 가와무라 다카시河村たかし 나고야 시장과 극우파 국회의원인 일본유신회 스기모토 가즈미杉本和巳가 "일본 국민의 마음을 밟아 뭉개는 것"이라며 해당 작품의 전시 중지를 요구하고 나서고 같은 날 일본 정부의 스가 요시히데菅義偉 관방장관이

'표현의 부자유전-그 후'로 촉발된 사태들은 일본 예술가와 지식인들에게도 많은 화두를 남겼다. 사진은 2019년 10월 30일 열린 [예술과 헌법을 생각하는 연속 강좌 vol.21-특별 심포지엄: '표현의 부자유전-그 후' 중지 사건을 생각한다] 포스터. 전시 출품 작가와 전시 실행위원, 언론법 교수와 미술관 학예사 등이 참여했다.

정례 기자회견을 통해 아이치 트리엔날레 행사 예산을 삭감할 수 있다는 입장을 내비친 결과다.

이 중단으로 말미암아 함께 출품한 여러 국가의 작가들이 "내 작품도 철거하라"는 입장을 발표했다. 오카모토 유카岡本有佳를 비롯한 예술제 실행위원들도 8월 5일 전시 중단 조치에 항의하는 성명을 발표했다. 같은 날 오오무라 지사도 "공권력을 행사하는 사람이 전시물 내용이 좋다 나쁘다 말하는 것은 검열… 표현의 자유를 보장한 헌법21조 위반한다는 의심이 농후" "공권력이야말로 표현의 자유를 지켜야 한다, 마음에 들지 않는 표현이 있어도 받아들이는 것이 헌법의 원칙"이라고 밝힘으로써 이 사태가 단순히 안전 확보 문제가 아님을 확실하게 드러내고 있다.

어찌 보면 이 전시에 출품된 소녀상은 저 '특정 시대 또는 사건의 상징으로서 의미를 부여받은' 대표적 사례라고도 할 수 있다. 소녀상이라는 존재 자체는 명백한 가해자였던 과거를 직시하고 있지 않은 일본을 그야말로 '직시하는' 형태를 띠고 있다. 이를 일본 현지에서 전시함은, 다분히 현재의 일본이 고집스레 유지하고 있는 국가 운영 기조에 말없이 의문을 제기한다는 주제 의식이 담겨 있다고 할 수 있다. 이 소녀상 조형물은 국가 단위가 아닌 예술가 개인들이 예술이 지닌 기능을 이용해 해당 사안에 관해 일본 관객의 생각 환기를 꾀한 셈이고, 그 의도에 맞닥뜨린 일본인이 느낄 여러 가지 감정의 형태까지도 사실은 작품의 일부이자 목적이다.

모르고 그런 것이든 알고서 그런 것이든 불쾌감과 혐오를 드러낸

23

다면 작품을 부수지 않는 한 거기까지도 작품의 일부로서 표현의 자유의 영역에서 해석되었어야 할 것이다. 하지만 결국 전시가 표면적 이유와는 별개로 권력의 검열이 작동한 혐의가 농후한 상태로 중단됨으로써 전시회의 제목이었던 '표현의 부자유'가 말 그대로 일본 사회 안에 횡행하는 표현의 부자유를 나타내는 형태로 완성되는 결과를 낳고 말았다. 역설적으로 작품의 목적 그리고 전시의 목적은 몇 배로 달성된 셈이다. 이후 일본인들 사이에서 '소녀상 되기' 등 항의성 퍼포먼스가 이어지기도 하고, 해당 작품이 스페인의 영화 제작자 탓소 베넷Tatxo Benet에게 매입되어 2020년 개관 준비 중인 '자유 미술관'에 전시될 예정임을 보자면 전시 중단을 요구한 측에서는 꽤 얄궂은 상황이 아닐 수 없다.

재밌는 건 이 사태를 둘러싸고 벌어진 설왕설래다. 이 행사의 고문을 맡았다가 논란에 직면하자 돌연 사의를 표하고 자유의 몸으로 예술감독의 사퇴를 요구한 인물이 바로 비평가 아즈마 히로키東浩紀다. 소녀상 철거 자체에는 찬성하는 입장을 보인 아즈마 히로키는 해당 전시의 본질적 문제를 "외교 문제에 휘말린 것" "정치인과 해외를 포함한 미디어에 정치적으로 이용됐다"라고 평가하면서 "앞으로 해외 현대 미술작가 VS 일본 시민이라는 척박한 대립구도를 만들지 않도록 미력하나마 정보를 발신하면 좋겠다 생각"한다고 밝히고 있다. 하지만 제법 긴 입장 표명은 시종일관 '나는 이런 걸 제안했으나 감독인 쓰다 씨에게 받아들여지지 않았다'라는 변명조로 점철돼 있다.

그에 비해 아즈마 히로키에게 사퇴를 요구받은 예술 감독 쓰다 다이스케津田大介는 사과 및 보고문을 통해 작가의 의사를 확인하지 않은 채 전시 중지를 결정한 책임을 통감함을 전제로 하며 "예술은 안전하고 아름다운 것으로만 구성되는 것이 아니며 때로는 사람의 마음을 크게 뒤흔들고 불쾌감을 일으키는 것도 포함됩니다"라는 입장을 밝히고 있다. 쓰다 다이스케는 〈평화의 소녀상〉에 관해 "일본 정부의 역사인식을 넘어선 역사관을 우리에게 강요하는 것은 아니다" "과거를 반성하고 미래를 향해 훌륭하게 살아갈 것을 다짐한 우리 일본인을 폄훼하는 것은 아니라고 생각합니다"라고 밝힘으로써 현재 인식 면에서 일본인이자 행사 책임자로서의 한계를 짙게 보여주고는 있다. 하지만 이는 아즈마 히로키에 비하자면 예술의 목적과 역할에 관한 입장을 내비친, 그나마 예술제의 감독다운 모습이라 하겠다.

## 소녀상을 둘러싼 일본인들의 반응이 드러낸 앙상한 세계관

아이치 트리엔날레 사태는 쓰다 자신도 "일본이 자국의 현재 또는 과거의 부정적 측면을 언급하는 표현을 안전하게 실시할 수 없는 사회가 되고 있는 것이 내외에 나타난 사건이라고도 생각하고 있습니다"라고 밝히고 있을 만큼 시사하는 바가 매우 큰 일로 기록될 전망이다. 이 사건은 바로 사다모토 요시유키가 그러했듯 많은 일본인의 밑바닥과 한계를 고스란히 드러내고 있다. 그들 가운데에서 우리가 깊이 향유해오던 일본의 만화·애니메이션·게임 문화와 연결돼 있는 인사도 다수 끼어 있다.

당장 저 아즈마 히로키만 해도 젊은 사상가이자 미학자, 오타쿠 문화 비평가 그리고 신진 창작자로서 활동해온 인물이다. 아즈마 히로키의 대표작 《동물화하는 포스트모던》은 한때 일본 오타쿠와 오타쿠 분석의 한 틀을 세울 정도로 많은 시사점을 던진 저작이며, 아즈마 히로키 자신도 한국에서 오타쿠와 그 문화를 논할 때 한때 《오타쿠학 개론》의 '오타킹' 오카다 도시오와 더불어 매우 많이 거론되고 인용되었던 인물이기도 하다. 특히 《동물화하는 포스트모던》은 〈신세기 에반게리온〉 이후의 흐름을 기존의 내러티브에서 벗어난 '데이터베이스 소비'라는 명징한 표현으로 상당한 반향을 일으킨 저술이다.

이 이론은 '포스트모던'스럽게 '탈정치화'한 것으로 보이는 현재의 일본 내 오타쿠 문화를 분석하는 틀로는 분명 의미가 있다. 하지만 문제는 막상 문화 예술 자체가 정치가 만들어내는 세계와 연결점을 끊고는 존재할 수 있는 것이 아니라는 점을 보여주는 현실의 사태 앞에서 아즈마 본인이 "정치적으로 이용됐다"라는 변명을 남긴 채 도망을 선택했다는 데에 있다. 문화 예술을 논하는 자리에 '탈정치'라는 정치 이데올로기를 끌고 들어와 예술과 정치를 분리하려는 발상이 얼마나 허망한 일이었는지를 그 자신이 잘 보여준 셈이다.

아즈마 히로키만의 문제도 아니다. 그간 일본 만화와 애니메이션을 비롯해 아마추어 만화인들의 잔치라 할 수 있는 코미케コミケ(코믹마켓)를 규제하고자 하는 움직임에 반대하면서 가상 캐릭터와 얽힌 표현의 자유와 관련해 가장 적극적이고 활발하게 활동해온 일본 정치인 야마다 다로山田太郎가 평화의 소녀상 전시품과 관련하여 내놓은 발언을 보자. "공권력이 표현을 억압해서는 안 됩니다. 다만 스스로가 세간을 향해 표출한 표현에 관해선 표현자 본인이 책임져야 한다고 생각합니다. 저 개인은 이번 표현이 마음에 안 드네요." 이 말은 평소 주장해온 표현의 자유가 가상 캐릭터의 성 표현이 아닌 국가 성범죄 피해 앞에서는 전혀 작동하지 않음을 보여준다.

야마다 다로는 실질적인 문화 예술의 표현 자유에 힘을 실으려면 현실 정치에서 실질적으로 작동하는 힘이 필요함을 몸으로 보여온 사례다. 그 자신도 야권에서 정치를 시작했다가 현 여권이자 보수 우파, 즉 표현의 자유를 침해하는 쪽으로 빠지기 십상인 자민당의 비례대표로 정치 경력을 이어가고 있는 인물이다. 그 나름대로는 자신의 지향점을 관철하기 위한 방편을 택한 것일 텐데, 그런 인물이 막상 눈앞에 닥친 검열 사태 앞에서 표현 책임을 작가에게 떠넘기며 개인적으론 마음에 안 든다고 내뱉은 셈이다. 다른 나라도 아닌 '일본'의 '집권당 정치인'이 "일본군 '위안부'"를 형상화한 '소녀상'에 얽힌 역사적 맥락과 정치적 책임을 일부러로든 무지로든 빼놓고서 표현의 자유라는 신념을 논한 결과는 이처럼 앙상하다.

야마다 다로 정도로 표현의 자유라는 화두를 붙들어온 소수파조차 이 정도이니 일본을 지배하는 정치관, 즉 세계관의 평균이 어느 정도로 앙상한 상태에 놓여 있는지는 명확하다 할 수 있다. 특히나 만화와 애니메이션, 게임, 라이트노벨로 대표되는 통칭 오타쿠 계열 문화—일본에서는 '서브컬처'라는 영어 명칭으로 규정되는 문화들이 갈수록 현실 괴리와 도피로 빠지는 경향을 짙게 보이고 있는데 이를 단순히 일시적 경향성으로만 놓을 수 있는가에 관해서는 회의적일 수밖에 없다.

재밌게도 이와 관련해 이해의 단초를 제공하는 인터뷰가 한국 언론에 실린 바 있다. 아즈마 히로키는 2017년 9월 24일 《중앙일보》와의 인터뷰에서 '오타쿠 현상의 가장 큰 특징, 핵심은 무엇인가?'라는 질문에 "탈정치화라고 생각한다"라고 잘라 말하며 일본에서는 정치에 관심 있는 이들도 오타쿠와 상통하고 정치 참여 자체가 오타쿠적인 것, 즉 정치라는 게임을 소비하는 상태가 돼 있음을 지적하고 있다. 아울러 "비정치적인, 탈정치화된 사람들을 집결시켜 어떻게 정치적인 공공성을 세워 나갈 수 있을지를 하나의 과제로 인식하고 연구하고 있다"라는 말도 하고 있다. 재밌게도 이러한 발상으로 정치적 입지를 세우려던 이들은 이미 한국에 '새정치'라는 명칭을 달고 등장한 바 있고, 한국인들은 그 시작과 끝 또한 몸소 겪은 바 있다.

만화, 애니메이션, 게임, 라이트노벨 등의 오타쿠 대상 문화도 문화 예술의 범주에 놓임을 보자면, 이 사태에 비추어 다시 본 아즈마 히로키의 논설이야말로 현재 일본의 오타쿠 대상 문화가 빠트리고 있는 게 무엇인지를 역설적으로 고발하고 있다. 일본 시민들의 참혹한 투표율은 탈정치, 나아가 정치 혐오라는 정치 이데올로기를 자발적으로 선택한 결과물이 아닌가? 젊은이들에게 선택받는 문화 예술의 표현들은 정치와 정말 아무런 연결점이 없는가? 2019년 아이치 트리엔날레의 전시 중단 사태와 문화계 인사들의 줄이은 망언은 바로 이런 점에서 일본의 현재를 고스란히 보여준다.

## 2019 일본발 서드 임팩트라는 역사적 분기점

〈신세기 에반게리온〉에 등장하는 개념 가운데 세컨드 임팩트2nd impact와 서드 임팩트3rd impact가 있다.

〈신세기 에반게리온〉은 인류의 반이 절멸한 대재앙 세컨드 임팩트 이래 찾아오기 시작한 정체불명의 적 '사도'들을 막기 위해 설치한 특무 기관에 주인공 소년이 제 의지 없이 오면서 시작하는 TV 애니메이션이다. 이 작품은 초반만 봐선 소년이 에반게리온이라는 거대 로봇에 탑승하고 다른 파일럿을 만나면서 함께 적에 맞서 적이 일으키려는 서드 임팩트를 막고 인류를 구하는 이야기로 전개될 것처럼 보인다. 하지만 주인공의 아빠를 비롯한 어른들은 사실 뭔가 음험한 꿍꿍이를 보이고 있었다.

그 꿍꿍이란 결국 인류를 미지의 적에게서 구하는 게 아니라, 사도가 아닌 인간의 손으로 인간이 서로를 구분하는 벽인 육체를 벗고 하나 되어 행복해지자는 인간 주도의 강제 휴거 계획이었다. 최종 극장판인 〈THE END OF EVANGELION: 진심을, 너에게〉 (1997)에서는 이 계획이 끝내 실행되어 아담과 이브 격인 두 소년 소녀만 남기고 전 세계 인류 모두가 액화해 사라지는 무시무시한 장면을 연출하는데, 이것이 바로 작중 인류보완계획이라는 이름으로 등장하는 서드임팩트의 실체다. 2019년이라는 시기를 지나며 일본 측의 문화 예술 창작 및 비평 계열 인사들이 한국을 향해 마치 일부러 짰나 싶을 만큼 비슷한 타이밍으로 던지는 발언들을 보면 이것이야말로 서드 임팩트가 아닌가 하는 생각을 지울 수 없게 한다.

한국은 정치와 내 삶과 문화가 따로 떨어져 있을 수 없음을 전직 대통령의 죽음으로 대오각성한 이들, 그리고 구성원 서로를 향한 무지와 정치 혐오를 획책함으로써 권력을 유지하려 했던 위정자를 합법적으로 몰아낸 시민들이 사회의 주축을 이루고 있는 나라다. 심지

극장판 애니메이션 〈The End of Evangelion: 진심을, 너에게〉 포스터. 작품의 마지막을 본 후 바라보면 장면의 의미가 한층 강렬하게 와닿게 되는 포스터다.

어는 1980년대의 시민혁명을 이끌었던 세대가 주류 정치권에 들어와 있으며, 2010년대의 극우반동에 맞서기 위한 시민혁명을 몸으로 겪고 눈으로 지켜본 세대들이 2010년대 말 현재 청장년층으로 살아가고 있다. 앞 우파 정권 둘이 획책한 무지와 혐오가 나름대로 싹을 틔워 이글루스 뉴스밸리를 시작으로 일베와 나무위키와 같이 옛 서북청년단의 재림과도 같은 우파 청년들을 길러내는 데 일조하기는 하였으되, 이들의 존재가 여론의 흐름을 거꾸로 돌리지는 못했다.

물론 아슬아슬하기는 하다. 언제나 주 흐름에 대치되는 자신을 설정하는 데 힙hip함을 느끼는 이들이 있게 마련인데, 한국 인터넷 정치 담론은 오랜 시간 방향성을 놓고 치열하게 찢어져 다투기는 해도 그 총합은 진보적 의제를 중심으로 놓으려는 경향을 보여왔다. 우파에 자기 정체성을 맞춘 자들은 한국의 공화정 역사 속 정치 세력 판도와는 무관하게 스스로를 소수자와 약자 위치에 놓는 데에서 정당성을 획득하려는 편이고 2016년 'GIRLS DO NOT NEED A PRINCE' 티셔츠로 촉발된 페미니즘의 부각과 대두 이후에는 새로 10~20대에 접어든 남성층이 반여성을 시작으로 반동성애 반다문화의 기치를 응원하는 극우 정체성에 자발적으로 투신함으로써 자기 위안에 몰두하는 퇴행도 보인다.

이와 같은 일련의 퇴행 현상이 이후 사회 전체의 총의에 어떤 영향을 끼칠지 아직까지는 알 수 없고, 또 다른 세대론을 불러일으킬 만큼 우려스러운 상황인 것만은 분명하다. 하지만 그 모든 혼란에도, 한국과 일본의 2010년대 말 현재를 가르는 근본적인 차이가 정

31

치 인식에 있다는 점은 분명하게 드러난다. 한국은 민주주의란 무엇인가를 넘어 '민주주의, 올바른 사회는 무엇이어야 하는가'로 온갖 견해가 충돌하는 사회다. 극우 정체성을 획책하는 이들조차 정치 혐오라는 정치 이념을 설파하기 위해서는 일단 공론장에서 싸울 수밖에 없는 환경에 놓여 있다. 엘리트주의와 여론 제조의 달콤함에 빠져 있던 이들에게 한국의 인터넷 여론 환경은 얼핏 선동하기 쉬워 보이지만 결과적으로는 선동가에게 재앙과도 같은 구조를 띠고 있다. 대상의 실체 자체가 잡히지 않으나 총의를 모아놓을 때 비로소 흐름이 보이는 이 구조는 수년간의 촛불이 빚어낸, 이른바 클라우드Cloud 같은 크라우드Crowd, 즉 구름 대중의 힘이다.

한국은 사회 진보를 꾀하는 이들의 목표치에 다다르기엔 여전히 미진하긴 해도 어쨌든 질곡 같은 역사 속에서 무언가를 만들어내기 위해서는 정치를 빼놓고는 이야기할 수 없음을 경험적으로 체득한 시민들이 꾸려가는 사회다. 그리고 한국의 문화 예술 또한 이와 같은 저변을 끊임없이 반영하고 있다. 반면 일본은 마치 탈정치가 미덕인 사회가 되어가고 있는 형편이며, 우파 정권이 획책하는 엘리트주의와 권력 세습, 정치 혐오 기조가 끊임없이 탈정치의 한계와 폐해를 확대 재생산하는 구조를 띠고 있다.

일본에서는 시민으로서의 각성과 지성인들의 성취가 분리돼 있는 형태를 띠고 있는 가운데 문화 예술의 기조도 창작과 소비 면에서 탈정치적 측면이 두드러지는 특성을 보인다. 아즈마 히로키의 "오타쿠의 특성은 탈정치라고 생각한다"를 굳이 다시 끌어오지 않

는다 하더라도, 현실에 발 딛고 서 있는 사람들의 이야기에서 벗어나다 못해 아예 현세 바깥으로 날아가는 이야기가 유난히 인기를 끌고 있는 현상은 사회를 지배하는 기조를 떼어놓고 설명하기 어렵다. 지금까지는 탈정치에서 비롯한 각종 탈현실 현상을 뭉뚱그려 '오타쿠 문화의 특징'이라고 인식하고 일부 사람들의 극단적인 현실도피 행태를 비웃기 위해 그냥 오타쿠와는 또 차별화한 행태를 비꼬는 형태로서 키모오타キモオタ, 즉 '기분 나쁜 오타쿠'라는 표현 같은 걸 만들어 혐오하고 놀리는 데에서 그쳤다. 하지만 그 근본적인 원인이란 세상 돌아가는 꼴 전반에 무관심해지기를 요구하는 정치 혐오적 정치 이데올로기의 결과물임이 2019년 터져 나오는 사건사고 속에서 낱낱이 드러나고 있는 셈이다. 그리 보자면 〈신세기 에반게리온〉의 감독 안노 히데아키가 외치다 좌절했다고 고백해온 "제발 현실로 나와라"는 비단 오타쿠층의 행태에만 국한된 경고가 아니었던 셈이다.

특정 대상 혐오를 한 가지만 하는 사람은 없다. 정치 혐오가 결국 세상을 움직이는 것이 자신이 아닌 '위의 힘'임을 강하게 인식하는 데에서 시작함을 주지하자면, 정치 혐오는 곧장 기꺼이 '나에 비해' 상대적으로 약한 자를 설정해 혐오하는 심리와 자의식 과잉으로 직결된다. 여기까지 놓고 보면 전후 현재에 이르는 일본 정치의 작동 기제가 어떤 괴물을 낳았는지 명확해진다.

어떤 일방향성을 띤 보완된 인류와 그들의 문화가 극의 극까지 다다른 결과, 역사적 맥락과 이를 상대하는 자국의 정치적 행태를 똑바로 보긴커녕 걷어차고는 문화와 정치를 결부하지 말라고 되레 호

통치는 예술가들과 시민 아닌 전시행정 속 국민들을 만들었다. 소녀상을 둘러싼 만화, 애니메이션, 게임 쪽 인사들의 행태를 단지 몇몇 개인의 발언으로만 인식할 수 없는 까닭이 여기에 있다. 그리고 바로 이 지점에 이르러, '입장 차'라는 이름으로 양보할 수도 없지만 결코 용납해서도 안 될 국가 단위 정치 싸움 앞에서 한국과 일본 사이에 놓인 만화, 애니메이션 등의 대중문화 예술은 서로 간의 관계도식을 다시 설정해야 하는 역사적 분기점에 서 있다.

## 일본의 자충수로 이뤄낸
## '극일'에 입맛이 쓴 까닭

돌이켜보건대 우리나라에서 2010년대 말 기준으로 30대 후반 이상에서 50대쯤 되는 이들에게 일본의 대중문화는 우리에게 일종의 '선진 문물'이었다는 점을 부인하지 못한다. 그래서 일본의 만화나 애니메이션, 또는 음악을 좋아한다는 이들에게는 한때 일본 빠돌이/빠순이라는 비아냥을 눌러 담은 일빠나 매국노 같은 표현이 따라다녔다. 일본 대중문화가 공식 개방되기 전인 1980~1990년대 초중반에 어리거나 젊은 시절을 보낸 이들에게 일본 문화는 대단한데 한국인으로서 드러내놓고 좋아하기는 분위기상 힘들기도 했던, 하지만 굉장히 멋있는 무언가였다.

광복 이래 1990년대까지 한국의 주요 목표는 알게 모르게 일본을 따라 잡는 것과 극복하는 것이었다. 일찍이 엔터테인먼트가 많지 않았던 시기에는 스포츠가 그 역할을 해주었기에 종목을 불문하고 한일전이 열릴 때면 "기술이 안 되면 정신력으로라도, 뭘 어쨌든 저놈들만은 이겨야 해"로 일치단결했다. 대중문화에서도 마찬가지다. 일례로 마징가Z와 아무리 좋게 포장해도 마징가Z의 영향을 부정할 수만은 없는 태권V의 대결구도를 국가 간 자존심 대결처럼 받아들이던 한 시기의 풍경은 그 자체로 다소 애처로운 우리의 자화상이었다. 일본 애니메이션의 하청을 도맡으며 출발한 한국의 애니메이션 역사는 '부끄러운 것'이었고 어서 빨리 성공한 국산 애니메이션을 만들어야 한다는 목표는 마치 임무 같았지만, 다른 한편으로는 일본 애니메이션의 인기 캐릭터가 한복을 입어주는(?) 정도의 팬서비스에 부채감을 조금이나마 덜어내는 우리의 모습도 분명 존재했던 것이다. 이름은 물론 노래, 배경에 등장하는 일본어, 기모노 등을 한국 것으로 로컬라이징(현지화)하는 데 꽤 공을 들인 까닭 또한 '왜색 논란'과 '힙한 선진문물' 사이에서 오래도록 타협한 결과물이었다.

만화 또한 마찬가지다. 일본 만화의 스타일을 참고한 경우도 많았고, 만화 검열이 심하던 시기엔 가상의 인물을 필명으로 내세워 일본 만화를 베껴 그리거나 해적판으로 출판하는 경우도 왕왕 있었다. 1980년대 말에서 1990년대 초반 만화 잡지 시장이 본격화했을 때에 실제로 잡지 판매고를 책임졌던 건 일본 만화 〈드래곤볼〉과 〈슬램덩크〉여서 "돈은 일본 만화 히트작으로 벌고 그 돈으로 한국 작가를 키운다"라는 말이 곧잘 돌았다. 표절 시비도 불거지곤 했고, 그림체

면에서 일본 만화 그림체를 지나치게 따라가지 않느냐는 비판도 일 곤 했을 때다. 한 계간지에 실린 "망가는 벗어버려!"라는 외침은, 그 림체에 국적이나 우월/열등함을 따질 수 있을 리 없다는 점을 전제 로 하긴 하나 다른 면에서는 그 시기 한국 만화 업계 전반에 쌓여 있 는 일종의 부채감을 고스란히 보여주는 일종의 상징적 표어였다.

대중음악도 심심찮게 일본 음악의 표절 사례가 들려오고 뉴스에 도 곧잘 오르내릴 정도였으니, 한국의 대중문화는 넓게 보아 2000년 대까지 근 60년 가까운 시기를 일본 대중문화의 영향권에서 벗어나 지 못했다 해도 틀린 말은 아니다. 그래서 그 시기에 대중문화의 세 례를 받은 이들은 적든 많든 작든 크든 '한국'인으로서 '일본' 문화를 수용하는 데에 따른 위화감과 괴리감을 상쇄하기 위한 일종의 방어 논리를 구축할 수밖에 없었다.

애초에 일본의 오타쿠층과 한국의 오덕/덕후는 일본의 만화와 애 니메이션 등지의 문화예술에 탐닉한다는 점만 같을 뿐 사실은 일찌 감치 다른 길을 걸을 수밖에 없었다. 한국인은 즐길거리 위에 '주로 보고 즐기는 게 일본 것이라는 지점'에서부터 시작해 납득(= 내가 좋 아하는 건 일본이 우위에 있다는 사실)과 포기(= 내 나라 것이 일본 것을 추 월하면 좋겠다는 바람), 감내(= 일본 것만 좋아한다는 비난) 등등 고려해 야 할 문제가 몇 겹은 쌓여 있기 때문이다. 게다가 이곳이 한국이고, 일본이 한국에게만은 절대로 제대로 된 사과를 하지 않는데다가 일 본군 '위안부' 문제에 피해자들의 전원 사망만 기다리는 상황이고 보 면, 이 땅의 어떤 것도 역사 문제에서 따로 떼어놓을 수만은 없기 때문이다.

일면 힙해 보이는 '극일'이 나라 단위의 평균 정서가 될 순 없었던 까닭은 이런 면면이 복합적으로 작용한 결과다. 역사적 문제에 따른 이율배반적 감정과 실제로 존재했던 대중문화의 질적 차이에 따른 열등감, 그리고 인터넷도 없던 시기 희소성 높은 선진 문물을 앞서서 수용하고 있다는 일종의 우월감에 일부 불법복제를 이용한다는 배덕감 등이 어우러져 있던 것이 한국산 오타쿠 문화이며 나아가 오덕/덕후 문화의 출발점이었다. 한데 2010년대 후반, 특히 2019년이라는 시기에 주목해봐야 하는 까닭은 이렇듯 오랜 시간 겹겹이 쌓여 있던 일종의 고려 대상이 어느 사이엔가 급속하고 뚜렷하게 퇴색하고 있는 때이기 때문이다.

그사이에 무슨 역사 문제가 해결되었는가 하면, 일본 정부는 수출 규제와 백색 국가 제외 조치를 전후해 쏟아낸 발언을 통해 오히려 한국을 지금도 식민지로 여기고 있음을 드러내고 있는 마당이고 일본인들 또한 사다모토 요시유키나 아즈마 히로키가 보여주듯 정치와 역사에 관한 무지가 한층 더 심각한 상태다. 하지만 이 시기에 이르러 일본 대중문화는 한국 대중문화에 예의 그 압도적인 우월성을 보이지 못하고 있다.

한국은 공교롭게도 2000년대를 전후해 제작 환경 자체가 완전히 재편되는 과정에서 각 분야의 옛 시스템이 허물어지는 고통을 겪었는데, 새 환경에 적응하는 과정에서 우월성을 띠고 있던 일본과의 접점도 덩달아 희미해졌다. 일본이 강점을 보이는 분야는 여전히 많지만, 한국이 그 강점에 여전히 매여 있지는 않다는 게 과거와의 차이점이다. 한국의 대중문화는 초고속 인터넷을 바탕으로 하는 데이터 전송을 통해 빠른 피드백과 그만큼 빠른 갱신, 차트 변화와 무료 전략 및 대규모 공유에 적응하는 형태로 변화했다. 이 과정에서 '덕질'이라 불리는 행위의 목표 지점이 만화와 애니메이션에서 적잖게 벗어나 아이돌을 향하기 시작했다.

애니메이션은 청소년용 2D 셀 애니메이션의 중흥기를 끝내 제대로는 보지 못한 채 아동용 애니메이션과 유튜브 공유형 육아 콘텐츠로 방향을 완전히 틀었고, 웹툰 또한 무료 전략을 무기로 기존의 만화와 애니메이션 수요층과는 결이 완전히 다른 비오타쿠적 독자층을 주 대상으로 삼으며 폭을 확장해갔다. 특히 웹툰 독자들은 애초에 처음으로 읽은 만화가 웹툰인 경우가 많으며 그사이에 함께 나이를 먹으며 표현 소재의 폭을 넓혀가고 있다.

이들 매체들은 어느 쪽도 일본의 영향권에 매여 있지 않고, 수요층도 옛 오덕/덕후들이 내면화하던 패러독스와는 거리가 멀다. 비록 무료 전략으로 말미암은 시장적 폐해가 있기는 하였으되 이를 점차 보정해가면서 발전해가고 있다. 게다가 무엇보다도 한국의 대중문화는 시민사회 속에서 호흡하는 면을 놓치지 않아 왔다. 촛불로 대표되는 시민혁명의 한가운데에 만화가들의 사회참여가 있었고, 만화의 소재들은 끊임없이 정치·사회적인 충돌에서 나타나는 소외와 아픔을 흡수했다.

방탄소년단BTS을 비롯한 K-POP 그룹들의 음악은 사회 고발과

아이돌 그룹 소녀시대가 2007년 8월 2일 낸 데뷔 싱글. 〈다시 만난 세계〉는 이 음반의 타이틀곡이다. 박근혜 탄핵으로 향하는 불씨를 댕겼던 최순실 딸 정유라의 이대 부정입학 반대 시위 당시 재학생과 졸업생들이 이 노래를 현장에서 부름으로써 상업 대중문화를 민중·사회적 측면에서 발랄하게 재해석하는 모습을 보여주었다.

성찰을 넘어서 젊은이들의 자존감을 챙기는 단계에 이르고 있으며, 심지어 소녀시대의 〈다시 만난 세계〉는 비리 현장을 고발하는 대학생들의 집회 현장에서 한술 더 떠 민중가요로 재해석되며 새로운 생명을 얻는 놀라운 모습을 보여주었다. 애니메이션은 어떨까. 지극히 아동 대상으로 최적화한 시장으로 재편되었지만 그 속에서도 지극히 한국 소시민들의 가치관과 이들을 둘러싼 사회상을 풍자해내는 기지를 발휘하고 있는 〈바이클론즈〉 같은 작품들이 등장해 시리즈를 거듭하는 모습을 보여준다.

어느 사이엔가 한국의 대중문화는 일본과는 궤가 전혀 다른 형태를 띠고 있으며, 수요층도 덕질 대상에 일본 것을 고려하지 않을 정도로 넓은 선택지를 지니게 되었고 그 대상을 비단 가상 캐릭터에 국한하지 않는 데까지 이르렀다. 그 역사적인 맥락을 살피면 결국 정치·사회적인 면에서 양국이 어떤 방향을 선택해왔는가와 연결되어 있다 할 수 있다. 재밌는 사실은 한국에서도 퇴행적인 행태를 거듭하는 집단들이 다분히 일본의 현재 정치·사회적 행태와 강한 연결고리를 지니고 있다는 점이다. 한국에서 탈정치와 정치 혐오, 약자 혐오와 차별을 주장하는 정치인 또는 커뮤니티는 놀랍게도 일본 문화의 그늘에서 전혀 벗어나 있지 않다.

일례로 국내 최초 블로그 커뮤니티 이글루스에서 일베의 프로토타입 배양소로 전락하고 말았던 '뉴스밸리'나 디씨인사이드에서 맹위를 떨치던 극우파들은 높은 비율로 만화/애니메이션 관련 게시물도 올리던 이들이다. 당연히 오타쿠가 곧 극우인 건 아니나, 한국의 극우파가 어떤 정치적 자산을 바탕으로 논리를 만들어왔는가를 보면, 이명박 정권을 전후해 "너네 같은 게 진보라면 차라리 난 수꼴(수구 꼴통)할게"라며 자발적 극우파의 길에 들어서던 이들의 행동 방식이나 지향점은 니챤네루2ch 따위 일본 극우 인터넷 커뮤니티와 크게 다르지 않다.

이들의 행동 원리는 진보와 보수 이전에 국가의 명령에 수긍하지 않고 스스로의 결정으로 반대 의사를 보이던 이들을 위선자로서 토벌하는 데 있었다. 그들 스스로는 누구를 지지해서가 아닌 정치 논쟁 자체를 파괴하는 데 목적을 두었다. 한국은 다행히 그 지점 직전에서 싸우는 이들이 많은 사회고, 변화를 이뤄낸 경험을 바탕으로 버텨내는 사회다. 일본은 그 지점에서 싸우지 않은 채 지금도 걸음을 늦추고 있다. 경험과 역량이 크고 내수 시장도 큰 나라가 이러고

있는 건 한국엔 차라리 다행일 수 있고 덕분에 '극일'을 어느 지점에
선 이뤄낼 수 있었다 하겠으나, 한 시기의 청춘을 만들어왔던 대상
의 처참한 침몰에 입맛이 쓴 건 어찌할 수 없다 하겠다.

## 생각할 거리들

### '표현의 부자유전-그 후'의 전시 재개

아이치 트리엔날레 실행위원장인 오오무라 아이치현 지사는 2019년 9월 30일 전시 재개를 전제로 협의를 요청하는 메일을 당일 오전 전시 재개를 요구해온 전시회 실행위원회 및 작가 측에 발송했다. 9월 30일은 전시회 실행위원회 측이 전시 재개를 요청하며 나고야 지방법원에 낸 가처분 신청에 따라 법원 심의가 진행될 예정이었던 날이다.

전시회 실행위원회 측이 재개를 위한 협의에 합의하면서, 10월 6일부터 8월 사이에 작품 내용 변경 없이 전시가 재개되어 트리엔날레 전체가 마무리되는 10월 14일까지 진행되었다. 이와 같은 양상 변화에는 트리엔날레에 주던 보조금을 취소하겠다는 일본 정부에 반발한 일본 예술인과 시민들의 목소리가 주효했지만, 주요 전시가 중단된 채 행사가 끝날 경우 일본 최대 예술제에 흠집이 나게 되는 것은 물론이거니와 다음 행사에서 작품을 출품받는 데 문제가 생길 가능성이 크다는 판단도 작용했을 공산이 크다. 물론 트리엔날레 실행위원장인 오무라 아이치현 지사가 떠안아야 할 정치적 부담도 있었을 터다. 어쨌든 전시는 폐막을 얼마 남기지 않은 8일 사전 예약을 받은 제한된 인원을 대상으로 사진 촬영을 금지한 채 재개되었다.

'표현의 부자유전-그 후' 전시에 일본군 '위안부' 할머니들의 사진을 출품했던 안세홍은 오무라 지사의 편지를 전해 받은 9월 30일 페이스북을 통해 이번 재개를 "일본 시민들의 연대의 힘을 보여준, 표현의 자유를 지키는, 일본 역사에 길이 남을" 일로 평가했다. 다만 일본 정부가 아이치 트리엔날레 측에 보조금 지급을 취소하고 이에 아이치 현이 불복 선언을 내는 등(2019. 10. 24) 잡음은 쉬 가라앉지 않을 전망이다.

### 올드한 오덕이 슬퍼할지라도, 세상은 바뀌어간다

1980~1990년대, 서울 명동이나 부산의 보수동 헌책방 거리를 뒤적거리며 일본 서적을 모으고, 능수능란한 일본어 능력을 갖추고 일본 현지로 넘어 다니며, 직접 LD를 구해 보고 위성 안테나를 설치해 일본 방송에 방영되던 애니메이션을 실시간으로 시청하던 사람들이 있다. 인터넷은 고사하고 네트워크 환경이 몹시 열악하던 그 시기부터 현지화를 거치지 않은 원래 것 그대로를 시간 차 없이 받아들이며 자기 나름의 취향과 정보를 구축하던 이들로, 우리나라 만화/애니메이션 오타쿠의 시조들이라 할 법하다. 만화와 애니메이션이 좋기도 했겠지만, 한편으로는 그 시기 일본 만화와 애니메이션은 그 어떤 대중문화보다도 희소성과 힙함을 지니고 있었기에 경제 호

황기의 일면에서 여유를 구가하던 일부의 트렌디하면서도 고급스러운 취미 노릇을 하기도 했다.

오타쿠란 명칭이 한국에서 오덕 또는 덕후란 이름을 얻었으니 원조 오덕 내지는 오덕 1세대쯤 된다 하겠는데, 일본 만화와 애니메이션이 수많은 명작을 쏟아내던 시기 그 문화적 세례를 온몸으로 받은 사람들이다. 이들이 축적하고 유통한 정보들과 미디어들을 수혈받으며 2세대가 등장했고, 초고속 인터넷 시대로 접어들며 물리적 공간 차를 네트워크 속도로 따라잡으며 섭취량을 기하급수적으로 늘린 이들은 3세대와 그 이후로 구분할 만하다.

한국의 만화와 애니메이션 제작 환경은 2000년대 전후가 완전히 달라진 상태로, 본문에서 언급한 바와 같이 일본의 영향권에서 상당히 벗어난 형태를 띠고 있다. 일부 앞 세대 오덕들은 이와 같은 변화에 "시간이 흘러 다시 보아도 옛 감흥을 다시 느낄 수 있는 수작이 한국에서 나올 방법은 이제 없다"라며 아쉬움을 토로하곤 한다. 단적으로 '〈마징가Z〉나 〈신세기 에반게리온〉만한 작품이 나올 수 있는가?'라고 하면 분명 지금의 한국에서는 쉽지 않을 수 있다. 단 예전의 문제가 기술과 시장에서 수준 차가 나기 때문에 어려웠던 데 비해 지금은 지향점 자체가 완전히 달라졌다는 점에서 문제의식에 중요한 차이가 난다.

이제 와서 한국이 〈마징가Z〉나 〈신세기 에반게리온〉 같은 걸 필요로 하는가 하면 '글쎄~'가 되고 있는데다, 결정적으로 지금의 일본에서조차 저런 작품이 다시 나올까 하면 역시 '글쎄 이제 와선~'

이 되어가고 있는 것이다. 게다가 한국의 애니메이션은 〈뽀로로〉 〈타요〉에 이어 〈핑크퐁〉과 같이 유튜브 최적화 캐릭터 애니메이션 콘텐츠로 흐름이 또다시 바뀌어가고 있으며 만화 또한 인터넷 기반 콘텐츠로서 작가와 독자들이 세대를 거듭해가고 있는 상황이다.

일본 만화와 애니메이션과의 연결성은 갈수록 사라져가고 있는 상황이다. 지금의 주 수요층이 나이를 먹으면 그에 맞는 콘텐츠가 필요해질 것이고, 규모를 유지할 수 있다면 그 가운데 세대를 아우르는 수작은 나올 수 있을 것이다. 그 형태가 자생했던 1~2세대 오덕들이 바라던 그 모습은 아니겠지만, 그건 일본에서도 보기 어려워지지 않았던가.

앞 세대들이 바라던 세상을 우리는 바라던 시기에 제때 못 봤지만 그거 아쉬워하면 한도 끝도 없지 않겠는가 싶다.

02

밀린 숙제 – '서브컬처'의
대안을 찾아라

서브컬처, 오타쿠 컬처, 문화콘텐츠 사이에서 현실적인 접점을 찾다

밀린 숙제를 해야 할 때가 왔다. 내 첫 책 《키워드 오덕학》의 마지막 꼭지는 〈서브컬처subculture〉였다. 해당 꼭지에서 나는 서브컬처의 어원과 원래 의미, 그리고 일본과 한국에서 쓰이고 있는 의미를 거론한 후 한국에서 이 표현을 일본 쪽에서 통용되는 의미대로 받아쓰는 데 문제를 제기했다.

그러면서 몹시 난감했다. 그냥 쓰면 그만인가, 아니면 안전한 말을 찾을까, 구분하는 편이 좋겠다는 생각마저 지극히 비주류인 입장의 정체성 부각 욕구는 아닌가. 이런 혼란 속에서 나는 "'서브컬처'란 낱말을 일본과 같은 뉘앙스로 쓰지 않는 편이 어떨까 하는 의견을 피력해본다"까지를 쓰고 글을 닫았다. 정확하게는 닫고 도망친 셈이었다. 《키워드 오덕학》을 쓰던 2016년 무렵에는 분명 거기까지가 한계였다고 생각하지만, 그럼에도 책으로 묶여 나온 글을 가끔 되돌아보면서 상념에 잠겨야했다. 내게 《키워드 오덕학》의 마지막 꼭지는 그래서 다 풀지 못한 채 미뤄둔 숙제로 남아 있었다. 이제 그 후속편에 해당할 책을 쓰는 입장이 되었다. 그래서 다시 힘주어 되뇌어본다. "밀린 숙제를, 해야만 할 때가 왔다."

이 글은 조금은 결연하게, 내 나름의 결론으로 대안을 제안해보고자 쓴다.

# 잠시 복습, 또는 다시 정리

이 책을 읽고 계신 독자분께서 《키워드 오덕학》을 구매하거나 도서관에서 대출해 읽어주시면 감사하겠지만, 모두에게 바랄 수 있는 일은 아닌지라 잠시 복습 내지는 다시 정리하는 차원에서 서브컬처의 의미에 관해 이야기해보고자 한다.

일본에서의 서브컬처는 본래 어원과는 다른 용법으로 굳은 일본 발 용어다. 일본에서의 '서브컬처'는 일본에서 오타쿠들이 주로 향유하는 만화, 애니메이션, 게임, 라이트노벨, 코스프레 등을 뭉뚱그려 일컫는 표현으로 쓰이고 있으며, 그 연유로 말미암아 어감상 '오타쿠 컬처'쯤에 가깝게 쓰이고 있는 편이다.

하지만 원래 의미의 서브컬처는 본래 사회의 주된 기본 질서와 보수적 평균치를 뜻하는 메인 컬처(main culture, 주 문화, 主文化) 또는 토털 컬처(total culture, 전체문화, 全體文化)에 대응하는 표현으로 한자어로는 하위문화下位文化로 번역된다.

메인 또는 토털, 즉 주와 전체라는 표현은 그 자체로 온갖 요소가 한데 뭉쳐 이루어진 큰 덩어리 일체를 뜻한다. 메인 컬처, 토털 컬처는 이러한 덩어리를 이루는 요소 전체를 지배하는 질서다. 그리고 여기서 각 '요소'에 해당하는 작은 덩어리 하나하나에는 전체에 대비되는 자기 나름의 성향과 성격을 형성하게 되고, 적어도 한 덩어리 안에서만은 주로 통하게 되는 독특한 문화를 형성하게 된다.

서브컬처는 이런 전체에 대비되는 작은 덩어리 안의 독특한 문화를 '주'와 '전체' 안에 자리한 구성 요소의 문화라는 뜻으로 붙은 표현으로, 영어 표현 메인(main, 주)과 토털(total, 전체)에 상대되는 표현으로서의 서브sub를 문화를 뜻하는 컬처culture에 붙인 말이다. 'sub'와 '하위'라는 표현 탓에 수준 낮은 문화, 하류 같은 표현으로 오해를 받곤 하지만 이는 엄연히 잘못된 인식이다. 메인과 서브의 관계는 특정 문화에 절대적으로 부여된 것이 아니다. 메인은 그 안에 다양한 하위 집단을 지니고 있고, 각 하위 집단은 그 안에 더 작은 집단들을 안고 있다. 이 경우 자기보다 더 작은 하위 집단과 이를 안고 있는 하위 집단은 서로가 상대적으로 서브와 메인의 관계에 놓인다. 이 상대적으로 설정되는 위상 차를 고급과 저질로 인식하면 곤란한 것이다.

《키워드 오덕학》에서는 미처 언급하지 않은 부분인데, 서브컬처의 번역어로 1970~1980년대에 '부분문화部分文化'가 쓰인 적이 있다. 사전에선 "특정 사회의 지배적인 문화 가운데 일부 집단에만 공통의 가치 기준이 적용된 문화"로 해설되니, "어떤 사회의 지배적 문화에 대하여, 청소년이나 히피 등 특정 사회 집단에서 생겨나는 독특한 문화"라는 '하위문화'의 사전적 정의와는 아주 같지는 않아도 용어 때문에 발생하는 혼란은 오히려 덜하지 않은가 하는 생각도 든다. 메인과 서브의 관계가 헷갈린다면 유의어 정도로 '부분문화'를 생각하면 되겠다. 한편 또 다른 유의어로는 부차적 문화副次的文化, 소문화小文化가 있다.

# 서브컬처와 카운터 컬처

구성원 각각의 성향과는 상관없이 한 사회 전체의 평균 성향은 필연적으로 보수적으로 잡힐 수밖에 없다. 이 보수성의 속성을 이해하는 것이 사회 진보를 추구하는 입장에서 지치지 않는 방법이긴 하지만 말처럼 쉬운 일은 아니다. 사실은 그런 연유로 전체 사회 내지는 전체 집단에 상대되는 구성 요소로서의 하위 집단은 필연적으로 덜 보수적이거나 반대 방향성을 띠게 되고, 비교적 젊은 목소리가 힘을 얻으며, 나아가 지배 체제에 저항적이기도 하다. 이 하위 집단의 문화는 집단을 안고 있는 집단의 지배 질서에 상대적으로 상반되는 특질을 지니고 있고, 이를 가리키기 위해 동원된 표현이 바로 서브컬처다.

서브컬처는 본래 1950년대 미국 청소년 계층의 비행을 연구하는 데에서 비롯한 용어다. 원래 주 집단에 상대성을 띠는 하위 집단의 독자적 문화라는 개념으로 출발했기 때문에 계급과 계층, 세대, 노동, 지역, 젠더 등의 특성을 설명하기 위한 연구 용어로 쓰였으며, 그 과정에서 저항과 일탈이라는 열쇳말이 서브컬처라는 용어를 설명하는 데 주로 언급되기도 했다.

저항과 일탈, 나아가 반항이라는 젊은이들 사이의 현상을 가리키는 말로는 카운터 컬처(counter culture, 반문화, 反文化, 다른 말로는 대항문화對抗文化)가 있고 때로는 카운터 컬처와 서브컬처를 동일시하는 경우도 있지만 오롯이 똑같지는 않다. 서브컬처는 보수성을 띨 수밖

2015년 6월 30일부터 두 달에 걸쳐 서울시립미술관 본관 3층 프로젝트 갤러리에서 열린 전시 '서브컬처: 성난 젊음'의 라운드 테이블 포스터. 이 전시가 서브컬처라는 표현으로 담아내고 싶었던 바는 1990년대 중반 크라잉넛, 노브레인으로 대표되는 펑크록 씬의 발현에서부터 2000년대 중반의 장기하와 얼굴들 신드롬, 2010년대 두리반 철거 반대 투쟁과 같은 홍대 앞 문화 지형의 중요 인물 또는 사건들을 통해 반주류적, 대안적 문화로서의 인디 음악과 인디 문화들을 조명하는 것이었다.

에 없는 사회 평균에 대항하여 상대적으로 덜 전통적이고 덜 무겁고 덜 진중한 방식으로 젊은층이나 소수가 주도해 만들어내고 소화한다. 어느 시대에나 젊은층은 폭발적인 에너지와 욕구가 자신들을 가로막는 듯 보이는 대상과 충돌하게 마련이다.

그래서 서브컬처는 체제를 향한 저항과 비판을 본령으로 하는 카운터 컬처라는 현상과 일면 겹쳐보인다. 하지만 카운터 컬처는 미국 베이비부머 세대가 유례없는 물질적 풍요와 전에 없이 압도적으로 증가한 동세대 인구라는 요인 속에서 자율성을 강조하는 새로운 교육을 받고 자란 끝에 1960년대에 '젊은이'라는 연령대에 도달하면서 폭발한 불안과 방황을 반영해 등장한 저항 현상으로 서브컬처가 내포한 맥락과는 다소 차이가 있다.

크리스티앙 생-장-폴랭Christiane Saint-Jean-Paulin은 저서 《히피와 반문화: 60년대, 잃어버린 유토피아의 추억》(크리스티앙 생-장-폴랭 지음, 성기완 옮김, 문학과지성사, 2015)에서 카운터컬처의 등장을 신생국이 탄생하고 사회주의 국가들의 영향력이 커지는 동안 미국 사회가 그 자신들의 성립 기반이 되었던 합의를 재검토하는 과정에서 겪은 긴장과 불안한 분위기에서 태어난 현상으로 소개한다.

이에 따르면 반문화는 물질적 풍요 속에서 넓게 형성된 중산층 부모의 자녀이면서도 미국에서 인종적, 사회적 기원으로 말미암아 보

크리스티앙 생-장-폴랭이 지은 《히피와 반문화: 60년대, 잃어버린 유토피아의 추억》. 1960년대 미국 반문화의 현장을 프랑스인이라는 외부자의 관점에서 건조하고 냉철하게 분석하고 있다.

편적 번영에서 유리되어 있는 사람들과 자신이 비슷한 처지라 느낀 일부 젊은이들 사이에서 형성된 현상이다. 미국 사회가 표방하는 자유주의적 가치를 실행할 역량에 관한 불신, 이민자 사회였던 미국이 정체성을 다지기 위해 표방했던 동화 정책인 앵글로 동화주의에 대한 거부 등이 두드러졌고 여기엔 대학생층의 폭발적인 증가가 중요한 요인으로 작용했다. LSD 마약, 록 음악, 히피운동, 성 혁명과 같은 다양한 화두가 등장했던 카운터 컬처는 기성화, 주류화한 산업 사회의 문화에 반대하는 일련의 입장과 생활 방식 일체를 아우르는 말이다.

젊은이들과 그들의 향유하는 문화의 특질을 '저항'과 '반항'에 맞춘다면 자연스레 젊은이들이 주도하는 경향이 큰 서브컬처와 미국 베이비부머들이 젊은이가 된 시점에 형성된 카운터 컬처는 분명 닮은 부분이 있다. 서브컬처를 설명할 때 예시로 히피가 곧잘 나오는 것도 같은 이유다. 하지만 이 둘은 가리키는 바와 용어의 성립 요인이 다소 다른 궤에 있으며, 다만 서브컬처가 특성상 지배 질서와 상반되고 때로는 충돌을 일으키는 지점에서 카운터 컬처의 '형태'로 작동하는 경우가 있는 것으로 해석할 수 있다. 그래서 둘을 무조건 동일시하거나 "카운터 컬처에서 저항을 빼면 서브컬처"라고 언급하는 건 다소 어폐가 있다.

서브컬처의 존재는 보수성으로 말미암아 필연적으로 정체되기 십상인 전체의 문화가 결과적으로는 고여서 썩지 않게끔 신선함을 덧붙이는 보완재 역할을 하며, 결과적으로는 사회 전체의 평균치를 조정하는 데 적지 않은 역할을 하게 된다. 그래서 서브컬처와 메인 컬처/토털 컬처의 충돌과 수습은 그 과정에서의 반발과 원리주의적 회귀 시도까지 포함해 한 사회의 문화적 다양성과 수준을 가늠하는 척도라 할 수 있다.

## 서브컬처=오타쿠 컬처?

히피즘이라는 큰 물결이 지나간 1960년대 이후 서브컬처는 주 지배 질서에 상대되는 입장의 '하위'에서 점차 순문학, 클래식 음악, 회화와 같이 진입장벽이 높고 전통성이 있는 문화를 가리키는 '하이컬처'에 비해 덜 학술적이고 덜 전통적이며 정통적인 위상이 부여하는 권위 같은 게 딱히 없는 일련의 비주류 문화를 가리키는 표현으로 쓰이게 된다. 그라피티, 팝아트, 인디 음악 등이 대상으로 언급되곤 하는데, 권위적이지 않으면서 에너지를 젊은이들의 에너지가 묻어나는 비주류 문화라는 어감을 한마디로 언급하고 싶을 때 동원하는 표현에 가깝다.

그런데 일본에서는 이와는 다른 형태로 서브컬처라는 용어를 쓰기 시작한다. 1980년대의 일본에서는 뉴아카데미즘이라는 조류가 형성됐는데, 이는 젊은층 사이에 유행했던 포스트모더니즘을 일컫는다. 앞 장에서도 잠시 등장했던 《동물화하는 포스트모던 - 오타쿠를 통해 본 일본 사회》의 저자 아즈마 히로키에 따르면 뉴아카데미즘은

54

유행 사상으로서의 포스트모더니즘post-modernism이며 1980년대 중반 젊은 세대에게 인기를 끌다 시대 변화와 함께 잊혔다. 이 시기 일본에서 포스트모더니즘은 몹시 복잡한 사상임에도 연구자가 아닌 일반인들 사이에서 비학술적인 견지로 '저널리스틱하게' 유행했고, 이러한 유행 속에서 서브컬처라는 표현이 원래의 어원과 맥락을 탈락한 채 기성문화에 대비해 비주류성을 띤다고 판단되는 젊은이들의 문화를 뭉뚱그려 담아내기 시작했다. 그 결과 급기야는 '서브컬처붐'이라는 표현이 등장하기도 했다.

이 시기는 고도 성장기에 폭발한 중산층의 소비 기조 속에서 가전기기를 통한 영상문화의 세례를 받은 이들이 취향문화를 적극적으로 체화해 향유하기 시작하던 오타쿠 계층의 형성기였다. 전후 베이비부머인 단카이 세대의 자식 세대라 할 단카이 주니어 세대와 그보

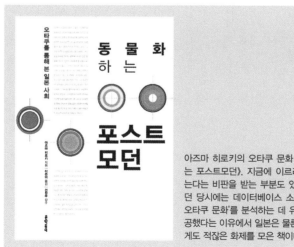

아즈마 히로키의 오타쿠 문화 분석서 《동물화하는 포스트모던》. 지금에 이르러서는 잘 맞지 않는다는 비판을 받는 부분도 있지만 적어도 나왔던 당시에는 데이터베이스 소비와 같이 '일본의 오타쿠 문화'를 분석하는 데 유효한 분석틀을 제공했다는 이유에서 일본은 물론 한국의 오덕층에게도 적잖은 화제를 모은 책이다.

다 앞서 등장한 신인류 세대에 걸쳐 등장한 오타쿠 계층은 1960년대에 태어나 1970년대에 만화와 애니메이션을 보며 자란 세대이며 성인이 된 1980년대에 이르러서는 소비 시장을 넓히거나 만화와 애니메이션 창작 직군에 진입해 들어가면서 이들 문화의 품질과 저변을 이전보다 한층 넓히는 역할을 했다.

이런 일련의 흐름을 만들어가던 이들이 1983년에 칼럼니스트 나카모리 아키오中森明夫에게서 드디어 '오타쿠'라는 멸칭을 선사(?)받으며 존재에 구체성을 띠게 되었고, 1990년대에 접어들면서는 그간 확대한 만화와 애니메이션의 저변과 서브컬처 붐이 결합한다. 이에 따라 서브컬처란 곧 오타쿠 계층이 주로 창출하고 소비하는 문화들, 다시 말해 만화와 애니메이션, 게임, 성우와 같은 문화를 아울러 가리키는 표현으로 정착한다.

사실 1980년대 초반 서브컬처라는 표현이 일본에서 유행을 타기 시작했을 때에야, 디스코와 록밴드, 하라주쿠 스트리트 패션과 같이 버블 경기에 유행한 젊은이 문화라는 개념이 그 안에 들어 있었지만 어느 사이엔가 애니메이션을 중심으로 한 일련의 오타쿠 문화가 용어 안에서의 대표성을 쟁취한 셈이다. 이를 모리카와 카이치로森川嘉一郎같이 애니메이션 등이 일본의 교육 시스템하에서 성장한 젊은이들 사이에 카운터 컬처로 작동했기 때문으로 해석하는 사례도 있다.

한편 완전히 다른 주장을 펼치는 경우도 있다. '오타킹'을 자처하는 오카다 도시오岡田斗司夫는 1996년작 《오타쿠학 입문》(국내 발매명 《오타쿠-21세기 문화의 새로운 지배자들》, 현실과미래, 2000)에서 일본의

56

서브컬처를 사상적 기반 없이 문화적으로 미국 식민지화한 입장에서 흉내 내기로 유행하고 있는 것으로 규정하며, "분명히 해두지만 '오타쿠 문화'는 서브컬처가 아니다. '귀족 문화(메인 컬처) → 카운터 컬처 → 서브컬처'와는 확실히 맥을 달리하여 진화한 것이기 때문이다"라고 주장했다.

오카다 도시오의 입장에서 일본의 서브컬처는 흉내 내기의 결과물로 세계 서브컬처에서 제대로 취급될 이유가 없는 것이지만, '일본산으로서 세계 사람들을 열광시키는 유일한 문화'인 오타쿠 문화

구글에서 サブカル女子(사부카루죠시, 서브컬 여자)를 검색하면 나오는 검색 결과. 일본에서는 '(일본식 정의에 속하는) 서브컬처를 좋아하는 여자'를 가리켜서 서브컬 여자라고 일컫는데 대체로 대중적이지 않고 약간 마이너한 것을 좋아하는 경향을 띤다는 식으로 규정하고 있다. 특징을 들자면 머리카락은 일자로 자른 단발머리가 많고, DSLR을 갖고 다니는 경우가 많으며 취미를 다양하게 지니고 있고 자기만의 세계관에 빠져 있다. 시력보정용이 아닌 멋 부리기용 안경을 쓰고 큰 헤드폰을 끼고 있다는 식이다. 비슷하게 サブカル男子(서브카루 단시, 서브컬 남자)도 쓰이는데, 결국 한마디로 '서브컬'을 사람에게 쓰는 건 마이너한 것에 꽂히고 자기 세계에 박히기도 하는 약간 독특한 캐릭터를 지닌 사람을 뜻한다. 멸칭으로서의 '오타쿠'에 비해 외견상 조금 더 말끔한 인상을 주고 만화나 애니메이션, 게임만 보진 않는 이들을 가리키는 용어로 쓰이는 점이 재밌다.

라면 그와는 전혀 다르다. 그의 관점에서 오타쿠 문화는 그 자체로 일본의 전통문화를 계승해 세계에 세워도 꿀리지 않는 독창적인 것이기 때문이다. 하지만 이처럼 다소 자의식 넘치는 오카다 도시오의 발언은 오타쿠가 나카모리 아키오의 정의에 이어 1989년 미야자키 츠토무宮崎勤가 저지른 도쿄-사이타마 연속 여아 유괴 살인사건 등으로 사회적 멸시 대상이 되는 데 따른 일종의 과도한 방어논리에 가까웠다. 오카다 도시오에게 오타쿠 문화는 일본의 서브컬처와는 격을 달리하는 것이었지만, 그의 주장과 달리 현실에서 서브컬처는 오타쿠 문화와 동의어로 간주되는 경향이 짙어지기 시작해 현재에 이른다.

그래서 현재 일본에서 쓰이는 서브컬처는 원래의 맥락이나 어원과는 많이 멀어진 '메이드 인 재팬' 용어로, 용어의 표현(서브컬처)과 가리키는 바(만화, 애니메이션, 게임, 성우 등)가 딱히 맞아떨어지진 않는데다 '사부카루サブカル', 즉 '서브컬' 같은 변형까지 일어나면서 혼란을 가중시키고 있는 상황이다.

## 한국의 상황 변화 – ① 만화

수년 전 《키워드 오덕학》에서 제기한 문제는 바로 서브컬처라는 표현이 한국에서는 일본에서와 같은 의미로 쓰일 수 없다는 점이었다. 서브컬처가 오타쿠 문화와 동의어에 가깝게 쓰이는 용법이 그대로 적용되기 위해서는 한국에도 그만한 오타쿠층이 있어야 한다.

한국의 맥락 위에서 일본의 만화와 애니메이션을 흡수하며 자생한 오타쿠층인 '오덕' 내지는 '덕후'층은 그 자체가 일본에서처럼 거대 내수를 이끌어갈 만한 인구층이 아니었다. 열성은 일본의 오타쿠층에 뒤지지 않는 것만은 분명했을 터이나 폭발력을 증명하라는 시장의 요구 앞에서 그리 좋은 성과를 내지 못한 채 '일빠(일본 빠돌이)' '화성인' '아랫도리 친일파' 정도의 비웃음 대상이 되곤 했던 것이다.

한국의 오덕, 덕후는 근 몇 년 사이에 심형탁, 데프콘 같은 이들이 대놓고 '덕밍아웃'(오덕임을 사람들 앞에 밝히는 행위)하고 소장품까지 진지하게 공개하는가 하면 다양한 분야의 취향을 깊이 파고들어 가는 이들을 능력자로 포장한 TV 예능 〈능력자들〉 등이 등장하며 대중화의 길을 걷는다.

2015년 MBC에서 방영된 〈능력자들〉 제호.

TV에서 번역어 없이 '츤데레'니 '코스프레'니 하는 표현이 자막에 등장하기 시작했다. 주호민, 이말년, 김풍 등의 만화가들이 엔터테이너로서 TV 브라운관에 빈번하게 등장하고, 굉장히 재밌다는 반응을 얻어낼 만큼 역할을 잘 해냈다. 그야말로 '비주류의 문화'라 했을 법한 만화와 애니메이션 취미가 이상하게 보는 경우가 없을 만큼 적절히 안착되었다. 하지만 이러한 인식 전환과 확장이 곧 오덕층이 주로 즐기던 만화나 애니메이션, 라이트노벨 등의 시장 확대로 연결되었는가 하면, 사실은 아니었다. 한국에서 이들 문화의 이름을 단 매체들은 갈수록 커져가고 나름의 성과를 내기 시작한 건 맞다. 그런데 정확히 말하자면 그게 '오덕'층이 보고 싶어 하던 것은 아니었다.

한국 만화는 웹툰이 완연히 정착한 이래 일본 만화의 직접적인 영향권 아래에서 벗어나 나름의 독자층을 구축했고, 세대가 갈릴 만큼 시간이 흐르며 처음 접한 만화가 웹툰인 이들이 독자의 대부분을 차지하게 됐다. 이 독자층은 일본 만화를 주로 보던 세대와는 만화에 관한 생각 자체가 아예 다르고, 심지어 이들을 대상으로 한 만화를 그리는 만화가들도 마찬가지다.

결정적으로 지금은 작가와 독자가 모두 오덕이라면 마스터피스로 삼을 만한 왕년의 대작들을 뭐 하나 보지 않은 채 대중 사이에서 복제와 패러디를 통해 전파되는 짤방 이미지 내지는 인터넷 밈internet meme으로서만 소화하는 상황이다. 이를테면 〈슬램덩크〉 마지막회에 나오는 강백호와 서태웅의 하이파이브 장면은 해당 장면을 동시기에 보고 자란 이들에게는 어마어마한 감흥을 주는 장면이지만, 지금 독자의 대부분은 〈슬램덩크〉 따위는 안 보고 자란 세대다. 그들은 그 장면의 맥락을 떼어내고 클리셰 정도로 받아들이고 있다. 여타 유명작도 마찬가지여서 대학교에서 만화 전공 학생들을 가르치는 작가들이 가끔 몹시 당황스러워한다는 후문이다.

## 한국의 상황 변화 - ② 애니메이션, 웹소설

애니메이션도 마찬가지다. 일본 애니메이션을 챙겨 보기 위해 애를 써야만 했던 세대와는 달리 지금의 세대들은 결제만 하면 일본 애니메이션을 정식으로 볼 수 있게 됐다. 더할 나위 없이 좋은 시대가 열렸다 할 수 있겠지만, 애초에 잘 빠진 일본 애니메이션이 부러워 어쩔 줄 모르던 세대와는 달리 일본 작품에 목을 매지 않는 이들이 더 많아졌다.

EBS 교육방송에 나오는 국산 애니메이션을 보면 어떤 상황인지 답이 나온다. 업체들이 제작비로 허덕이는 건 여전하긴 하지만, 적어도 "애니메이션을 못 만든다"는 소리는 나오지 않을 만큼 잘 뺀 작품이 많다. 오덕층이 바라던 청소년 연령대 이상을 노린 애니메이션은 이제 거의 나오지 않지만 유아/아동용 애니메이션은 정말 볼만한 수준이다.

〈뽀롱뽀롱 뽀로로〉가 2003년 첫 등장이니, '뽀통령'을 보고 자란 아이들도 2020년이면 이미 20대다. 이후 등장한 〈꼬마버스 타요〉〈또봇〉〈헬로카봇〉 유는 물론 전 세계적인 히트를 연일 기록 중인 〈상어가족〉에 이르면 나고 자라며 본 애니메이션에 일본 작품이 딱히 없다 해도 이상할 게 없는 상황이다. 심지어 이제는 만화를 웹툰으로 처음 접한 이들에게도 흥미가 동할 상황이 일어나고 있다. 2020년 4월부터 '네이버 웹툰'이 자사 연재로 누적 조회수 45억 뷰를 보인 히트작 〈신의 탑〉을 한미일 공동 제작으로 제작해 내어놓은 것이다. 인기 웹툰 〈갓 오브 하이스쿨〉도 역시 3국 공조로 제작되어 2020년 7월부터 방영을 시작했다.

과거 한국의 만화 원작 게임을 다시 원작으로 삼은 애니메이션 〈라그나로크〉를 일본에서 제작해 방영한 적은 있지만, 한국의 대형 히트 웹툰을 프랜차이즈화해 해외 제작, 배급으로 세계 시장에 공개

〈뽀롱뽀롱 뽀로로〉의 제작사가 직접 연 온라인 영상 콘텐츠 서비스oTT 《뽀로로TV》. 뽀통령의 위세가 후속작인 타요와 띠띠뽀 등의 등장으로 예전 같지만은 않지만 오랜 시간 노출되고 계속해서 새로운 콘텐츠를 만들어내면서 세대를 넘는 인기 캐릭터로 확고하게 자리 잡고 있다. 뽀로로를 보며 자란 최근 세대에게 일본 만화와 캐릭터의 영향력은 앞 세대와는 전혀 다른 수준이다.

하는 건 의미가 남다르다. 압도적인 물량을 매주 연재 형태로 웹과 앱을 통해 공개하고 있는 웹툰은 이제 번역을 통해 해외 독자들을 실시간으로 만나고 있으며, 이들의 영상화 물꼬가 트이게 되면 만화를 웹툰으로 처음 접하며 성장했던 이들은 곧바로 강력한 충성도를 보이는 집단이 된다. 이 역시 일본 애니메이션을 주로 보아왔던 '오덕'들과는 아무런 상관없는 움직임이다.

카카오의 '다음 웹툰'과 '카카오페이지'는 네이버의 네이버 웹툰과는 판이하게 영화와 드라마 쪽을 주로 공략 중이다. 만화와 애니메이션을 보고 싶어하지 드라마 쪽엔 별 관심이 없는 게 오덕들이라 비교적 관심 밖인 경우가 많지만, 강력하고 드라마틱한 서사를 긴 호흡으로 뽑은 작품이 많아 일찍이 영화화된 작품이 많다는 걸 주 강점으로 내세워왔던 게 다음 웹툰이다.

나는 《키워드 오덕학》에서 원작이 바로 서지 않은 채 OSMUOne Source Multi Use만 강조하는 세태로 가면 안 된다는 우려를 표한 바 있는데, 한 차례의 실패를 딛고 각성(?)한 카카오페이지가 웹툰과 웹소설, 영상을 한데 엮어 화제를 만들고 반응을 끌어올려 다시 조회수와 결제로 연결하는 모델을 만들어내는 모습을 보면서 단순한 OSMU를 넘어서 그간 쌓아놓은 작품과 노하우로 전방위적인 지적재산권Intellectual Property, IP 싸움을 할 수 있게 됐다는 사실이 매우 놀랍다. 영상 제작에 기대어 2차적 저작물 작성권을 판매하는 모습을 넘어 양대 포털 웹툰이 직접 관장해 다양해진 저작물을 직접적으로 반응을 끌어낼 수 있는 형태로 만들고, 이를 TV를 비롯한 대중매체에

웹소설의 인기를 온 힘으로 증명해낸 〈전지적 독자 시점〉. 2018년 연재 개시 이래 누적 조회수 1억 뷰 이상을 달성했다. 2020년 5월부터는 웹툰으로도 연재를 시작했다. 사진은 2019년 10월 서울 지하철 2호선 홍대입구역에서 촬영한 〈전지적 독자시점〉의 광고.

적극적이고 매우 세련되게 광고하고 있다. 일본 만화 잡지와 애니메이션 잡지를 보며 부러워하던 그 모습을, 2020년의 우리나라에서 만나고 있는 셈이다. 일본에서 애니메이션 원작으로 만화 이상으로 쓰이고 있는 라이트노벨 영역을 한국에서 국산 웹소설이 점유하면서 〈구르미 그린 달빛〉〈전지적 독자 시점〉〈달빛조각사〉〈김 비서가 왜 그럴까?〉〈저스티스〉 같은 히트작을 만들어내고 있다. 이 역시 오덕들이 익숙하던 모습과는 거리가 멀지만 시장은 그만큼 훨씬 커지고 다양해졌다.

# 게임, 한국에서 유일하게
# 일본식 '서브컬처'가 맞아떨어지는 시장

유일하게 일본 쪽의 감성을 거의 고스란히 이어가고 있는 분야가 있다면 게임이다. 서브컬처라는 키워드를 포털 뉴스에서 검색해보면 '서브컬처 모바일 게임' '서브컬처 미소녀 모바일 RPG' '서브컬처 신작' '서브컬처가 대세 된 2020 모바일 게임 시장' 같은 기사 제목이 줄줄이 걸려 나온다. 여기서 말하는 '서브컬처'가 바로 일본에서 말하는 그것과 일맥상통한다. 이 일본식 서브컬처의 특징이 지금 이 시점에 무엇이냐 묻는다면, 단연 2000년대를 전후한 시점에 자리잡은 '모에萌え'다.

이 역시《키워드 오덕학》에서 한 꼭지를 통으로 들어 설명한 개념으로, '미소녀'라는 대상의 조형과 성격에 이르는 모든 구성 요소를 극단적으로 부품화한 취향 코드 일체를 뜻한다. 오타쿠 컬처 분석서인《모에모에 재팬萌え萌えジャパン》의 캐치프레이즈이자 모에에 관한 한마디 설명으로 유효하다 할 말이 "첫 사랑의 감정과 닮아 있다"라는 선언인데, 딱히 설명할 순 없지만 대상에 두근거리며 끌리는 취향을 가리키는 단말마스러운 표현이라 할 수 있다. 시간이 지나며 모에가 미소녀를 넘어 실존 인물에게 끌리는 감정을 이야기할 때에도 쓰였고, 여성들이 남성을 향해서 쓰기도 하는 표현이 되었지만, 기본적으로 모에가 가리키는 취향 코드는 1차적으로는 '미소녀의 귀여움'이고 본질적으로는 '미소녀의 섹슈얼리티', 즉 성적인 요소에 닿

아 있다. 모에 미소녀는 귀여우면서도 성적인 끌림을 담고 있어야
한다, 이 어려운 조합을 만들어내는 데 최선을 다하는 것이 모에다.

취향은 사람마다 다르기 때문에, 그 취향에 따라 성적인 끌림을
만들어내는 요소를 조합해 캐릭터를 만들어내면 별다른 서사 맥락
없이도 볼 사람은 본다. 이게 모에 캐릭터 조합의 본령이다. 캐릭터
를 생성하는 과정에서 개연성과 깊이를 만들어내기보다 요소의 조
합으로 보는 순간 알 수 있게 만들어내기 때문에 캐릭터의 내면은
물론 외모조차 입체성 면에서 지극히 얄팍해지는 경향이 있다.

그래서《키워드 오덕학》에서는 모에 캐릭터에 불쾌감을 느끼는
사례의 연유를 "조립된 미소녀가 인물임을 주장한다면?"이라는 주제
로 설명한 바 있다. 오덕이 아닌 사람이 봐도 딱히 불쾌감이 들지 않
을 만한 캐릭터 조합 기술로서의 모에를 선보이는 모습을 보고 싶다
는 주문도 함께 던졌더랬다. 한데 다른 분야에서 모에를 전면에 앞
세운 작품들이 크게 흥하지 못하는 데 비해 별다른 이야기 구조 없
이 캐릭터만으로 어느 정도 성립할 수 있는 장르인 미소녀 뽑기 게
임은 꾸준히 성과를 낸다.

결국 일본의 오타쿠 컬처의 형태를 좇는 게 한국에서 서비스되고
있는 게임들의 트렌드가 돼 있는 셈이다. 재밌는 건 일본산 성인용
미소녀 게임에서 시작해 현재는 문자 그대로 뽑기형(가챠) 게임의 최
강자로 군림하고 있는〈FATE/GRAND ORDER〉와 같은 일본 작
품의 강세 속에서〈벽람항로〉나〈붕괴3rd〉등 일본식 서브컬처의
흐름을 그대로 좇아 만들어낸 중국산 게임이 인기를 끌고 있다는 점

《ZDnet Korea》에 2020년 2월 6일 실린 기사의 제목은 〈서브컬처가 대세 된 2020년 모바일 게임 시장〉이다. 미소녀 모에가 곧 서브컬처라는 관점이 고스란히 묻어나는데, 한국에서 이 관점이 유일하게 통용되고 별다른 번역조차 없이 기사 보도자료로 내보내는 분야가 바로 게임이다.

이다. 일본에서 뿌리내렸던 오타쿠들의 지향점이 이렇게 한국과 중국 모바일 게임 쪽에서 맥을 잇고 있는 모습은 기묘한 기분이 들게 한다.

## 한국이 강점인 분야는 오타쿠 컬처가 아니다

일본이 강점을 보이는 문화 분야를 그들 스스로는 서브컬처라는 이름으로 규정하고 있지만, 살펴보았다시피 한국은 일본과 상황이 완전히 다르다. 만화도 애니메이션도 장르물로서의 소설도 일본의 영향권에서 벗어난 상태가 됐고, 자생하고 발전하여 이제는 완전히 새로운 독자층을 중심으로 재편된 상태다.

올림픽을 앞두고 벌어진 일본 쪽의 정치적 문화적 무리수와 붕괴 상황은 심지어 일본발 문화에 오래도록 젖어 있고 친숙하다 할 세대나 오덕층조차 고개를 젓고 발을 떼게 만들 만큼 심각한 상황이다. 2019년 일본이 반도체 제조에 필요한 물품을 수출 금지하면서 발발한 일본 불매운동의 여파도 있기 때문에, 자연스레 한국의 2020년은 모든 면에서 일본 의존도를 한층 더 낮추는 형태로 흘러가고 있다. 굳이 일본을 걱정할 일은 아니다. 일본은 문화에서 바깥 의존도가 낮은 편이어서 외부에서 관심이 줄어든다고 시장 자체가 휘청거릴 일은 없다. 휘청거린다면 그건 내수가 안 되기 시작할 만큼의 불황과 환경 변화의 여파 때문일 터다.

심지어 우리나라에서는 2018~2019년에 이르러 일본 문화에 익숙하던 '오덕'들이 특정 대상을 즐기는 '덕질'의 맥락에서 '오덕'은 사실상 탈락하고, 그 자리를 방탄소년단을 위시한 K-POP 아이돌들이 빼곡하게 채우게 된다. 낌새는 있었다. 시사주간지 《시사인》에 연재되던 〈덕후토피아〉(2014~2015)에 만화 이야기보다는 아이돌 이야기가 더 많이 나올 때에도 무언가 변하고 있음을 알 수 있었지만, 2019년 들어 연예인 사진을 촬영하는 게 낙이자 일인 '홈마'(홈페이지 마스터) 캐릭터를 내세운 〈그녀의 사생활〉이라는 TV 드라마가

"덕질이 세상을 아름답게 하리라!"라고 외친 순간 모든 상황이 종료되었다.

이제 덕질의 대표주자는 아이돌을 대상으로 하는 놀이 문화가 되었다. 만화나 애니메이션, 그리고 라이트노벨(과 웹소설)은 오덕들이 바라던 것과는 다른 형태를 보이고 주 이용층도 완전히 변했다. 어느 쪽이든 이용자층이 한층 더 넓어졌고 다양해졌다.

덕분에 문자 그대로 시장에서 좋은 소식이 들려온다. 여성 이용자층의 확대는 그만큼 돈 버는 소리를 들리게 해준다. 얄궂게도 만화나 애니메이션에 돈 안 쓰는 게 미덕이던 이들이 많이 섞여 있던 인터넷 초창기 출신 남성 오덕들 사이에서는 이조차도 부담이다. 그보다 앞 세대라 할 수 있는 정보 집적형 남성 오덕들(BBS와 PC통신 세

tvN 드라마 〈그녀의 사생활〉 포스터. 작품의
슬로건은 "덕질이 세상을 아름답게 하리라"다.

대)은 인터넷 환경의 발달과 함께해오던 축적의 의미가 사라지면서 흥미를 잃고 일찌감치 물러나 있긴 했지만, 그다음 세대에게도 때가 온 것이다.

그래서 '오덕'이라는 이름으로 불리던 이들 앞에 놓인 선택지는 크게 셋이 남았다. 노병으로서 그저 사라질 뿐이거나, 아니면 여전히 보고 싶은 풍경이 남은 곳에 집결하거나, 전자인 사람들이 흥미와 체력을 잃고 정치를 비롯한 생판 다른 쪽으로 빠지거나다. 하나 더 하자면 내친 김에 K-POP 팬이 되는 선택지도 있겠다.

분명한 사실은, 한국에서 강점을 보이는 문화는 일본과는 달리 실제 인물들이 나오는 쪽이다. 일본에서는 아이돌도 허구성이 강조된 모에의 대상으로 편입하여 성인에게도 귀여움이 강조된 옷과 안무를 중요시하는 한편 그라비아 화보 등으로 끊임없이 성 상품화를 꾀하는 데 비해 한국은 충돌을 겪으면서도 꾸준히 눈앞에 있고 무대에 서 있는 대상이 살아 있는 사람임을 강조하는 방향으로 나아가고 있다.

여성 아이돌 그룹의 컴백 경쟁 프로그램으로 기획된 〈퀸덤〉 (M.net, 2019. 8~2019. 10)은 A.O.A의 성 역할 반전으로 큰 화제를 모은 〈너나 해〉 무대 이후 여성 아이돌이 예쁘기만 한 인형일 필요가 없음을 여타 출연 그룹들이 본인들의 무대를 통해 보여줌으로써 '완성'되었다. 이는 2019년의 한국이 동시기 일본과 얼마나 달라지고 있는지를 보여주는 상징적인 장면이다.

2차원 화상을 주 표현 방식으로 쓰는 문화들 또한 '오덕'이 시장에서 중요한 고객이 아니었으며, 이제는 어느 쪽이나 일본식 '서브컬

m.net에서 방영한 여성 아이돌 그룹 컴백 대전 〈퀸덤〉의 2차 경연 커버곡 대결 편에서 A.O.A는 마마무의 〈너나 해〉를 커버했다. 놀라웠던 점은 〈너나 해〉라는 남의 곡을 '잘' 부른 점이 아니라, 퍼포먼스 면에서 남녀의 성 역할에 관한 고정관념을 완전히 뒤집었다는 사실이다. 평소 섹시 퍼포먼스와 멤버의 글래머러스한 몸매로 기억되던 A.O.A는 이날 무대에서 노출 하나 없는 바지 정장을 입었고, "나는 저 버릴 꽃이 되긴 싫어, 아임 더 트리"라는 랩으로 포문을 열었으며, 노출과 섹시한 퍼포먼스는 중간에 등장한 젠더리스한 남성 보깅 댄서들이 소화했다. 리더인 지민의 구상에서 시작된 이 무대는 결과적으로 A.O.A라는 그룹이 보여줄 수 있는 매력이 훨씬 더 다양함을 확인시킴은 물론 〈퀸덤〉이라는 프로그램이 방송국의 기획 방향과는 아무 상관없이 참가자들 스스로 자신의 의지를 통해 수동적인 성 상품화의 첨병이 아님을 보여주는 프로그램이 되는 출발점 역할을 했다. 그렇기에 A.O.A가 다른 무엇도 아닌 멤버 따돌리기가 드러나면서 와해되어가는 모습에 착잡한 마음을 감출 수 없다.

처'와의 연결점이 끊어져 가고 있다. 한국의 만화와 애니메이션, 소설은 '오타쿠 컬처'도, 심지어 이젠 '오덕' 문화도 아니며 그저 너른 덕질의 대상 가운데 하나로서 보편적 대중을 향하고 있다.

성격이 이렇게나 달라진 상황에서 미소녀 게임 쪽만이 '서브컬처'를 장르명으로 쓰면서 "일본식 미소녀 문화"라고 업계발 기사에서 밝히고 있는 상황이라면, 한국에서 굳이 이 표현을 일부러 유지해야 할 이유가 '관행' '익숙함' 말고 어디에 남아 있을까? 나는 이제 일본발 용어로서의 '서브컬처'를 놔줘야 할 때가 왔다고 생각한다.

# 용어의 독립 선언

드디어 이 글의 목적지에 다다랐다. 일본이 어떻든 한국은 체질도 변했고 수용자도 변했다. 오타쿠 문화로서의 서브컬처로 한국의 만화와 애니메이션, 웹소설을 논하기가 이젠 어렵다는 게 지금까지의 주장이다. 게임은 아직 그대로기는 하고, 그 탓에 일어나는 문제점이 많지만 궁극적으로는 바뀌어가야 할 터다. 어쨌든 '서브컬처'를 이 땅에서 장사 지내야 한다면, 대안을 세워야 한다. 지금부터는 이 책을 통한 저자 한 사람의 제안이므로, 동의하는 이들의 제청, 또는 뜻 있는 이들의 보완이 필요하다. 이 글이 그 논의의 시작점이 되길 바란다.

한국은 2001년 '문화콘텐츠'라는 표현을 써왔다. 이 표현은 IMF 이후 무너진 경제를 세우기 위해 대중문화를 산업이라는 견지에서 바라보고 부흥시키고자 내세운 브랜드다. 하지만 이 표현에는 만화와 애니메이션, 게임은 물론 영화, TV 드라마, K-POP 같은 매체가 모두 들어간다. 서로 연관성이 없진 않으나 형태가 지나치게 다르다. 물론 근래 지적재산권IP에 기반한 동시다발적 연계 플레이가 포털 웹툰을 중심으로 이뤄지고 있는 추세고 여기에 영상 매체 대부분이 함께 얽히기는 하지만, 모든 작품이 이러한 연계의 중심에 서 있을 수는 없다. OSMU에만 매달리면 어쩌지 걱정하던 때보단 나아졌다 해도 말이다.

《키워드 오덕학》에서는 2003년 한국과 일본의 업계인들이 모임을 만들 때 모임 이름을 정하느라 매우 오랜 시간 고민했던 사례를 소개한 바 있다. 일본 측 인사들이 내민 것이 '서브컬처 연구회'였기 때문이다. 결국은 한국이 내민 문화콘텐츠라는 표현을 받아들여 모임의 이름이 ACCF Asia Culture Contents Forum으로 정해지긴 했는데, 개념적으로는 오타쿠 문화로서의 서브컬처와 문화콘텐츠의 지향점과 외연 자체가 완전히 다르다. 나는 다양한 문화 매체를 한데 묶는 편리한 용어로 '문화콘텐츠'를 긍정하지만, 문화콘텐츠는 넓다 못해 대중문화의 산업적 접근이라는 측면을 충족하는 모든 것을 포괄한다. 이래선 만화와 애니메이션, 게임, 웹소설 같은 비교적 가까운 입장에 있는 매체들을 묶고자 할 때 답이 나오지 않는다. 지금까지는 이 지점에서 서브컬처란 표현을 관용적으로, 또는 관행적으로 써왔던 것이다. 웹툰 매체의 이벤트나 대학교 학과 이름에까지 서브컬처라는 표현이 들어가는 것을 보면 큰 고민에 빠지고 만다. 관행에 굴복하고 마음 편해할 것인가, 아니면 문제를 제기해야 하는가. 나는 후자를 택하기로 했다.

'문화콘텐츠'를 상위 개념으로 놓는다면, 그 하위에는 여러 대중문화 매체가 놓인다. 그 가운데 비교적 성격이 가깝거나 창작자 및 업계인들이 분야를 넘나들어 활동할 수 있는 매체끼리 놓자면 다음과 같이 나눌 수 있다.

– 비실사 기반 시각 문화: 만화·웹툰, 애니메이션, 게임, 웹소설·라이트노벨, 특촬물

– 실사 기반 시각 문화: 영화, TV드라마·웹드라마, K-POP

이 구분의 목적은 너무 넓지 않게 함께 언급하기 알맞은 매체들을 묶어 편리를 도모하기 위함이다. 먼저 비실사 기반 시각 문화에 만화와 만화로서의 웹툰, 애니메이션, 게임은 말할 것도 없다. 웹소설과 라이트노벨 또한 문자(텍스트) 기반 콘텐트여도 그 자체로 '만화와 애니메이션과 게임의 심장을 지닌 소설'이라는 영상적 특징을 지니고 있고 다분히 캐릭터 일러스트레이션이 중요한 요소로 작용하는 매체이기 때문에 시각 문화로 분류할 수 있다고 봤다.

반면 영화와 TV드라마·웹드라마는 제작에 실존 인물의 연기와 촬영이 필요한 문화이기 때문에 실사 기반 시각 문화로 구분할 수 있다. K-POP은 그냥 음악을 넘어 K-POP이라는 장르명으로 정의될 때엔 영상 활용이 매우 중요한 요소로 작용하기에 음악을 넘어 시각 문화로 구분할 수 있다고 보는데, 일본에서 아이돌이 허구성을 강조해 오타쿠 향유 문화로 포함되는 것과는 다르게 구분해야 한다고 봤다. 반면 특촬물(특수촬영물)은 실존 인물을 동원해 촬영하면서도 특수 제작된 수트와 미니어처, 아날로그적인 특수효과를 통해 실사가 실사로서 지니는 리얼리티를 되레 경감시키는 것이 장르의 미덕으로 정착해 있기에 비실사 기반으로 구분할 수 있다고 봤다.

여기서 만화와 애니메이션/게임의 성격이 다소 갈리는데, 만화는 3D로 제작해도 결과물은 2D화되어 노출되는 반면 애니메이션과 게임은 이제 3D 자체로 노출되는 경우가 많기 때문에 '도화Drawing'

를 기준으로 삼을 순 없다는 점이다. 결과적으로는 실사와 비실사만을 기준점으로 놓게 되었다. 여기까지 놓고 볼 때, 만화, 애니메이션, 게임, 웹소설 등을 주로 보는 이들에게 맞춘 새 용어가 있으면 어느 쪽으로도 맥락에 맞지 않는 '서브컬처'를 버릴 수 있으리라고 생각한다.

하여 낱말을 조합하여 만든 대용어로 다음을 제안하는 바다.

– "비실사 기반 시각 문화" (줄여서 '비기시 문화', 또는 '비기시 콘텐트')

## 생각할 거리들

### 오쓰카 에이지, 서브컬처의 본질을 논하다

단순히 개념 아래에 묶이는 매체의 나열에 그치지 않고 일본식 서브컬처의 본질을 해설하는 사례도 있다. 일본의 만화 원작자이자 편집자, 기획자, 문화 평론가인 오쓰카 에이지大塚英志는 《일본비평》 9호 (오쓰카 에이지, 서울대학교 일본연구소, 2013. 8)에 실린 특별기고문 〈애국소년론: '일본적 성장소설' 천황서사의 구조〉에서 문예 평론가 에토 준江藤淳이 언급한 '전체'나 '역사'와 단절되는(절단되는) 게 곧 서브컬처라는 견해를 인용해 다자이 오사무의 〈여학생〉을 '서브컬처'적인 문학으로 분류한다.

오쓰카 에이지는 인터뷰집 《오쓰카 에이지: 순문학의 죽음 – 오타쿠·스토리텔링을 말하다》(오쓰카 에이지·선정우 지음, 북바이북, 2015)에서도 역시 에토 준의 견해를 반복하며 "(문화가) 국경을 넘는다는 것 자체가 이미 서브컬처화를 전제로 하고 있다는 의미"라고 말하는 한편 "만화나 애니메이션 안에 틀어박힐 수 있다는 것, 독자나 관객이 판타지 속에서 살아갈 수도 있다는 것이 서브컬처가 가진 상품으

오쓰카 에이지와 선정우의 인터뷰를 묶은
《오쓰카 에이지: 순문학의 죽음 − 오타쿠·
스토리텔링을 말하다》표지.

로서의 특징입니다. 독자가 가공의 세계 속에 틀어박혀 놀 수 있다
는 것이죠"라고 말하고 있다.

　이러한 개념에 따르면 일본의 서브컬처는 오타쿠들이 좋아하는
문화의 나열을 넘어 그야말로 포스트모던한 탈맥락 현상 그 자체를
일컫는 말이 된다. 메인(주)에서 탈맥락하고 해체된 서브(하위)라는
구도만 성립한다면 무엇이라도 '일본의 서브컬처'인 셈이다. 여기서
메인이 될 수 있는 건 국가일 수도 있고 역사일 수도 있으며 세계관,
서사, 나아가 인간의 성립일 수도 있다. 일례로 인물 조형의 구성 요
소를 모조리 분해해 누구에게든 취향에 맞춘 조립식 미소녀 상품을
'납품'할 수 있는 게 2000년대 이후의 오타쿠를 논할 때 빼놓을 수 없

는 모에인데, 탈맥락이라는 점에서 보자면 모에는 그야말로 일본식 서브컬처를 매우 잘 반영한 조류가 아닐 수 없다.

이 관점을 빌리자면 세카이계セカイ界로 불리는 꽤나 듬성한 장르 또는 현상도 마찬가지로 매우 '서브컬처하다'고 해석할 수 있다. 세카이계는 세계가 어떤 상황이고 나는 누구이며 왜 무엇을 해야 하는지 따위는 별로 중요하지 않고 나와 너만의 세계에 천착하는 작품의 장르를 뜻하며 라이트노벨 〈이리야의 하늘, UFO의 여름〉이나 만화 〈최종병기 그녀〉, 애니메이션 〈별의 목소리〉와 같은 작품이 주요하게 거론된다.

그 원형 격인 작품으로는 1990년대 중후반 오타쿠 바닥을 강타했던 〈신세기 에반게리온〉, 정확히는 작품 후반의 파멸적이고 탈맥락적인 전개가 준 충격에 영향을 받은 작품군을 뜻하는 표현이다. 오쓰카 에이지는 〈애국소년론: '일본적 성장소설' 천황서사의 구조〉에서 "'나'의 내면 문제가 단번에 큰 이야기로 연결되고, 그 중간 과정이 부재한 것에 조금도 주저하지 않는 표현을 말한다"라며 "다자이의 〈여학생〉도, 이 나라의 내셔널리즘도, 말하자면 세카이계다"라고 덧붙인다. 주목해야 할 점은 내셔널리즘을 세카이계라고 지적한 점이다.

근거도 맥락도 없이 나와 너의 세계만 남는 이 장르가 전후 천황제를 유지하는 바람에 유사 민주주의의 어정쩡한 형태를 반쯤 봉건적인 형태로 유지하고 있는 일본 주류 정치의 원동력, 내셔널리즘을 설명할 수 있는 열쇳말이라고 말하고 있는 셈이다. 용어로서의 일본식 서브컬처가 모에와 세카이계라는 조류를 아울러 설명하고 있음을 보자면, 어쩌면 서브컬처는 단지 '허구성 강한 세계관을 좋아하는 이들'이라고 일본 산세이도의 《신어사전》이 정의하기도 한 오타쿠를 설명하기 위한 표현이 아니라 내셔널리즘 이외의 다른 사회 통치 방법을 찾지 못하고(실제로는 않고) 있는 일본 사회를 가장 적확하게 반영하고 있는지도 모른다.

## 모에와 여성혐오

'서브컬처 장르'라는 어처구니없는 조어가 유일하게 통용되는 곳이 한국의 게임 업계다. 모에한 미소녀가 나오는 오타쿠 컬처스러운 게임을 서브컬처 장르라고 일컫고 있는 셈이다. 2020년 현재 게임을 다루는 커뮤니티 게시판이 이곳저곳에서 사라진 줄 알았던 남성 오덕들의 해방구 노릇을 하고 있는 까닭은 다른 데 있지 않다. 하던 대로 할 수 있는 곳이 게임 커뮤니티 말고는 디씨인사이드나 일간베스트와 같이 정치적 사상적으로 극단적인 차별주의를 보이는 공간들만 남아 있기 때문이다. 완전히 동화하든지 조금 경계하든지 해도 결국 공통적으로 나오는 소리는 "페미 척결"이다.

2016년 넥슨의 게임 〈클로저스〉에 참여했던 김자연 성우가 〈GIRLS DO NOT NEED PRINCE〉 페미니즘 티셔츠를 인증했다가 하차당한 사태 이후 게임 커뮤니티 게시판 이용자들은 끊임없이 게임 제작사 또는 서비스 업체들을 여론으로 압박해 페미니스트인 듯한 낌새만 있으면 성우든 일러스트레이터든 가차없이 내버리라 요구해왔고 업체들은 어처구니없게도 이러한 준동을 막기보다 오히려 부화뇌동하는 모습을 보여왔다. 사람들은 이들을 가리켜 페미니스트들이 활동했던 '메갈리아4'의 4를 따 '4의 일족'이라는 별칭으로 부르곤 하지만 정작 이 표현은 〈포의 일족〉의 작가인 하기오 모토 萩尾望都 작가에게 굉장한 실례다. 나는 성별이 특정될 만큼 확고한 방향성을 보여주는 이들의 특성에 따라 '4돌이'라 부르고 있다.

이들의 추태는 계속되고 있다. 웹툰 〈아메리카노 엑소더스〉를 그린 박지은 작가는 〈클로저스〉에서 퇴출당한 김자연 성우를 지지한다고 했다가 심각한 공격을 받은 데 이어 게임 회사들에서 받았던 외주작들이 비공개되거나 아예 내려가는 일들을 겪었다. 일본 게임 〈뱅드림〉에 출연 중인 성우 쿠도 하루카는 페미니즘 이슈의 중요한 분기점이 된 한국 소설 《82년생 김지영》을 읽었다는 이유로 국내 커뮤니티에서 "성우를 교체해야 한다"는 비난을 들어야 했다.

게임 업계는 그간 이 4돌이들에게 정확하게 부합하는 방향을 취해왔다. 멀리 갈 것도 없이 2020년만 해도 〈크로노 아크〉라는 인디 게임에 일러스트를 작업한 호준어몽이 페미니즘 관련한 글을 공유했다는 이유로 공격을 당하자 게임 제작자가 일러스트 교체 선언과 함께 넙죽 엎드린 사진을 발표하는 사건이 있었다. 무엇을 더 두려워하는지가 명백히 드러나는 대목이다. 다시 말해 게임 업계인은 동종 업계인을 보호하고 동업자로 여기기보다 리스크로 생각하고 있다. 이른바 2016년 티셔츠 사태를 일으킨 넥슨은 이후 게임 업계의 대응 방식과 게이머들의 준동에 전례를 세운 자들로 두고두고 언급되어야 한다. 아무리 막대한 돈을 벌어들인들 이래선 존경도 존중도 받기 어렵다. 이와 같은 상식 밖의 책동에 쉬 휘말리지 않는다는 이유만으로 게임 〈로드 오브 히어로즈〉는 졸지에 페미니즘 게임의 반열(?)에 올랐다. 외눈박이 나라에선 두 눈 멀쩡한 사람이 별종이라더니 딱 그 꼴이다.

게임 바닥이 어찌 돌아가든 세상은 변한다. 설리와 구하라 등 여성혐오 시대의 희생자들이 많은 이의 마음을 아프게 했지만, 이제 한국은 여자를 벗기기만 하면 잘 팔리는 시대를 넘어서 가고 있다. 가장 큰 무대의 변화는 여타 다른 무대의 변화를 이끌기도 하고, 또는 다른 무대의 변화점들에 조응한 결과물이기도 하다. 2016년부터 2019년에 이르는 한국 만화계의 굵직한 상의 수상작 가운데 3분의

부천의 한국만화영상진흥원에서 2019년 11월부터 2020년 8월 30일까지의 일정으로 열린 '노라를 놓아라—부수는 여성들'의 전시 소개 화상(2019년 11월 20일 촬영). 여성 작가들이 그려낸 여성 서사 만화 작품들을 '코르셋을 찢는 여성들' '제도 밖으로 탈주하는 여성들' '폭력에 저항하는 여성들'이라는 화두에 맞춰 소개하고 있다. 코로나19의 영향으로 전시 일정이 다소 늘어났다. 전시에 담긴 작품은 〈내 ID는 강남미인〉 〈화장 지워주는 남자〉 〈껍데기〉 〈혼자를 기르는 법〉 〈어바웃 블랭크〉 〈며느라기〉 〈아기 낳는 만화〉 〈또리네 집〉 〈하면 좋습니까?〉 〈단지〉 〈그래도 되는 家〉 〈아, 지갑 놓고 나왔다〉 〈비혼주의자 마리아〉 등 열세 작품이다.

1에 달하는 작품이 여성 서사를 담은 만화일 정도다.

한국만화영상진흥원에서 2019년 11월부터 2020년 8월 30일까지의 일정으로 열린 만화 전시 《노라를 놓아라 ─ 부수는 여성들》은 여성 작가들이 직간접적으로 경험하고 있는 여성으로서의 삶의 조각을 그린 만화작품 열셋에서 페미니즘 메시지를 읽어내는 기획이다. 웹툰의 독자들도 예전엔 지나갔을 법한 장면들 하나하나에 불편해하는 목소리를 남기고 있다. 어쨌든 조금씩은 변한다. 모두에게 건투를.

### 어째서, 아이돌이 덕질의 헤게모니를 쥐는가?

K-POP 아이돌 팬덤이 보여주는 기세는 《키워드 오덕학》 때만 해도 덕질의 영역이 아이돌 덕질로 '확장'되어가고 있다고 여겼던 걸 문자 그대로 무색하게 하고 있다. 이제 덕질은 아이돌 팬질과 동의어에 가깝고 일부 아이돌 팬층에서는 '오덕'이라는 표현을 굳이 "아직도 만화나 애니메이션, 게임이나 보는 남자"라는 어감으로 씀으로써 덕질과 오덕을 분리하는 시도를 보이고 있다. 이는 '오덕'에 멸시하는 어감이 있고 없고의 문제와는 또 다른 관점이어서 꽤 신선하기까지 하다. 물론 신선하다고 딱히 의미를 두어야 할 이야기는 아니다. 멸시할 대상을 둠으로써 자기 취향과 본인 스스로의 자존감을 채우려는 것만큼 어리석고 비참한 일도 없기 때문이다. 적을 필요로하는 태도야말로 문화를 즐기는 데 가장 쓸모없는 것이다.

한데 '어째서 아이돌이 덕질의 헤게모니를 쥐는가?'라고 한다면,

수치를 들어 설명하기는 좀 모호한 부분이 있다. 방탄소년단을 내어 놓은 빅히트 엔터테인먼트의 방시혁 대표는 2019년 8월 21일 회사 설명회에서 2017년 기준 국내 음악 시장과 게임 시장의 규모 차이를 들며 목표 지점을 밝혔다. 방 대표에 따르면 2017년 기준 국내 음악시장은 9억 6700만 달러(1조 1631억 원)로 글로벌 음악 시장에서 차지하는 비중은 약 2%, 국내 게임시장은 100억 6500만 달러(12조 1061억 원)로 글로벌 게임 시장에서 차지하는 비중은 약 6%라 밝혔다. 그에 따르면 "음악과 게임에 거의 비슷한 시간을 투자하고 소비하는데 시장 규모에서 큰 차이를 보이는 이유는 음악 산업이 그 가치와 확장 가능성을 충분히 인정받지 못했기 때문"이라고 한다.

보다시피 시장 규모만으로 보자면 여전히 게임이 압도적이다. 하지만 아이돌이 주도하는 한국 음악은 단지 돈 액수만이 아니라 그 파급력을 만들어가는 방식 때문에 게임 이상의 전 세계급 파급력을 만들어내고 있다.

한국 음악시장에서는 유튜브와 같은 영상 사이트들을 통해 작정하고 '공유'되는 뮤직비디오와 활동 영상들, 이에 관한 감상을 공유하며 스스로의 영향을 꾀하는 리액션 채널 운영자들, 그리고 멤버 구성원들이 무대 위와 아래에서 만들어가는 다양한 서사가 끊임없이 어우러진다. 이와 같은 활동의 바탕에 고품질 음악과 퍼포먼스가 있음은 말할 것도 없지만, 나아가 그룹들과 그룹의 일원 하나하나가 캐릭터화하면서 본래 창작 작품들을 통해서만 만끽할 수 있던 종류의 캐릭터 플레이와 비주얼, 세계관과 서사로 엮이는 스토리텔링 등을 실제 인물들을 통해 즐기게 됐다. 그것도 훨씬 입체적이고 현실적인 위치에서, 우리나라 사람을 통해 실시간으로 전 세계를 대상으로 구현하고 있다.

일본의 만화, 애니메이션, J-POP 등의 대중 엔터테인먼트가 1990년대에 정점을 찍은 자의식에서 멈춘 채 자가 복제를 반복하고 있다면 한국의 대중 엔터테인먼트는 이제 그다음 단계에 진입하고 있고 그 가운데 가장 폭발적인 대중 포괄성을 보이는 건 누가 뭐래도 K-POP이다. 음악이라는 원초적 언어의 힘이 있기도 하지만, 일본 대중 엔터테인먼트와 그 범위나 수용 형식에서 크게 차이를 보이지 않는 한국 게임에 비해 K-POP은 갖은 논란 속에서도, 급기야 방송국이라는 플랫폼의 의도를 벗어나서까지 세상의 흐름 변화를 반영하고, 또 선도해냈다.

〈퀸덤〉과 같은 프로그램이 여자 아이돌 전시용 프로그램으로 기획되어도 참여 그룹들이 무대 위와 아래의 모습을 통해 스스로 성 상품화의 대상이기를 거부하고, 방탄소년단은 방송국이 배제하자 자체적으로 제작한 프로그램을 통해 대중을 직접 만나며 지금은 당연시되는 아이돌 인터넷 방송의 틀을 세웠다. K-POP의 파급력은 그렇게 해서 완성되어가는 호응 구조가 대중에게 받아들여진 결과물이다. 이러한 결과물 속에서 대중은 그간 가상으로 구현되어오던 온갖 비주얼적인 욕구와 스토리적인 욕구, 캐릭터 육성에 관한 욕구 등을 충족했다.

다른 데 눈을 돌릴 이유가 없을 만큼, 심지어 실시간으로 따라가지 않으면 다 챙겨볼 수조차 없을 만큼 볼거리와 즐길거리를 압도적으로 퍼붓는 전략은 만화인 입장에서는 좀 질투나지만 연예 기획사 단위가 아니라면 쉬 접근할 수 없는 방식이다. 어쨌든 어떤 매체도 영상의 파급력을 이겨낼 방법은 마땅치 않고, 개인 단위인데다 직접 대중 앞에 서는 데 익숙하지 않은 만화 창작자들이 개인 시간과 비용을 빼서 도전할 만한 일도 못 된다. 벌어들이는 액수가 크다고 이제 와 가챠(뽑기형 과금)로 일관 중인 국내 게임들이 만들어낼 수 있는 것도 아니다. 그리고 그렇게 해서 접근해 들어와 뒤로 무르기도 어려워진 수요자에게 아이돌들은 그간 오덕 콘텐트라 불리던 만화, 애니메이션 등이 주던 모든 종류의 욕구 충족거리들을 실로 압도적인 규모로 건네준다. 심지어 세상 '힙'하고 '메이저'하기까지 하니, 여기에 한번 기꺼이 걸려든 사람이 다른 쪽으로 눈 돌리기는 쉽지 않다. 게다가 덕질은 해본 사람이 제일 잘하는 법이어서, 만화와 애니메이션 오덕질에 밤 새는 줄 모르던 이들이 아이돌 덕질로 빠지는 건 별 특별한 일도 아니다. 다만 처음 자리로 돌아가기는 난망하다. 정말, 아쉽고도 부러운 대목이다.

03

# 만화가는 화백이 아니다

만화가를 만화가라 부르지 않아야 할 이유는 없다

화백畫伯이라는 말이 있다. 그림을 업으로 삼는 사람을 높여 부르는 말로, 특히 회화 영역에서 일가를 이룰 만큼 뛰어난 사람을 부를 때 이름 뒤에 붙여 존경을 표하기 위해 쓴다. 한자 문화권인 한중일 세 나라에서 거의 동일한 뜻으로 통용되는 경칭이다. 흔히 영한사전들에서는 번역어로 'painter'와 'artist'를 제시하며 '화가'를 참고어로 적는 편이지만 일본 쪽의 일영사전에서는 'a great painter' 'a great artist'로 그중 뛰어난 이를 높이는 표현임을 명시하고 있다. 말인즉 '환쟁이'의 정반대 편에 있는 말이라 할만하겠다.

화백이라는 표현은 사회적인 평가에 따른 것으로 자칭할 수 있는 호칭은 아니다. 보통은 언론을 비롯한 외부에서 화가를 지칭할 때 고르는 호칭이며, 어느 정도 연배가 있는 원로 화가들을 지칭할 때에도 주로 쓰인다.

'화백'은 흔히 회화 영역에서 그림 솜씨가 뛰어난 이에게 존경을 담아 부르는 표현이다.
https://pxhere.com/en/photo/1053383

이러한 '화백'이라는 표현이 회화 영역 바깥에 쓰이곤 하는 사례가 있다. 바로 만화가를 지칭할 때다.

## 만화가를 화백으로 부를 때 – ① 원로 또는 유명한 중견 만화가 남성을 높일 경우

한 업계에서 나이가 들도록 계속 자기 이름을 대고 활동해왔다면, 그 시간만큼을 살아남았다는 측면에서 실력을 어느 정도 증명한 것으로 봐도 크게 무리는 없다. 원로와 중견을 칼로 물 베듯 숫자로 나누긴 어렵지만 단순 나이 계산이라기보다 프로 데뷔 20~30년이면 중견, 40년 이상이면 원로라는 칭호가 그리 낯간지럽지 않다.

'화백'이라는 호칭은 원로들에게는 경칭으로 자연스럽게 붙이는 편이지만, 한편으로는 중견 이상 되는 만화가들에게도 심심찮게 붙는다. 중견에게 화백 호칭이 붙는 경우는 원로에 비해 다소 적다. 어느 정도 인지도가 확인된 이들에게만 붙기 때문이다. 여기서 인지도는 대중 사이에서의 인지도이기도 하지만, 대체로 언론 기자들이 이름을 알 만한 작품의 작가인가 아닌가로 구분되는 경향도 있다. 실제로 작가들에게 호칭을 붙여 대중에게 소개하는 역할을 맡는 창구가 대체로 일반 언론이기 때문이며, 언론의 위상이 지금과 같이 엉망진창은 아니던 시기 언론이라는 공론장에서 어찌 불리느냐가 그 사람을 평가하는 중요한 척도로 작용했기 때문이다. 지금도 사회 언저리에는 그러한 경향이 습관처럼 남아 있다.

언론 기자들은 법조와 의료 쪽을 제외하면 '편견 없는 기사 작성을 위해서'라는 이유로 특정 분야에 일반인 정도의 관심을 지닌 이들이 배치되는 경우가 많고 그나마도 자주 배치를 바꾼다. 때문에 "언론사 기자들이 알 만한 만화가"라는 기준은 곧 그 작가가 만화 독자층이나 팬이 아닌 일반 대중 사이에서 인지도를 지녔음을 뜻한다. 다시 말해, 아주 높은 연령대의 작가는 연령으로 대우하는 셈이고 그보다 젊은 중견 작가 중에서는 한 단계 높은 존칭을 붙일 만한 자격을 인지도로 따지는 셈이다. 영화화한 작품이 있거나 작품의 필체가 유난히 독특하거나 둘 다이거나 하면 금상첨화다.

한데 회화 쪽과는 달리 만화가에게 '화백'이 붙는 경우 재미난 현상이 발견된다. 표현을 굳이 쓰는 사람이 만화가에 품고 있는 신분 인식이 고스란히 드러난다는 점이다. 《경향신문》 1983년 5월 7일자에 오익환 부장 명의로 오른 〈만화가, 세태의 급소 찌르는 선의 장인〉이라는 기사는 당시 만화가들과 만화 시장의 현실을 조명하는 내용을 담고 있는데, 이 가운데 언론이 의례적으로 칭해주는 것 외에 만화가들에게 '화백'이 어떤 의미로 쓰이곤 하는지를 잘 드러내는 대목이 있다.

> (전략) 같은 이유에서 대부분의 만화가들은 아무리 친한 친구에게도 공짜로는 절대로 그림을 그려주지 않는다. 또 친한 친구로부터 "어이 ○화백(이럴 때는 화백이라 부른다) 내 초상화

한 장 그려주게"하는 부탁을 받아도 "그러지" 하고 선뜻 붓을 대지 않는다. 또 그 같은 부탁을 받을 때가 가장 곤혹스러울 때이기도 하다. 공짜로 그려주자니 자기의 상품을 공짜로 내주는 것이고, 안 그려주자니 친구 지간에 "의리도 없는 놈"이라는 손가락질을 받을 것이기 때문이다.

다시 말해 원하는 게 있을 때에나 올려 쳐준다는 이야기다. '화백'을 '만화가'보다 격이 높은 표현으로 취급하고 있지만 보통 때에는 심지어 친한 이에게도 거의 써주지 않는다. 즉 화백은 원래부터가 만화가에게 일반적으로 붙이는 호칭은 아니다. 나이가 들었거나 아주 유명한 이에게 언론에서 의례적으로 붙여주는 표현일 뿐, 사실은 만화가에게는 쓰이지 않는 표현이라고 봐야 한다.

또 다른 현상은 이 표현이 만화가에게 쓰일 때에는 거의 남성 전용으로 쓰인다는 점이다. 원로급 연배로 현존하는 만화가 여성들이 거의 없기도 하지만, 이와 달리 중견으로 자리하고 있는 만화가 여성층은 여성만화와 순정만화를 넘어 한국 만화가 일본 만화와 구분되는 특질을 구축하는 데 큰 공을 세운 인물들이며 세대를 거듭하며 매우 다양한 인물군이 구축되어 있기도 하다.

한데 한국 만화계를 대표할 만한 인지도를 보이는 중견 만화가 가운데 언론에서 '화백'이라는 호칭으로 불리는 이들은 대부분이 남성들이다. 중견 위치에 있는 만화가 여성 가운데 공론장에서 화백으로 불린 경우를 보자면 〈레드문〉의 황미나와 〈풀하우스〉의 원수

연, 〈두 사람이다〉의 강경옥 정도가 꼽힌다. 그나마도 셋 다 만화 뉴스보다는 원작의 드라마화에 따른 TV 연예 뉴스 또는 한류 뉴스에 잠시 언급되는 수준이고 강경옥은 그나마 한 차례 정도다. 이외의 중견 만화가 여성들에게 화백이라는 표현이 붙는 경우가 있는가를 보면, 한 기사 안에서 여러 만화가가 언급되는 가운데 원로보다는 1960년대 전후 출생에 데뷔 30년 전후 정도의 중견으로 묶일 연배들인데도 만화가 남성은 굳이 화백이고 만화가 여성은 이름만 적는 경우도 왕왕 발견된다.

중견 만화가 여성층에 '화백'이라는 표현이 붙는 건 일부 블로그 등지에 올라오는 글에서 팬층에서 관용적으로 쓰이는 정도이고, 이 관용적 표현은 유난히 중견 만화가 남성층에는 별 저항감 없이 쓰이고 있는 편이다. 중견이라고 모든 만화가 남성에게 '화백'이 붙는 건 아니겠지만, 비율로 보자면 압도적인 차이가 난다. 이유를 따지고 들기도 우스운 것이, 애초 만화가에게 붙을 표현이 아닌데 굳이 붙여주는 것을 남성에게만 붙이고 있는 상황이기 때문이다. 이를 종합해보자면, 만화가 위에 화백이 자리하고 있는데 그 와중에 여성을 높여주진 않는 문화가 은연중에 형성되어 있다는 점을 확인할 수 있다.

# 만화가를 화백으로 부를 때 − ② 시사 만화가가 무시당하지 않기 위해 쓰는 경우

만화가에게 화백이라는 표현이 붙는 또 다른 경우는 시사만화가들을 부를 때다. 언론 연재를 진행하는 시사만화가들에게 언론은 관행적으로 화백이라는 표현을 붙이곤 한다.

시사만화가들의 활동 연령대가 정해져 있는 건 아니다. 1만 4139회 연재기록으로 2001년 기네스북에 오르고 원화가 문화재로 등록(제538호)된 바 있는 〈고바우 영감〉은 1950년 처음 등장해 여타 잡지를 거쳐 1955년 《동아일보》를 통해 일간지면에서 본격 연재에 들어갔다. 고바우 캐릭터가 첫 등장하던 그 시기 김성환은 1932년생으로 당시 나이 19세였다.

현업 시사만화가 중 막내 뻘로 한국 네트워크 문화와 덕후스러운 병맛 감성을 시사적 현안을 재해석하는 데 적극 활용하는 굽시니스트(김선웅)는 1981년생으로 2008년 데뷔, 〈장도리〉로 깔끔하면서도 신랄하기 이를 데 없는 세태 풍자를 가하는 시사만화계의 대표주자 박순찬은 1969년생으로 1995년 데뷔했다. 굽시니스트의 경우는 일간지 지면으로 데뷔하지 않은 탓인지 언론이 '화백'을 붙여주지는 않지만, 중견으로서 일간지 시사만화 지면을 책임지고 있는 이들은 관행적으로 화백으로 불리곤 한다. 일례로 《경향신문》의 경우 페이스북 공식 계정에서 자사 연재 시사만화 두 편을 소개할 때 "박순찬 화백의 〈장도리〉" "김용민 화백의 〈그림마당〉"으로 화백 호칭을 공식 채용하고 있는데, 그 가운데 20대 중반에 데뷔한 박순찬의 경우 신문사에 입사해 만화 연재를 시작하면서부터 바로 화백으로 불렸다. 경향신문사가 자사 블로그에 박순찬과의 술자리 대화를 재구성해서 올린 인터뷰를 보면 이에 관한 증언(?)이 등장한다.

— 언제부터 화백이라 불리셨나요?

입사할 때부터 화백이었지. (옆에서 거드는 선배. "얘는 20대
부터 화백이라고 불렀어") 그게 만화, 만평을 무시하는 경향이
있어서 일찍부터 화백이라는 호칭을 붙이곤 했는데, 굳어진
거지.            〈'장도리'의 박순찬 화백을 만나다〉, 경향신문 블로그, 2011. 8. 8.

관행이 언제부터 시작되었는지는 알 수 없으나 흔적을 추적하면 광복 직후 즈음까지 거슬러 올라갈 수 있다. 한국의 만화 역사를 논할 때 빼놓을 수 없는 〈코주부〉의 김용환은 1912년 생으로 일본 유학 후 삽화 활동으로 명성을 떨쳤는데 광복 후 시사만화와 역사풍속화, 아동만화 영역에서 활발히 활동한 바 있다.

김용환은 광복 2년 뒤 30대 중반이던 1947년 10월 27일부터 그해 11월 2일까지 충무로에서 만화 개인전을 열었는데, 이를 소개하는 기사에 '만화가'인 작가에게 화백 호칭을 붙인 사례가 등장한다.

만화가 김용환 씨의 신작 개인전을 오는 27일부터 11월

2일까지 서울 충무로 2가 태백공사 구환선 화랑에서 개최하
는데 출품 수는 삼십여 점이며 만화 개인전은 이것이 조선서
처음으로 일반의 기대는 자못 크다 하겠다.

〈김용환 화백 만화 개인전〉, 《경향신문》, 1947. 10. 26.

물론 그에 앞서 우리나라 최초의 만화인 〈삽화〉를 그린 관재 이도
영과 신문 연재만화인 〈멍텅구리 헛물켜기〉의 심산 노수현 등에게
'화백'을 붙인 사례가 없지는 않다. 그러나 이들 기사를 보면 실제로
는 이들의 다른 주 활동 영역이었던 서화 및 회화 영역에서의 경칭
임을 볼 수 있다. 이도영과 노수현 모두 당대 동양화의 대가로 거론
되던 인물로 '만화가'로서 화백이란 호칭을 얻은 것이 아니다. 당시
에는 화가 중에 만화도 그린 적 있는 인물들이 곧잘 있었다.

그림의 노출도로만 따지면 가장 높을 1만 원 권의 세종대왕 초상
을 그린 운보 김기창도 한때 〈허생전〉 같은 만화를 그린 전례가 있
다. 그래서 만화가이자 한국 만화사를 정리하는 역할을 하고 있는
박기준은 《한국만화야사》에서 처음으로 만화를 그리기 시작한 사람
들 중에 동양화의 대가들이 있지만 본업으로 만화가를 선택한 이들
은 아님을 명시하며 "역시 만화계의 대부라고 한다면 많은 후진들을
지도하는 한편으로 만화 화법의 초창기 흐름을 형성하는 데 기여한
김용환과 김성환 두 분을 꼽아야 할 것 같다"라고 말하고 있다. 즉 화
백이라는 호칭을 명확하게 '만화가'로 활동하는 이에게 명시한 사실
상 첫 사례로는 언론 기록상 김용환을 언급함이 맞다 하겠다.

하지만 '화백'이라는 표현이 원래부터 만화에 기꺼이 붙는 것은 아니다. 김용환 또한 오랜 삽화 경력을 지닌 인물로서 후대 미술인에 끼친 영향 등을 인정받은 사례로 볼 수 있고, 만화만을 그려온 만화가에게 중견쯤 되는 연배에 화백이란 표현을 붙여주는 경향은 한참 뒤에나 나타났다. 실제로는 만화에 관한 사회적 인식이 잘 드러나는 대목이라 하겠는데, 만화란 화가들에게는 돈이 벌린다는 소문에 잠시 손대는 무언가, 또는 화가가 못 되는 사람이 선택하는 무언가였다.

일례로 만화 평론가 손상익은 《월간 미술》 2009년 7월호에 실은 〈미술과 만화의 문화 충돌, 또는 공존〉이라는 글에서 한 화가와의 인터뷰 풍경을 소개하고 있는데, 그 화가는 《한국만화통사》라는 책을 집필하던 손상익에게 "만화가 전력을 숨기고 싶다" "내 이름을 한국만화사에서 빼줄 수 없겠느냐"라고 간곡하게 부탁해왔다고 한다. 말인즉 만화를 그렸다는 일이 밝혀지면 그림값이 떨어질 수 있다는 이야기였다.

만화는 이렇듯 미술 쪽에서는 한 단계 격이 낮은 대상으로 취급받아왔다. 박재동이나 최호철과 같이 미술을 전공했지만 만화를 그리면서 만화가로서의 정체성을 쌓은 이들이 없는 것은 아니었으나, 만화 교육이 대학에서 만화에 맞춘 커리큘럼을 갖추어 정착되기 전까지 만화를 딱히 그리지조차 않았던 이들이 막 등장하기 시작했던 대학 만화학과에서 만화를 가르치는 일들이 있었던 건 많은 점을 시사한다. 언론사에서 시사만화를 그리는 작가들에게 연배를 불문하고 일괄적으로 '화백'이란 표현을 붙인 건 이러한 시선 속에서 만화와 만평이 무시받지 않게 하기 위한 일종의 방책이었던 셈이다.

## 만화가를 화백으로 부를 때 –
## ③ 반 조롱 반 경의

화백이라는 표현이 쓰이는 또 다른 경우로 직업이 만화가면서도 완성도가 낮은 그림을 그리는 이들을 가리킬 때를 들 수 있다.

대체로 한국 만화가의 작품으로서 유난히 완성도 낮은 그림이라는 조건을 충족하는 경우가 바로 '병맛' 장르로 구분되는 만화들이라 할 수 있다. 병맛은 '병신 맛이 난다'는 뜻을 지닌 멸칭으로서 어원 자체가 장애인을 차별하는 표현을 그대로 쓰고 있다는 점에서 그리 건강하진 않지만, 유행어로서 이미 대중 사이에서 시민권을 획득하고 말았다.

병맛은 그야말로 병신 같다는 조롱을 자처할 정도로 조악한 형태를 지닌 대상을 향해 쓰는 표현이다. 처음 등장했을 때엔 그야말로 조롱이었지만 조롱마저 내면화하며 대놓고 조악한 결과물이 거듭해 등장하며 아예 독특한 설정으로 받아들여지기 시작했다. 이 조류가 만든 이와 결과물이 가까운 특성을 지니는 시각 매체인 만화와 결합하여 등장한 것이 병맛 만화다.

한데 병맛 만화를 그리는 사람이라고 무조건 '화백'이 붙지는 않는다. 실제로 이 장르의 작가 가운데에서도 화백이란 호칭을 관용적으로 획득(?)한 이가 병맛 만화의 대표주자이자 현재는 곳곳에서 엔터테이너로서 활약 중이기도 한 이말년이나 어설픈 그림에 감각적인 개그를 트레이드마크로 삼은 조석 정도인 걸 보면, 사람들이 단순히 그림이 조악하다는 이유만으로 화백이란 표현을 붙여주지 않음을 알 수 있다. 결과적으로 보자면 그림 솜씨가 좋지만은 못함이 조건이기는 하나 그 그림 솜씨가 다른 이는 차마(?) 따라할 수 없을 정도로 독특함이 있을 때, 그리고 내용 면에서도 그림만큼이나 독창적인 개그감으로 독자들의 이성을 쥐락펴락할 수 있을 때 대중이 조롱과 약간의 경외심(?)을 섞어 붙여주기 시작하여 다수의 동의를 통해 굳어지는 표현이라 할 수 있다.

병맛이 병맛이라는 이름을 확실하게 하기 이전에도 이와 같이 그림이 뭔가 완벽하진 않은데 무언가 형용할 수 없는 전개와 괴이한 대사를 한없이 진지한 자세로 내어놓는 만화는 있었다. 대표적인 인물이 바로 김성모다. 일찍이 소년만화로 데뷔한 이래 성인 극화 만화와 웹툰에 이르기까지 분야를 가리지 않는 활동을 선보인 바 있는 그는 한때 만화로서의 질보다는 분량으로 승부하는 만화를 그린다는 이유로 "캐릭터 얼굴을 도장을 파서 찍는다" "공장제다" 같은 비난에 직면하기도 했지만 분업 체제의 한계에서 나오는 다소 어이없는 장면들이나 맥락을 딱히 따지지 않는 않고 튀어나오는 기묘한 대사 감각들로 인해 인터넷 게시판에서 컬트적인 인기를 끌게 된다. 명백히 조롱조로 시작된 '김 화백'이란 별칭이 인터넷 게시판의 인기를 등에 업고 단번에 찬사(?)로 뒤바뀌면서 김성모는 급기야 인기 남

남성지 《맥심 코리아》 2011년 9월호 표지를 장식한 만화가 김성모.

성지 《맥심 코리아》의 표지 모델로 등장하기도 했다.

　이렇듯 화백이란 호칭을 조악해 보이는 그림을 만드는 이들에게 붙이는 건 분명 그림 솜씨에 관한 일종의 조롱이 들어 있지만, 한편으로는 조롱을 곁들인 애칭에 가까워졌다고 볼 수 있다. 이 경우 중요한 건 그림은 물론 내용에서도 일정 부분 조악하되 명확하게 그 사람 특유의 개성이 개그로서 들어가야 한다는 점으로, 공교롭게도 만화가 그림만으로 이뤄지는 매체가 아님을 정확하게 꿰뚫고 있다. 이말년과 조석, 김성모는 그 지점에서 자기 작품 속에 자리한 일말의 조악함마저 개성 강한 개그로 통하게 하는 힘을 지니고 있음을—김성모 만화는 개그만화가 아님에도—인정받은 셈이다. 물론 여기에 화백이란 표현의 우월성 따위는 없다. 다만 그 자체로 조롱의 일면을 끌어다 쓴 결과물이라 하겠다.

사람 심리가 다 비슷한 것인지, 화백은 일본에서도 마찬가지 용법으로 쓰이곤 한다. 일본의 대표적 그림 커뮤니티라 할 수 있는 픽시브는 용어 사전에 창작자는 물론 연예인을 비롯해 창작물 속에서 그림 솜씨가 유난히 안 좋은 부류를 별도로 정리해놓고 있기까지 하다. 창작물 속에서 그림 솜씨가 안 좋은 인물을 가리켜 아예 '화백계'라는 분류를 쓰고 있는 것이다. 일례로 타나카 요시키田中芳樹의 소설을 원작으로 하는 〈아르스란 전기〉의 책사 나르사스는 문무겸비의 본이라 할 만한 캐릭터로, 궁중에서 추방당한 이래 칩거하며 그림을 취미로 삼았지만 본인이 그림의 천재라 믿어 의심치 않는 바와는 달리 실제로는 차마 눈 뜨고 봐줄 수 없는 수준이다.

일본 그림 커뮤니티 픽시브pixiv 백과사전 페이지에서 해설하고 있는 '화백' 페이지 중 일부. 화백계에 해당하는 캐릭터들을 소개하고 있다.

# '만화가'라는 호칭에 조금 더 무게를 싣기를

정리하자면, 화백이라는 표현은

① 본래 만화가가 아닌 회화 계열의 미술 작가 중 뛰어난 솜씨를 지닌 이들을 향한 경칭
② 원로 만화가 또는 유명한 중견 만화가에게 붙이는 경칭으로 중견의 경우 대체로 남성
③ 시사만화가들이 무시당하지 않기 위해 채택한 방어적 칭호
④ 조악한 그림 솜씨를 지닌 이를 조롱하는 칭호이나 한국에서는 프로 작가에게 쓰는 경우 일말의 조악함까지 개그적 개성으로 받아들여질 만한 인물에게 조롱과 경외를 섞어 붙임

정도로 정리할 수 있다. 하지만 어느 쪽이든 만화가라는 직업에 합당한 표현이어서 붙이기보다는 사회에서 만화의 위치를 놓고 볼 때 만화가보다 '위'에 해당하는 호칭이 있음을 인지하거나 어느 입장으로든 인정하는 경우가 대부분이며 심지어는 다분히 관행적으로 한 성별을 향해서만 쓰고 있다. 그림 솜씨가 낮다는 이유로 붙이는 경우는 결과적으로 경외가 섞일지언정 시작점은 명백하게 조롱이며, 병맛이 그러하듯 그 조롱마저 개그로 승화한 결과물이기 때문에 역시 한 직업군을 가리키는 호칭으로 온당하다고 보기는 어렵다.

만화는 카툰과 같이 회화와 일부분 닿아 있는 장르도 포함하고 있

지만 기본적으로는 오랜 시간에 걸쳐 회화와 궤를 달리해왔다. 물론 최호철과 같이 회화의 영역에서 만화로 해석될 수 있는 작품을 그리는 만화가가 있지만, 그런 작가가 있다는 점이 만화가 회화 영역에 포함됨을 뜻하지는 않는다. 그래서 화백이라는 호칭을 만화가에 붙이는 일은 조롱의 의미가 아닌 이상에야 다른 범위에 속해야 할 표현을 억지로 끌어다 붙이는 행위라 할 수 있다. 악의로 쓰는 바는 아니겠으나, 결과적으로는 만화라는 장르를 회화의 부분sub이자 하류low class로 놓은 행위다. 따라서 '화백'은, 만화가에게는 '알고는 쓰지 않기 위해 노력할' 표현이다. 만화 업계인은 물론 언론에서도, 또 시사만화가들 또한 이 표현을 만화에 적용하지 않는 데 뜻을 모아야 한다.

한편 웹툰 형식이 만화 시장에서 대세를 이루기 시작하면서 한때 몇몇 인물이 "나는 만화가가 아니라 웹툰 작가고, 웹툰은 만화가 아니다"라고 선언하고 다닌 바 있다. 웹툰은 만화의 주 노출 방식이 출판이던 시기를 넘어서 등장한 새 형식이지만 웹툰은 칸의 유무 이전에 프레임과 프레임 사이에서 이야기를 잇고 시간을 흐르게 한다는 점에서 엄연히 만화다.

해당 선언을 하던 이들 가운데 출판이 주된 방식이던 시기에 활동하다 웹툰 시대에 큰 반향을 얻은 경우가 많았다는 점을 감안하면 앞 시기의 만화와 새 시기에 새로운 형태로 정립되어가는 만화의 차이를 두고 헤게모니를 쥐기 위한 일종의 차별화 전략이라 할 수 있겠다. 하지만 원초적으로 웹툰이 만화가 아닐 수는 없는 노릇이어서 이러한 시도는 업계 전체를 아우르는 설득력을 보여주지는 못했다. 관념적으로야 '만화'는 출판용, '웹툰'은 웹브라우저 또는 앱용, 이런 구분이 있고 알게 모르게 따로 쓰는 경우도 많지만, 그 의도가 단순히 편의가 아니라 웹툰을 만화에서 굳이 분리하고자 함이라면 그건 '화백'을 굳이 만화가에게 쓰는 것과 별반 다르지 않다 하겠다.

결국 '만화가'는 이래저래 오랜 시간에 걸쳐 다른 호칭에 밀려다니고 있는 형국인 셈이다. 그 자체가 한국에서 만화가 겪어온 인식상을 그대로 드러내고 있어 더욱이 입맛이 쓰다. 웹툰이 웹툰이라는 이름을 부여받을 수 있었던 이유가 '웹 브라우저' 출력을 기반으로 하는 '툰' 즉 만화여서인데, 지금에 이르러서는 스마트 디바이스의 발달과 함께 웹 브라우저 기반을 벗어난다거나 VR과 같이 아예 다른 기술이 적용되고 있는 것을 보면 웹툰이란 표현도 벌써 지난 시대의 유물인 셈이 된다. 노출 방식이나 형식에 따라 호칭과 장르명을 일일이 나누기 시작하면 이렇듯 우스워지는 상황이 왕왕 발생한다. 마치 얼터너티브altanative(대안)나 뉴new(새로운)라는 표현이 대중문화 장르명이나 정치 정당명에 들어가는 순간 필연적으로 본래의 뜻에서 거리가 멀어질 수밖에 없듯이 말이다.

이를 타파하는 방법은 원점으로 돌아가는 것뿐이다. 이제 조금은 의식적으로라도 '만화가'라는 호칭에 무게를 실어야 하지 않을까.

## 생각할 거리들

### 만화가? 작화가? 만화 창작자?

본문에서 만화가를 만화가로 불러야 한다고 이야기했다. 그런데 사실 만화가란 직업명 자체도 만화 창작의 역할이 분화하는 과정에서 혼선을 일으키고 있다.

모두 아는 이야기 같지만 의외로 많은 이들이 착각하는 것이 만화는 그림으로만 이뤄져 있지 않다는 점이다. 만화는 이야기를 구성하고 이를 만화의 특징에 맞게 연출해 설계하고 배치하는 과정을 거친 후, 이에 따라서 그림을 얹고 대사를 붙여 완성한다. 오랜 시간 이 모든 과정을 만화를 창작하는 작가 한 사람이 도맡았기 때문에 만화는 곧 만화가의 것으로 간주되었다.

하지만 만화책이나 웹툰을 읽어본 이들이라면 작가명이 하나만 적혀 있지 않은 경우를 많이 보았을 것이다. 이렇게 이야기를 구성하고 연출까지 맡는 전문가가 만화 스토리 작가라는 직업으로 분화한 지 오래다. 〈도쿄바빌론〉〈X〉를 만든 CLAMP와 같이 아예 여럿이서 팀 형태로 창작하는 경우도 있으며, 코믹GT를 운영하는 아트

103

림미디어처럼 업체가 작가를 고용해 월급제로 만화를 만드는 경우도 있다. 이와는 모두 다르게 물량공세를 위한 프로덕션 체제로 운영되는 경우도 있었고 지금도 일부 있다. 학습 교양 만화 상당수는 출판사가 기획하고 만화가를 기용해 필요한 내용대로 그리게 하여 만들기도 하는데 종종 작가의 저작권을 인정하지 않아 저작권의 성명표시권을 위배함으로써 문제를 일으키기도 한다.

이야기가 있어야 만화가 있기 때문에, 만화에서는 대부분 스토리를 맡은 쪽의 이름이 앞서 명기된다. 이때 이름 앞에 붙는 역할을 기억해보자. 작품마다 조금씩 다르게 적혀 있다는 사실을 알 수 있다. 보통은 '글'과 '그림'으로, 때로는 'STORY'와 'ART', '이야기'와 '작화',

〈카드캡터 사쿠라〉〈X〉〈도쿄 바빌론〉 등을 만들어낸 일본의 만화 창작 집단 클램프CLAMP의 일원들. 2006년 5월 26일 서울국제만화페스티벌SICAF 조직위원회의 초청으로 방한, 서울 남산의 신라호텔에서 기자회견을 했을 때의 모습이다. 이날 방한은 클램프의 첫 해외여행으로도, 일본 안팎에서도 거의 직접 노출이 없던 클램프의 모습이 기자회견이라는 형식을 통해 공개된 자리로도 화제를 모았다. 왼쪽부터 이가라시 사츠키いがらし寒月, 오오카와 아게하大川緋芭, 네코이 쓰바키猫井椿, 모코나もこな. 클램프 하면 떠오르는 대표적인 그림체는 모코나의 것이지만, 네코이 쓰바키가 중심이 되어 제작한 만화도 있다. 클램프는 작품 제작 공정을 단지 스토리 – 만화 제작으로 나누기보다 프로듀싱과 감독, 제작과 같은 역할을 작품마다 달리 하며 책 디자인과 같은 부분까지 직접 소화한다. 오오카와 아게하를 제외한 셋은 고교 동창 관계.

'원작'과 '만화', 'STORY'와 'CARTOON' 같이 구분해 적혀 있다. 이름 앞에 붙는 역할 구분은 다분히 관행적이지만, 이러한 구분이 만화 창작에 얽힌 역할을 잘 반영하고 있냐고 묻는다면 사실 그러지 못하다고 이야기할 수 있다.

구분을 위한 표현을 잘 살펴보면, 분업을 한 경우 스토리 이외의 영역을 대부분 그림을 그린 것으로 간주하고 있다. 이를 가장 극단적으로 보여주는 표현이 바로 '작화가'다. 문자 그대로 '그림을 그린 사람'이란 의미다. 〈열혈강호〉의 양재현은 SNS에서 이러한 구분이 별생각 없이 통용되어 오는 현상에 관해 오래도록 반대 입장을 보여온 바 있다. 스토리 작가가 콘티 형태로 연출을 해 넘긴다 해서 만화를 맡은 사람이 그 지시에 따라 그림만 붙이는 건 아니기 때문이다.

만화는 칸의 넓이와 칸새(칸과 칸 사이의 공간), 그리고 칸의 나열과 그 안에 담길 구성 요소의 배치까지 다양한 기호와 문법을 이용해 이야기를 전개한다. 만화를 그리는 작가는 시간의 흐름과 독자가 받길 바라는 감정의 크기까지를 고려하게 되는데, 글의 형태로 적힌 이야기를 이러한 만화를 위한 시각, 영상 문법으로 번역하는 과정이 연출이고 그 설계도가 만화 콘티다. 보통은 스토리 작가가 이러한 기초적인 번역 작업까지를 진행하지만, 콘티가 아니라 시나리오 형태나 때론 소설 형태로만 작성하는 경우도 있고 이럴 때의 번역 작업은 당연히 만화 작업을 맡은 이가 한다.

또한 남이 콘티를 주는지의 여부와는 별개로, 사람에 따라 다양한 형태로 작성되는 콘티는 그 자체로 또 다른 해석의 대상이다. 또한 작품의 이야기를 맡은 이의 그림 실력이 출중해 콘티가 완성된 펜선 작화 직전의 수준이 아닌 이상 캐릭터 디자인과 같은 1차적 구성 요소들은 별도의 창작 과정이 필요하다. 그러니 스토리 작가가 별도로 있다 하여 스토리 작가의 스토리가 만화로 완성되는 과정에 오로지 '그림 그리기'만 있다고 생각하는 건 만화를 지극히 오해하는 일이다.

그렇다면 굳이 이 만화 작업을 맡은 이에게 '만화가'라는 표현을 두고 '작화가'라고 구분해 부르는 게 온당하진 않을 것이다. 그래서 만화 작업에서의 역할을 정말 작화에 한정하여 일컬을 것이 아니라면 작화가라는 명칭을 별도로 쓰거나 '작화: ○○○' 식으로 적지는 않는 편이 맞겠다. 물론 만화 제작에 참여하는 이들이 참여하는 비중은 작품마다 사람 따라 또는 상황 따라 각기 다르기 때문에 모두를 동일하게 뭉뚱그려 이야기하기는 어려울 수 있으나, 최소한 가장 기본적인 위치에서 만화의 창작에 참여한 이들의 성명 표시와 호칭에는 무게 차이를 일부러 두어선 안 된다.

같은 맥락에서 만화 제작에서의 역할 분담을 흔히 '글: ○○○ / 그림: ○○○'로 구분하는 것도 다시 생각해야 할 할 부분이다. 만화가 그림만으로 이뤄진 것도 아니지만, 그림과 연출을 통해 담아내고자 하는 것이 글자로 적힌 '대사'만은 아니기 때문이다. 만화 스토리는 단순한 대사 모음집이 아니다. 그렇기에 문서text나 문장sentence과 같은 문자letter나 낱말word를 모아 형성되는 언어 단위가 아니라 굳이 이야기story라는 표현을 골라 쓰는 것이다.

'이야기'에는 어떤 대상이나 현상에 관해서, 또는 사실이나 사실이 아닌 것을 소재로 삼아 줄거리를 갖춰 남에게 보여주는(들려주는) 말이나 글이라는 뜻이 있다. 반면 '글'은 기본적으로 생각과 말을 글자로 나타낸 것 자체를 가리키는 말이다. 이렇게 보자면, 아예 다른 형태로 쓰인 원작이나 원안이 있는 경우가 아니라면 '글/그림'이라는 표현으로 만화 창작에 참여한 창작자들을 구분하는 게 상당히 어색한 일임을 알 수 있다. 만화는 삽화가 들어간 소설과는 성립 조건이 다르다. 만화에 맞추자면 만화 스토리 작가의 역할은 이야기를 쓰는 일, 그리고 만화가의 역할은 이야기를 만화로 완성하는 일임을 명확히 하는 쪽으로 정리해갈 수 있어야 하겠다.

이와 같은 충돌은 비단 만화가와 스토리 작가 사이만이 아니라 더욱 다양한 형태로 일어나게 될 것이다. 이 책의 뒤편에서도 살펴보게 될 터이나, 만화 창작의 방식이 통상 생각하는 '그린다'에서 점차 '만든다'로 바뀌어가고 있고 더욱 그럴 것이기 때문이다. 이미 만화 제작에 수많은 사람이 각기 다른 형태로 참여하고 있고, 점차 참여 비중이 높아지면서 도제 관계(문하생)나 고용 관계(어시스턴트)를 넘어서 동일한 관계의 창작자로 참여하는 사례들도 생겨나고 있다. 그런 연유로 2020년 들어 아내와 함께 만화 작품 연재를 시작한 나는 '만화가'라기보다 '만화 창작자'라는 표현을 붙이고 있기도 하다.

메카닉 디자인부터 시작해 배경 제작, 기획 등으로 만화 제작에서 점차 '만화가' 이외의 유형이 전면에 등장하는 사례들이 있고 앞으로 더 늘어날 것이다. 저작재산권(저작권) 가운데 제3자 양도가 불가능한 저작인격권의 구성요소로 성명표시권이라는 것이 있는데, 만화에서는 이 성명표시권이 작품의 제호(타이틀) 아래 역할과 함께 적히는 게 정석이다. 때문에 이 자리에 이름과 함께 적히는 역할명을 어느 한쪽을 결과적으로 내리까는 형태로 적지 않으려는 노력이 필요하다.

# 한국 성인만화 속
# 성애 표현의 한계와 역할

언제까지 호박씨만 까고 있을 텐가

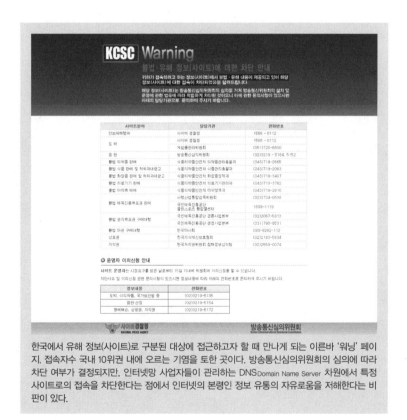

# 한국의 성애, 애초에 반쪽짜리일 수밖에 없는

법적으로 성인成人은 '성년이 된 사람'으로 만19세에 도달한 자(민법 제4조) 또는 도달하지 않았으되 혼인을 한 자(민법 제826조의 2)이고, 따라서 성인물이라는 말을 법률에 근거해 해석하자면 '읽는 행위가 성인에게만 허용된 표현물'이다. 당연히 성인만화는 읽는 행위가 성인에게만 허용된 만화라 하겠다.

한국에서 유해 정보(사이트)로 구분된 대상에 접근하고자 할 때 만나게 되는 이른바 '워닝' 페이지. 접속자수 국내 10위권 내에 오르는 기염을 토한 곳이다. 방송통신심의위원회의 심의에 따라 차단 여부가 결정되지만, 인터넷망 사업자들이 관리하는 DNSDomain Name Server 차원에서 특정 사이트로의 접속을 차단한다는 점에서 인터넷의 본령인 정보 유통의 자유로움을 저해한다는 비판이 있다.

하지만 이 '성인에게만 허용된' 표현이란 대체로 성애性愛를 뜻하므로 용어로서의 성인만화는 성애만화라고 불려도 딱히 이상할 것이 없다. 이는 한국만 그러한 건 아니다. 일본에서도 成人向け(세이진무케: 성인향)라고 하면 성인을 대상으로 하는 대중문화로 미성년자들의 구매와 감상을 규제하는 것을 뜻하며, 영어권에서도 성인 대상을 뜻하는 'for adult'라는 문구가 있다. 일본에서 상업 포르노 영상은 성인용 영상을 뜻하는 'Adult Video'의 준말인 AV로 불린다. 어느쪽이든 '성인'이 접두사로 붙으면 그 대상에 성애 묘사가 많음을 가리키는 경향이 강하다.

이는 어른이라는 우리말이 얼운 사람, 즉 성 경험이 있는 자를 뜻한다는 점을 상기하자면 꽤 절묘한(?) 일이다. 첫 성 경험 연령 통계를 보자면야 말도 안 되긴 하지만 어쨌든 성년이 되지 못해 불완전한 이들에게 성애 묘사를 일정 수준 이상으로 노출한다는 건 허용할수 없다는 사회적 약속이 어느 나라에서든 어느 정도 성립하고 있다고 봐야 한다.

한데 우리나라의 대중문화에서 성애 묘사란 미성년자는 고사하고 성인들에게조차 '제대로' 허용되지 않는 대상이다. 한때 3S Sports, Screen, Sex 정책의 일환으로 섹스가 대놓고 국시(?)였던 시기를 보냈으면서도 우리나라 대중문화 속 성애 묘사는 표면적으로는 지극히 보수적인 수준을 유지해왔다. 청소년보호법을 위시해 오랜 기간 수많은 검열 논란에서 만화가 유독 문제 대상에 올랐던 까닭을 되새겨보자면, 만화를 넘어 우리 사회가 '용인'하는 성애 묘사의 선을 파악할

111

수 있다.

지금이야 게임으로 우선순위가 바뀌었지만 오랜 시간에 걸쳐 만화는 어린이들이 가장 많이 즐기는 엔터테인먼트의 최강자였다. 그리고 성인들을 대상으로 하는 만화도 만화니까 어린이들이 어떻게든 볼 가능성이 있다, 다시 말해 보고 불건전하게 따라할 가능성이 있다고 보았다. 문자로 늘어놓고 보면 참 어이없을 만큼 놀라운 논점 널뛰기지만, 이러한 관점은 만화를 비롯한 우리의 대중문화 전반을 지금까지도 지배하고 있다.

이런 연유로 한국에서 성애 표현은 미성년자에게 적극적으로 노출되어선 안 되지만 성인에게라고 명확하고 확실하게 허용되고 있다고 보기 어렵다. 이 몹시도 어정쩡한 상태가 한국의 대중문화에서 성애를 음성적이고 기형적인 위치에 자리하게 만드는 원인이다. 법적인 문제를 떠나 인터넷에서 키워드 몇 개만 넣으면 현실적으로 성기까지 노출하는 해외 포르노 영상이 바로 튀어나오는 마당에 우리나라에서는 어른이 만족할 만한 표현과 고품질 스토리텔링을 담은 성애 표현이 애초에 나올 방법이 없는 셈이다.

당장 IPTV·위성파의 성인전용채널에서 제법 비싼 가격으로 공식 서비스되는 유료 성애 영상들의 수준이 이 나라 제도권이 대중에게 허용하는 성애의 최고 수준이다. 착실하고 확실하게 저질인데, 단순히 야해서 저질인 게 아니라 영상 작품으로 성립할 수 있는 그 어떤 조건도 갖추고 있지 못한 채 심지어 재미는커녕 야하지조차 못해서 저질이다. 그리고 바로 이 지점이 우리나라 성애의 가장 큰 한계점이다.

그나마 영화가 표현 수위의 상한선을 약간 건드리고 있는 정도고 그나마도 매번 쓸데없는 논란의 대상에 오르고 있으니, 과거와는 달라진 성 인식 속에서 출구를 엉뚱한 쪽으로 뚫는 사례가 갈수록 빈번해진다. 여성 연예인을 갈수록 성적 대상화로 내모는 TV 미디어 환경이나 아무런 맥락 없이 여성의 신체 부위만을 강조하는 연출을 내어놓는 게임들은 원천적으로 틀어막힌 성적 표현과 욕망이 찾아낸 일종의 개구멍이다.

만화는 어떠한가 하면, 인터넷 커뮤니티 등지에서 돌아다니는 "히토미 꺼라"라는 유행어가 많은 부분을 말해준다. 일본의 성인 대상 동인지(아마추어 만화 책자)를 무단 전재하는 불법 사이트 '히토미'에 그만 들어가라는 이 말은 만화로 표현된 성애 묘사를 찾기 위해 우리나라 사람들이 어딜 돌아다니는지를 역설적으로 잘 보여준다. 실질적으로 음란이나 폭력 만화 제작 혐의로 한국 만화계가 고초를 겪을 때 사람들이 표현의 자유 문제까지 안 가더라도 현실을 따라가지 못하는 법을 비웃었던 까닭은 한국의 제도권 범주에서 대중 앞에 공개된 만화의 수위가 제아무리 높아봐야 성인들에겐 절로 하품 나오는 수준임을 너무나 잘 알기 때문이다.

창작물이 아무런 내용과 맥락 없이 오로지 자극적인 노출과 성행위만으로 점철되고 있음을 비판할 수는 있고, 자극만을 위해 더 막나가는 설정을 내어놓는 창작자를 비판할 수도 있지만 애초에 우리나라에서는 비판을 위해 도마에 올리는 일부터가 난관이다. 그나마 규제보다는 진흥으로 방향을 틀었다는 간행물윤리위원회의 방침이 나온 게 2000년대 초반이고 헌법재판소의 음란 기준 또한 아예 어떤 예술적 문학적 가치도 없다고 명시한 1998년 판결에 비해(95헌가16) 2009년 판결(2006헌바109)을 통해 일말의 창작성을 인정받을 수 있는 쪽으로 확장되긴 했다.

하지만 이러한 성과에도 이명박-박근혜 정권기에 만화에 또다시 가해졌던 폭력, 음란성 시비는 웃지 못할 사례로 남는다. 학생이 집단 따돌림과 괴롭힘을 견디다 못해 자살한 학교폭력 사건의 원인을 게임에 돌리다 곧바로 만화로 화살을 돌리며 언론을 앞세운 집중 포화 후 결정된 2012년 2월 18일 방송통신심의위원회의 웹툰 23작품 청소년 유해매체 지정이나 2015년 3월 24일 역시 방통통신심의위원회가 '레진코믹스' 일부 작품의 음란성을 문제 삼아 사이트 전체의 접속을 차단한 사건 등이 대표적이다. 사회문제의 원인을 돌릴 대상을 찾는 못난 과거 정치의 산물이지만, 좀 더 근본적으로는 뒤로 호박씨를 대차게 까고 있는 우리 사회의 성 인식 구조가 이런 정치를 지지할 수 있게 한다는 점도 인지할 필요가 있다.


## 한국 만화의 성애,
## 그나마도 반의 반쪽일 수밖에 없는

이러한 점을 전제로 놓고 보자면 한국 만화에서 성애란 어떻게 해도 '단속'당하지 않을 선에서 표현할 수밖에 없는 무언가라 할 수 있다. 1998년 이현세의 〈천국의 신화〉 속 근친상간 장면이 문제되었던 것은 어이없게도 선사 시대의 장면, 그것도 청소년판에서는 엄연히 뺀 묘사임에도 억지로 얽어 넣은 결과였다.

이 사건은 문무일 검찰 총장이 2017년 총장 취임 직후 이현세를 직접 찾아 사과하기까지 만화계, 문화계 안에서 정도나 표현의 자유 침해 사례로 언급되어 왔을 뿐이며 본질적으로 사회 분위기와 이를 바탕으로 단속 카드를 만지작거리는 측의 근본 인식이 그 사이에 크게 바뀐 건 아니었다. 어디 1990년대뿐일까. 1968년 성인향 주간 오락지 《선데이 서울》과 1970년 스포츠지 《일간 스포츠》의 등장으로 잡지와 신문을 기반으로 한 성인만화 시대가 열렸을 때 그나마 성애 묘사로 허용되었던 건 다소 우습게도 정권의 반공 기조과 서울 강남 개발에 따라 형성된 호스티스 문화가 결합하여 등장한 〈김일성의 침실〉〈기생간첩 김소산〉 유의 반공 성인만화 정도였다.

그래서 한국 만화는 성애에 관한 한 오랜 시간 '언제 또 어떤 이유로 단속당할지 모른다'는 불안감을 안고 있는 상황 속에서 제한적으로 묘사해왔다. 말도 안 되는 트집이 잡혀온 역사와 피해자가 업계 역사에 켜켜이 쌓여 있기 때문이기도 하거니와, 시간이 오래 걸려 결국 죄 없다는 결론이 나온다 한들 법적인 판단을 받아내는 데 소모되는 시간과 비용이 창작욕을 어떻게 꺾을지 명확하기 때문이다. 정권에 따라서는 법이 우선이 아니기도 하거니와 심지어 법 이전에 시민, 종교 단체 등지의 모니터링이 이성적이고 현실적이길 기대하

1974년 《선데이 서울》에 연재되어 1978년 발행된 박수동의 〈고인돌〉. "한국의 초가 지붕을 연상케 하는 특유한 선을 타고 펼쳐지는 건강한 에로티즘. 이것이 박수동의 만화를 타락한 예술로부터 구별짓고 있다"라는 표지의 문장이 이채롭다.

기란 매우 난망하다는 이유도 있다.

1970년대에 고우영이 〈수호지〉에서, 박수동이 〈고인돌〉에서, 또 강철수가 〈사랑의 낙서〉 등에서 드라마와 몰입력을 갖춘 극화의 형식 속에 고전의 재해석, 능청스러운 해학이라는 선으로 성애 묘사를 펼친 사례가 있지만, 이는 그나마 만화방용 어린이 만화에 비해 신문과 잡지가 검열을 비교적 덜 받았던 것에 더해 그나마 성애 묘사를 내보일 수 있는 방식이 그뿐이라는 점이 작용했기 때문이다.

1980년대 들어서는 〈공포의 외인구단〉의 히트 이후 어린이 놀이터를 벗어나 성인층이 찾는 공간이 된 만화방(대본소)의 경우 전국의 만화방 업소 수에 맞춰 물량공세를 앞세운 대량 제작과 그에 걸맞은 호쾌한 성인극화가 대거 등장했으나 박봉성의 〈신이라 불리운 사나이〉

와 같은 걸출한 일부 작품을 제외하면 사람들의 기억에 남을 만한 굵직한 브랜드를 만들지 못한 채 스스로 물량전의 늪에 빠져 들어갔다.

그나마 이후 한국 만화의 성애 묘사에서 '수준'과 '질'을 논할 수 있는 단계로 나아갈 수 있을 지지대로 기대를 모았던 《트웬티 세븐》《미스터블루》《빅점프》등 1990년대를 대표했던 성인만화 잡지들은 청소년보호법 논란 당시 문자 그대로 완전히 쓸려나가 사라졌으며, 그에 앞서 소위 영young지라는 범주로 초반에 청년층을 노렸던 19금 잡지들은 금세 청소년용이 되어 슬그머니 수위를 내려놓은 바 있고 그나마도 1990년대를 넘어가며 힘을 잃었다. 그러니《영챔프》연재작인 〈구르믈 버서난 달처럼〉의 '무너져 내리는 기왓장' 같은 묘사가 몹시 수준 높은 은유임은 맞을지언정 성애로서는 이렇게 해야 그나마 좋은 평가를 받으며 넘어갈 수 있었겠구나 하는 심정이 들고

서울YWCA가 1991년 낸 《스포츠신문 만화 분석자료》자료집. 사진 속 자료는 5집으로 당시 시민단체가 계속해서 만화에 감시 활동을 벌인 결과물임을 볼 수 있다. 시민단체에 나름의 역할이 있다고 하겠으나 대부분의 분석 결과는 "애들도 보는데 어떻게 이런!"에서 거의 벗어나지 않았다.
자료 제공: 박인하 청강문화산업대
만화콘텐츠스쿨 교수

117

만다. 당장 1990년대 초반 서울YWCA가 스포츠신문을 분석한 자료를 보면 평가 내용 내내 앞뒤 다 자르고 대뜸 "청소년 불가" "성적 호기심을 일으키는 대사로 이야기가 갈팡질팡" 식으로 서술돼 있으니 오죽했을까?

이러니 1990년대 중반 선배 작가들에게 '국수별 외계인' 소리를 들으며 등장한 〈누들누드〉 양영순의 "저는 섹스와 폭력이 난무하는 만화를 그리고 싶습니다"라는 발언은 당시로서는 그야말로 가슴 떨리는 선전포고일 수밖에 없었다. 저만큼의 발칙하고 재밌는 성인만화가 여전히 드물다는 점도 그렇고 이 정도 수준을 지닌 작가를 잉태할 만한 매체가 여전히 드물다는 점도 그러하다.

## 일본 성인만화가 부각되는
## 한국 유료 성인 웹툰의 역설

역설적으로 표현의 자유 문제와 검열 반대 목소리가 높아질수록 한국 성인만화의 성애가 수위와 품질 면에서 수준을 높이기보다는 일본 쪽에서 수입되어 이제 와서는 웹툰 서비스 업체 한편에서 대량 유통되고 있기도 한 일본 쪽 성인만화에 밀릴 수밖에 없는 구조가 된다. 벼룩 실험의 피험체처럼 어느 정도 이상 쉬 뛰지 못하게 된 벼룩 신세인 한국 작가들은 일본 성인만화의 성애 표현을 넘기 어렵다.

인터넷 만화방이란 형태로 만화를 서비스하던 초고속 인터넷 보급 초기에 성애물을 시도한 바 있는 박무직의 사례는 많은 부분을 시사한다. 성애란 단순히 벗은 인체를 잘 묘사해서 흥분을 끌어내는 장르가 아니거니와 인류를 벗어나지 않는 선에서 성적 판타지를 충족시켜야 하는데 박무직은 그 지점을 놓지 못했고 해당 작품 〈Feeling〉은 만화 교본을 냈던 작가의 작품답게 인체 묘사만 훌륭한 작품이 되었다. 이후 포털이 이끌어간 웹툰 환경에서는 강도하가 2012년 첫 화 첫머리 대사가 "섹스를 합니다"인 〈발광하는 현대사〉를 내기 전까지 이렇다 할 품질을 담보한 성인만화가 등장하질 못했다. 포털에서 〈발광하는 현대사〉 정도의 본격적인 섹스 표현을 선보인 용감한(!) 사례도 여전히 없다. 그렇다. 이 정도까지 하려면 정말 제도권 프로 작가로서는 몹시 용감해야 한다.

흐름이 조금 달라지는 건 2013년부터 웹툰 전문 서비스를 내건 업체들이 유료 수익을 내기 위해 성인 전용 웹툰을 기용하면서부터다. 비포털 웹툰 전문 서비스들의 대표 격이라 할 수 있는 레진코믹스에서 이후 웹툰 업체들에까지 유행시킨 대표 브랜드(?)는 바로 소위 섹스 경험담 만화(속칭 썰 만화) 시리즈다. 〈나인틴〉으로 시작된 이 흐름은 인터넷 커뮤니티 게시판에서 익명으로 돌아다니던 종류의 이야기를 유려하지 않지만 적당히 야한 묘사로 풀어내 큰 인기를 끌었다.

사실 〈나인틴〉의 가장 큰 업적(?)이라고 하면, 어처구니없을 만큼 수준 낮은 남성들의 허리하학적 사고방식을 실로 적당하지만 적나라하게 만화 형식으로 담아냈다는 데 있다. 이 정도로 포장 안 된 날

레진코믹스에서 초기 화제성을 이끌었던 〈나인틴-화양연화〉. 한 시기를 풍미한 대표적 '성 경험 썰 만화'다.

것 그대로의 '썰'이 제도권하에서 만화로 나온 건 전례가 없는 일이었다. 내용에서 비판받을 지점이야 얼마든지 있지만, 최소한 흥분을 일으키기 위해 뭔가를 '내려놓은' 성애 묘사로는 가히 머릿돌(?) 같은 역할을 했다고 평가할 만하다.

이후 한동안 '썰 만화'는 〈나인틴〉을 넘어 남성향 성인 웹툰을 대표하는 브랜드로서 톡톡히 역할을 했다. 하지만 딱 거기까지란 게 문제다. 정교한 스토리텔링으로 만들어내는 흥분이 아니라 진짜인지도 알 수 없는 동네 누나와의 섹스 경험담 수준의 토막 난 이야기다 보니 독자 입장에서는 금방 물리게 마련이고, 불법 여하를 떠나 이런 낮은 수준의 흥분 유발에 효과적인 건 만화가 아니어도 주변에 널리고 널렸다.

그리고 이런 썰 만화들 바로 옆에는 종이 잡지 연재를 통하지도 않는 일본발 성인만화 단행본의 번역판이 잔뜩 있다. 출판 만화가 중심이던 시기 한국 작가는 얻어맞기 싫어 얌전한데 일본 만화의 표현은 과감한(?) 이율배반적 상황이 횡행한 바 있는데 유료 웹툰도 결과적으로는 비슷해진 셈이다. 성애를 놓고 보자면 만화적 재미와 소재의 기발함으로는 일본 만화의 양과 질에 비할 바가 못 되는 상황이고, 따라서 아무렇지도 않게 훨씬 세고 훨씬 끈적한 일본 성인만화가 부각되는 원인으로 작동한다.

출판 만화는 말할 것도 없지만 웹툰이 등장한 시점을 보수적으로 잡아도 2003년부터일진대 웹툰과 함께 독자들 또한 나이를 제법 먹은 상태다. 제아무리 시각적 자극에 1차적으로 반응하는 남성들이라 하더라도 몰입을 위해서는 그나마의 설득력과 그나마의 개연성, 그리고 그나마의 작화력이 필요하다. 이는 〈나인틴〉 이하 썰 만화 부류와 지금까지도 태반의 성인 웹툰을 장식하고 있는 만화들의 부족한 점과 정확하게 일치한다.

설상가상으로 이런 만화의 주 독자층인 남성들은 한국 만화를 향한 충성도가 매우 낮다. 마루마루 같은 불법 만화 사이트가 창궐한 시점에 남성 독자층 태반이 무료에 낚인 상황이고, 2010년대 후반으로 접어든 시점에서 휴대전화를 통하는 콘텐츠 시장의 무게추가 어느 사이엔가 웹툰에서 웹소설로 급속하게 넘어가고 있다. 한국의 성인만화가 성애라는 측면에서 '발전'하기 위한 조건들은 양과 질과 성애 표현을 위한 작가들의 전문성(?) 면에서 충족될 듯 충족되지 못한 채로 또 다른 환경을 맞닥뜨리고 있다.

본격적인 성애 표현은 남녀 간의 헤테로 성애가 아닌 BL(보이즈러브) 계열에서 시장을 형성하며 여성 독자층의 충성도를 확보해가고 있는 게 현 시기의 특징이라면 특징이고, 남성 대상 성인만화를 주로 내어놓던 서비스들이 페미니즘 이슈에 반응해 여성 독자층의 구미에 맞춰 성 역할 반전을 꾀한 성인향 작품을 기획해 내어놓고 있다. 이런 사례는 많은 점을 시사한다. 성인만화라 하면 당연하다는 듯 남성 독자를 대상으로 한 남성 중심의 성애로 여기는 경향이 강했고 순정만화의 성 묘사는 수동적이거나 강압적인 형태의 연장선에 놓여 있었으나, 남성 대상의 성인만화가 정체를 겪는 사이에 성애 묘사를 주체적으로 소비하는 계층도, 주축이 되는 작중 성별도 뒤집힌 셈이다.

투믹스에 연재된 〈토끼 같은 남편이 기다리고 있어요〉. 여성 독자층에 맞춘 성 역할 반전을 꾀한 성인향 작품이다. 작품 속 묘사에 페미니즘적인 측면이 강하게 있다기보다, 남성향 성인 콘텐트로 조회수와 결제율을 챙기던 유료 웹툰 업체에서 BL 외에 여성 독자층을 끌어들일 수 있는 작품을 실었다는 점에서 주목할 만하다.

# 만화 속 성애 표현의 범주가
# 좀 더 확장되길 바라며

전 연령 대상인 포털 웹툰 속 성애 묘사의 합의점(?)이란 측면에서 지극히 한국적인 시금석으로 여겨볼 만한 장면은 2014년 연재된 〈치즈 인 더 트랩〉 3부 73화에서 나왔다. 벗은 장면이나 행위와 관련된 대사가 단 하나(!)도 나오지 않지만 전 화의 절묘한 클리프행어(속칭 절단신공)에 이어 사람들의 오만 상상을 대차게 자극하는 주인공의 걸음걸이 하나로 독자들을 술렁이게 했다. 해당 장면의 놀라운 점은 그 전후 상황에서 캐릭터의 성격과 더불어 로맨스릴러라는 신장르로 불리던 작품의 완급 조절 기능 등을 몇 장면만으로 소화해냈다는 사실이다. 틀어막을 건 다 틀어막고도 성애인 듯 성애 아닌 성애 같은 묘사를 하는 것은 그야말로 독자를 쥐락펴락하는 작가의 능력이라 해도 과언이 아니다.

이렇게 가리는 가운데 펼쳐 보이는 덕목에서 만족하기보다 조금은 상황이 나아졌다는 사례를 들어볼 필요가 있다. 순정만화 잡지 《윙크》에 연재된 한송이의 〈김영자 부띠끄에 어서오세요〉에는 주인공 남녀의 성애가 곧잘 등장한다. 30대 초인 맞춤 부티크숍 사장(여성)과 숍의 직원으로 들어간 가죽 가방 디자이너(남성)의 만남과 관계가 이어지는 이 작품에서 성애는 작품의 비중을 해치지 않는 선에서 자연스럽게 묘사된다. 담백하기 이를 데 없는 섹스는 장면 자체로는 야하다는 느낌을 쥐어싸는 연출이나 탐미성도 보이지 않는다.

그러나 어리지 않은 이들의 관계가 쾌감만을 목적으로 하지 않음을 알 만한 독자층은 공감각적인 살내음을 불러일으키는 생활 속 성적 묘사에서 절묘한 리얼리티를 느끼게 된다.

〈김영자 부띠끄에 어서오세요〉 같은 경우는 '이 정도 묘사는 이제 우리나라에서 용인되고 있음'을 확인하는 사례이기도 하면서도 비교적 정제되고 고차원적인(즉 어느 정도 삶과 몸을 겪어본 자에게 자극이 되는) 묘사 정도가 여전히 한계인가 하는 생각을 지울 수 없다. 알고 보면 훨씬 만족도가 높지만, 이는 실제로는 표현의 자유가 밑바닥 단계에서 열려 있지 않기 때문에 생긴 적극적 회피 방법이기도 하다. 이 한계점 뒤에서 남성 대상의 성인만화는 착실하게 단층적인 형태로 정체를 반복한 채 현재에 이르고 있다. 외견만으로 보자면 근래의 한국 만화에는 마치 성애 만화가 넘쳐나는 듯 보이지만 역설적으로 성애는 물론 만화로 치기에도 민망한 수준의 도화들이 널려 있다. 즉 남성이 원하는 성애가 고작 이런 수준인가 반문하고 싶을 정도로 묘사에는 제약이 따르고 이를 회피하기 위한 방안도 그리 연구되지 못하고 있는 것이다.

성애 묘사가 만화에 꼭 필요하냐고 묻는다면 글쎄라 하겠지만, 성인 대 성인의 내밀한 인간 관계에서는 성별 여하를 떠나 성애를 완전히 배제하는 게 오히려 비현실적이다. 만화가 아이들만의 것이 아닌 이상 성애 묘사는 더 적극적이면서 광범위하게 이뤄져야 하며, 인류을 저버리지 않고 어린이들을 대상으로 하지 않는 이상 사회적으로 용인할 필요가 있다. 물론 이를 뒷받침하기 위한 설득력을 작

사람 맛 넘치는 감성 패션 스토리

한송이 · 제 37 회

김영자 부띠끄에 어서 오세요

비교적 자연스러운 형태로 묘사된 성애를 보여주는 한송이의 〈김영자 부띠끄에 어서오세요〉.

가와 기획자가 만들어내는 과정은 필요하겠으나 성에 경직돼 있으면서 반대편으로는 쓸데없이 관대한 기형성을 지니고 있는 한국 사회의 엄격한 잣대가 관습법 단계로 작동하고 있는 형편에서는 대중문화, 그 가운데에서도 만화가 수준을 높일 기회는 참으로 적다. 이 와중에 좋은 사례를 만들어가고 있는 작품들이 있어 다행일 따름이나, 사실은 전체가 공히 발전해나가야 하는 일 아니겠는가.

● 《만화비평》 4호(상명대학교 만화애니메이션학과, 정음서원, 2019. 12. 6) 기고글을 수정·가필.

## 생각할 거리들

### 표현의 자유와 n번방 사건

책을 쓰고 있던 도중이던 2019년 11월 'n번방 사건'이 터졌다. 가혹한 가해 행태는 물론 10~20대 남자들이 주도했다는 사실, 그리고 26만 명에 달할 수 있다는 열람 가해자 수로도 충격을 주고 있다. 강력한 암호화로 정보 유출의 위험이 적다는 텔레그램이 졸지에 성 착취의 도구로 쓰이고 말았다.

지난 박근혜 정권기에 카카오톡의 운영사인 카카오가 개인 정보를 수사기관에 넘긴 문제로 해외 메신저인 텔레그램으로 '망명'을 한 이들이 많았는데, 나 또한 그 가운데 하나였다. n번방 사건이 터지면서 텔레그램을 이용하고 있는 것만으로도 색안경을 끼고 보는 사람들이 생겼고 졸지에 텔레그램을 삭제하는 이들이 우후죽순 늘어나는 중이다.

초기 보도에 26만 명으로 언급되었던 수는 유료 열람자 1만 명으로 발표되고 있는 중이지만, 이미 숫자는 중요하지 않다. 대한민국 인구 절반을 차지하는 남성 중 최소 2500명 중 한 명꼴, 많이 잡으면 100명 중 한 명꼴로 성착취 영상을 보는데 아이고 어른이고 최소 70만 원이란 되는 적잖은 돈을 굳이 낸 셈이니 "나는 안 봤어"라는 말조차 구차할 따름이다. 이 사안과 관해서는 "야, 너도?"라고 묻는 질문 앞에서 남성들은 불쾌해할 자격조차 없다.

　n번방 사건은 한국 사회의 남성들이 여성을 무엇으로 여기고 어떻게 대해왔는지를 명확하게 드러내는 사건이다. '뭐, 남자가 룸방(룸살롱) 정도는 갈 수 있지!'라는 일종의 공범 심리 위에서 굳건히 형성된 공감대가 일말의 죄의식을 무디게 하고, 그러한 공감대 위에서 쉽게 돈을 벌 방법을 찾아낸 이들은 일찌감치 사이버상의 포주 노릇을 자임하며 스스로에게 '박사' 따위 자의식 넘치는 별명을 붙였다. 이들이 성착취 영상을 제작해 유료 배포하는 과정과 잡히고 난 뒤의 반응에 이르기까지 그 모든 것이 오랜 시간 축적되어온 한국 남성들의 기저 성 인식을 토대로 한다는 점에서 어느 누구도 자유로울 수 없다. 범인들은 유별난 악마가 아니라 평범해 보이는 옆자리 남자 n명 중 하나인 것이다.

　얄궂게도, n번방 사건은 표현의 자유를 외치던 이들의 주장을 일면 무색게 하는 역할을 하고 있다. 성인용 성애 콘텐츠에 얽힌 표현의 자유에 관한 논의가 오로지 '모자이크 없는 섹스신이 마구마구 나올 수 있어야 한다'라는 주장이라고 착각하는 이들에게 이번 n번방 사건은 "너희는 이런 것도 허용해야 한다는 것이냐?"라고 말할 근거(?)로 쓰인다. 급기야는 n번방에서 나온 영상들을 두고 "이런 것도 표현의 자유로 허락해야 할 대상이냐?"라고 주장하고 있다. 사건 이후 급하게 등장한 n번방 방지법 등도 대립을 겪고 있다. 이를테면 "n번방 같은 건 마땅히 규제해야 한다"라는 당위 앞에서 운영 편의와 책임 회피를 위해 메신저나 포털 서비스 업체들에 사실상의 반헌법적인 사전 검열을 획책하게 될 가능성을 배제할 수 없다는 점이 그렇다.

주지할 사실은 n번방에 유통된 영상이 음란물, 즉 '포르노'가 아니라는 점이다. 한국에서 몰카 따위의 불법 촬영물과 '포르노'가 구분 없이 돌아다닌다는 것 그 자체도 일단은 문제다. 하지만 n번방의 경우, 그 대상자는 명확히 일방적 성착취 폭력에 피해를 입은 사람들이다. 겉으로나마 창작물의 형태를 띠는 일본 AV(어덜트비디오)조차도 우리나라에서 제작 및 유통은 불법이고 일본에서조차 실제로는 협박 등의 수단을 통해 제작된다는 폭로가 잇따르고 있는 상황인데, n번방은 숫제 스너프 필름snuff film의 영역에 놓이는 그야말로 범죄의 결과물이다. 그 내용이 얼마나 야하고 음란한지는 판단 대상에 놓을 것조차 못 되며, 심지어 '표현'된 것으로 일컫는 일조차 용납되어선 안 되는 것이다.

흔히 이러한 사건이 일어날 때면 가장 쉽게 규제 대상에 놓여온 것이 만화다. 지난 정권 블랙리스트 사태의 후폭풍을 겪고 난 뒤 만화의 영향으로 눈을 돌리는 쉬운 해법을 공적 기관이 내미는 경우는 일단은 없지만, 언론사들은 지금도 곧잘 웹툰과 웹소설 쪽의 표현을 놓고 비난 기사를 쏟아낸다. 왕년에 '음란 폭력 만화' 때리던 가닥이 지금은 BL(보이즈 러브)로 일부 넘어갔을 뿐이고 보면, 언론의 여론

전은 언제 터질지 알 수 없는 폭탄이다.

이러한 책동과 n번방 사건이 어이없이 엮이는 일은 없어야 하며, 나아가 창작물 속 성 표현이 영향을 끼칠 수 있다는 식의 논의가 끼어들어선 안 될 일이다. 다시 말해 n번방 사건과 표현의 자유라는 화두가 만날 대목은 개인 단위의 정보 교류 자체에 간섭할 여지가 있는가에 관한 지점에서는 언급될 수 있지만, 표현의 음란성 여부로 표현의 자유를 논하는 건 대중문화의 표현 규제를 주장하는 쪽이나 n번방의 공범들이나 어느 쪽도 온당하다고 볼 수는 없는 노릇이다. 이런 영상을 표현의 자유로 보호받아야 한다고 말하는 사람들이 있다는 사실 자체가 정말로 개탄스러운 일이다.

n번방 사건은 음란물 제조가 아닌 '성착취'라는 범죄를 저지른 자들과 압도적인 수의 '공범'이 존재하는 사건이며, 오랜 시간 세대를 거듭해 쌓여온 남성들의 성 인식이 만들어낸 최악의 결과다. 다른 쪽에 핑계를 대어 희생양을 찾지도 말아야 하겠고, 주범과 공범 모두 명확하게 색출되어야 할 사건이기도 하다. 부디 처벌을 위한 합리적인 장치가 마련되어 향후 비슷한 사례가 재발하지 않기를 간절히 바랄 따름이다.

05

# 애플 앱스토어 토론
# 그 후 10년

한국 만화가 스마트폰을 만난 후의 이야기들

2009년 7월 10일 14시 홍익대학교 제2신관 T-011호에서 '오픈마켓, 어떻게 접근할 것인가?'라는 주제로 토론회가 열렸다. 한국만화가협회와 우리만화연대, 부천만화정보센터(현 한국만화영상진흥원) 주최로 열린 이날 토론회에는 만화계 관계자들이 큰 강의실을 가득 메워 당시 업계의 지대한 관심을 반영했다.

이름만 봐서는 만화와는 상관없어 보이는 기술 이슈임에도 사람들이 대거 모였던 까닭은 웹툰이 한국 만화의 중심축에 선 이래 사실상 처음으로 맞닥뜨린 큰 분기점이었기 때문이다. 업계에 전에 없이 첨예한 논쟁과 대립을 일으킨 당시의 상황을 정리하고, 그 이후로 10년이 지난 지금의 모습을 점검해본다.

2009년 7월 10일, 애플 앱스토어의 등장으로 촉발된 이슈를 조명하기 위한 토론회가 열렸다.

131

# 앱스토어 토론회가 열린 연유

　해당 토론회가 열린 2009년은 한국에서 포털 다음이 강풀의 〈순정만화〉(2003)를 연재하며 상업 만화로서의 입지를 다지기 시작한 지 6년, 그리고 포털 네이버가 만화 연재란을 개편(2006)하며 웹툰을 만화 시장의 대세로 올려놓은 지 3년 즈음에 접어든 시점이었다.

　웹툰이 입지를 굳히기 시작한 2006년 시점에는 출판 만화도 드라마화를 비롯한 다매체화 전략(통칭 OSMU)이나 웹 매체화를 통해 나름대로의 영역을 확보하기 위해 몸부림을 쳐보았지만, 한국 상업 만화의 판도가 웹툰을 중심으로 재편되는 흐름을 막을 수는 없었다. 만화 창작자들을 비롯한 업계 관계자들은 좋든 싫든 웹툰이 중심이 된 시대에 적응해야 했다.

　웹툰은 그 이름에 담긴 웹이라는 표현에서부터 드러나듯 인터넷의 발달이 낳은 대중문화였고, 1990년대 말 이후 가정에 보급된 초고속 인터넷과 함께 성장해왔다. 이 초고속 인터넷을 이용하기 위한 단말기는 단연 개인용 데스크톱 컴퓨터(이하 'PC')였고, 웹툰 또한 시작부터 컴퓨터 모니터 화면을 지면 삼아 독자들을 만나왔다. "인터넷이 연결된 PC만 있으면 웹브라우저 스크롤을 내리며 볼 수 있는데 돈을 낼 필요도 없다"는 점이야말로 웹툰이 초반 파급력을 만드는 데 주효한 무기였다. 한데 2008년 무렵 이 전제가 흔들리기 시작한다. '뉴미디어'라는 이름을 달고 불어오기 시작한 새 흐름의 단초를 제공한 것은, 다름 아닌 휴대전화였다.

# 2000년대의 모바일 환경

2000년대의 휴대전화는 흔히 피처폰Feature Phone이라 부르는 기종이 대세였다. 피처폰으로 만화를 보는 일은 2009년보다 조금 더 앞서서 가능했던 일이지만, 당시까지만 해도 2인치 조금 넘는 화면에 320×240픽셀 정도의 낮은 해상도에 256컬러라는 제한적인 색 표현만 가능한 환경 속에서 한 장도 아닌 한 칸 단위로 넘어가는 방식이 고작이었다.

HD 화질의 영상 해상도가 1920×1080픽셀(1080p)이고 근래 모니터 해상도의 경우 가로 2500픽셀이 넘어가는 것이 대부분임을 보면 10여 년 전임을 감안해도 어마어마하게 열악한 환경이었다. 2008년에 들어서야 일본의 만화 뷰어 기술이 일부 도입되었는데, 익숙지 않았지만 속도마저 느려서 데스크톱 모니터로 읽는 웹툰의 편리함(?)에 비할 바는 못 되었다. 때문에 이때까지는 전화기로 보는 모바일 만화는 인기 만화 일부를 통해 호응을 얻긴 하였으되 또 다른 '만화계'를 형성하기엔 다소 미흡한 구석이 있었고, 무선 기반으로 인터넷이 발달해온 옆 나라 일본과 달리 유선 기반 인터넷이 극단적으로 발달해 있던 한국에서는 그리 중요한 역할을 하지 못했다.

당시의 모바일 콘텐츠 환경은 SK텔레콤과 KT라는 양대 이동통신사를 통하지 않고서는 어떠한 것도 내보일 수 없는 폐쇄 구조였다. 이때 국내에 출시되는 휴대전화에는 WIPIWireless Internet Platform for Interoperability(상호운용성을 위한 무선 인터넷 플랫폼)라는 공용 시스템을 의무적으로 탑재해야 했다. 이동통신사에 따라 다른 규약을 이용하는 데에서 생기는 낭비를 줄이고자 KWISF(한국무선인터넷표준화포럼)에서 제정했는데, 문제는 WIPI를 채택하지 않은 경우 국내에서 휴대전화 자체를 팔 수 없었다.

WIPI로 보호받는 국내 환경에서는 이동통신사가 모바일 기기에서 일어나는 콘텐트 유통 경로 자체를 틀어쥐고 있었다. 무언가 기능적인 부분을 이용하기 위해선 이들 통신사가 기기에 미리 탑재한 어플리케이션을 쓰거나 통신사 차원에서 제공하는 폐쇄적인 무선 포털을 통해 통신사와 계약한 서비스만을 받아야 했다. 당시의 피처폰은 무선 인터넷을 이동통신사의 폐쇄망을 통해서만 쓸 수 있었고 자연히 높은 요금을 물어야 했다. 그러면서도 기기의 용량은 턱없이 부족했고 데이터를 적게 써야 해서 게임의 용량이 많아야 3MB(메가바이트) 안팎이던 시기였다.

## 아이폰 수입 직전의 풍경

이러한 흐름에 변화가 오리라는 기대가 한국에 퍼지기 시작한 것은 2009년을 전후해 스마트폰Smart Phone 시대가 열리면서부터다. 스마트폰은 '휴대전화에 인터넷, 멀티미디어 재생을 비롯한 준 노트북 수준의 컴퓨터 기능을 합친 휴대기기'다. 스마트폰 시대가 이미 와 있는 지금 이 시기에 새삼스레 이러한 설명을 붙이는 까닭은, 이때에는 이게 당연하지 않았기 때문이다.

해외에서 먼저 등장하기 시작한 스마트폰은 피처폰과는 달리 전화만이 아니라 자기가 원하는 다양한 어플리케이션Application(줄여서 '앱')을 직접 설치해 실행할 수 있었고, 인터넷 공유기를 이용한 와이파이Wi-Fi(무선 랜 기술)로 별도의 데이터 비용 없이도 고용량 데이터를 쓸 수 있었다. 게다가 이동통신사의 폐쇄망을 통하지 않고도 전화 신호만 터지면 언제 어디서든 웹브라우저를 이용해 웹사이트에 접속할 수 있기 때문에 업무 활용성이 훨씬 높다는 장점이 있었다.

자연히 스마트폰은 전 세계적인 화두가 되어가고 있었지만, 한국은 WIPI를 비롯한 국내 시장 보호 장벽이 오히려 변화에 둔감해지는 원인이 되어가고 있었다. 한국에서 삼성의 옴니아라는 스마트폰이 나오지 않은 것은 아니었으나, 독과점 지위를 누리고 있는 이동통신사들의 폐쇄적 콘텐츠 생태계에서 벗어날 수 없는 기기였고 결정적으로 가격이나 여론전을 펼친 내용에 비해 객관적 성능도 썩 좋은 편이 못 되었다.

반면 옴니아가 대항할 상대로 지목(?)했던 애플의 아이폰은 결제가 간편할뿐더러 앱을 사고팔 수 있는 애플 앱스토어라는 모바일 콘텐츠 시장에서 '제작자 7, 애플 3'이라는 전에 없이 매우 공정해 보이는(?) 수익분배율로 그 자체로 거대한 트렌드를 창출하기 시작하고 있었다. 애플 앱스토어가 던진 충격은 '출범 9개월여 만에 유무료 콘텐츠 다운로드 수 10억 회라느니 매일 평균 150건 이상의 앱이 새로 등록되고 있네.' 하는 소식 덕에 한층 더 증폭되었다.

아이폰이 채 들어오지도 않은 시기에 직장인이 개발해 외국에서만 열리던 앱스토어에 올린 게임. 시기 면에서도 벌어들인 수익 면에서도 콘텐트 제작자들을 열광시켰다. 국내에서 스마트폰 시대가 곧 열릴 것임을 확신케 하는 신호탄이었다.

이 불씨에 기름을 부은 건 2009년 3월 우리나라의 직장인 둘이 개발한 게임 〈헤비 매크Heavy Mach〉가 0.99달러라는 가격으로 앱스토어에 올라 전체 5위, 게임 분야 3위를 기록하며 출시 한 달여 만에 10만 달러(1억 2000만 원) 이상의 순수익을 거두었다는 소식이었다. 당시는 아이폰이 한국 환경의 견제로 국내에 정식으로 출시되지도 못하고 있던 시기고, 아이폰에서 전화 기능이 빠져 있는 멀티미디어 재생기인 아이팟iPod을 이용하는 게 고작이었지만 한껏 달아오른 사람들의 기대와 욕망은 국내 환경을 아득히 뛰어넘고 있었다. 한국의 이동통신사들은 옴니아를 내세우며 수성에 안간힘을 써보았지만 사람들은 물론 알 만한 업체들도 스마트폰을 바탕으로 한 모바일 콘텐츠 환경으로 시장 자체가 변할 것을 직감하고 계산기를 두들기기 시작했다.

이제 아이폰이 들어올 것은 이르냐 늦느냐의 문제일 뿐이었으며, 그 시장을 선점하기 위해 개인 단위가 아닌 업체가 움직이기 시작했다. 포털 서비스인 다음과 네이버가 데스크톱 화면에 최적화해 있던 화면들을 개편하며 준비를 시작한 데 이어, 네이버가 2009년 5월 28일 애플 앱스토어에 앱을 올리며 본격적인 모바일 시대의 시작을 연다.

## 스마트폰 앱 시장을 먼저 두드린 네이버, 그리고 만화계의 반발

네이버는 이전까지 이동통신사들의 폐쇄망에서 작동하는 〈모바일369〉라는 모바일 서비스를 제공하고 있었다. 한데 2009년 5월 출시한 앱은 폐쇄망이 아니라 와이파이 신호가 잡히는 곳이면 어디서든 빠른 속도로 접속해 정보를 열람할 수 있었다. 애플 앱스토어용 앱 개발로는 국내 포털 서비스 중에서는 최초였으며, 아이팟 터치로만 이용할 수 있었지만 누가 봐도 애플 아이폰이 곧 들어올 것임을 예상한 선제공격이었다. 하지만 네이버는 예상 못 한 비판에 직면하게 된다. 네이버가 해당 앱에 만화를 무료로 내려받을 수 있게 하는 형태로 제작하면서 만화계에서 "또냐?"라는 반응이 일어났기 때문이다.

본격적인 스마트폰 시장 개막을 앞두고
네이버가 친 선수, 〈모바일369〉.

당시의 반응을 이해하기 위해서는 웹툰을 향한 오랜 비판점을 봐
야 한다. 일단 1990년대 절정기를 구가했던 출판 만화 시장이 급속
하게 힘을 잃은 원인에는 여러 가지가 복합되어 있지만, 청소년보호
법과 IMF, 도서대여점의 난립은 물론 출판 시장 자체의 불황과 초고
속 인터넷망의 발달과 온라인 게임으로 젊은 세대층의 엔터테인먼
트 무게축이 게임으로 옮겨간 일과 인터넷망을 통한 불법 스캔 만화
의 대세화 등이 한꺼번에 몰아닥친 결과다.

일련의 흐름이 없었다 해서 출판 만화의 강세가 계속되었겠느냐
는 건 그저 가정에 지나지 않겠지만, 어쨌든 1990년대 말에 한국 만
화는 공적으로 사적으로 모든 방향에서 가치를 수직으로 절하당하

는 과정을 거쳐야 했다. 그리고 그 끝에 찾아온 시장의 대전환은 권당 300원으로 불법 공유하는 도둑과의 싸움을 거쳐 급기야 만화를 아예 무료로 뿌리는 형태가 공고화하는 형태로 귀결되었다. 지금은 없는 라이코스 코리아가 내걸었던 "넌 아직도 만화를 돈 주고 사 보니?"라는 캐치프레이즈는 그야말로 만화 소비를 위해 돈을 낸다는 개념을 앗아간 일등공신이었다. 한국의 출판 만화가 재기를 꾀하며 막바지 안간힘을 썼던 2006년 당시 서울국제만화애니메이션페스티벌SICAF에서 열린 5시간여 연속 끝장 토론회의 제목이 오죽하면 '만화와 돈'이었을까.

앱스토어의 등장을 쳐다보던 많은 시선들 가운데 만화 쪽이 유난히 적극성을 띤 까닭은 공짜 시식 상품으로 전락했다고 해도 과언조차 아니게 된 상황을 타개할 방안으로 여겨졌기 때문이었다. 일부 웹툰 작가를 비롯해 만화가들은 만화를 앱으로 제작해 유료로 판매한다는 방식을 시험해보려고 하던 찰나였다. 판매고가 떨어져 가는 출판 만화 시장과 포털을 통하지 않으면 수익을 얻을 수 없는 웹툰 시장 사이에서 앱스토어라는 새 시장에 대해 어려워도 덤벼볼 만한 가치가 있다고 인식한 셈이다. 그런데 또다시 만화가 새로운 환경의 시작 단계에서부터 무료로 풀린다는 건 그 자체로 날벼락 같은 소식이었다. 2009년 7월 10일에 열린 '오픈마켓, 어떻게 접근할 것인가?' 토론회에 시선이 모인 건 바로 이러한 충돌 양상을 고스란히 반영한 결과였다.

네이버는 2009년 7월 21일 만화계 인사들로 구성된 실무 회의를

애플 아이폰3Gs 출시를 앞두고 접수를 받고 있던 한 휴대전화 매장.

태풍의 눈이었던 아이폰3Gs.

거쳤고, 일련의 비판을 일부 수용해 다운로드 금지, 임시 저장 시간 48시간, 한 회 저장된 웹툰은 다시 임시 저장되지 않음, 어플리케이션 제작은 작가 소관으로 넘기는 등의 수정 조치를 취했다. 이러한 논란 과정에서 예상치 못한 또 다른 시장의 존재를 안 만화가들도 있었으며, 이들을 중심으로 종이 지면과 웹툰을 넘어서는 스마트폰용 만화라는 화두에 대해 고민하는 이들이 조금씩 생겨난다.

그리고 드디어 2009년 11월, 국내 이동통신사 가운데 KT가 애플 아이폰의 최신 기종인 아이폰 3Gs를 들여오는 초강수를 두며 스마트폰 시장에 도전장을 낸다. 도전의 결과는 문자 그대로 대박이었다. 수개월에 걸쳐 곧 들어올 거라고 외치던 '스마트폰 전도사' 이찬진이 사기꾼 소리를 들어가며 새 사업을 위해 기다리던 이 작은 기기는 말 그대로 도입 전과 후의 한국 상황을 완전히 뒤집어놓았다.


## 만화의 뉴미디어로 부각된 아이폰


아이폰 3Gs의 국내 정식 발매는 여러모로 국내에 충격을 주었다. 1차적으로는 성능 비교로 맞서며 기존 체제에서 기득권을 유지하려던 삼성의 옴니아2가 아이폰 3Gs에 철저하게 밀렸으며, 한 달여 만에 20만 대를 돌파하는 등 국내 상황에 문제점을 느껴온 이들이 많았음을 수치로 확실하게 증명했다. 이용자들의 뜨거운 반응을 확인한 KT는 옴니아2를 밀어붙이려던 삼성과 대립각을 세우면서 나름대로 이용자들의 요구사항을 빠르게 반영하며 스마트폰 시장을 주도하기 시작했다. 경쟁 제품의 가격 인하, 웃돈을 줘야 쓸 수 있던 기능들을 기본화하는 등 긍정적인 변화가 뒤따랐다.

물론 이후 다양한 스마트폰이 선을 보였으나 폭발력을 보인 아이폰의 성장세를 따라잡지는 못했으며, 이미 긴 시간 동안 전 세계의 프로그래머가 제작해 올려놓은 콘텐츠를 기다리는 앱스토어 시장과 이로 말미암은 '검증된 시장성'이라는 화두를 다른 휴대전화 업체들이 따라잡기는 역부족이었다. 사실 스마트폰은 휴대전화보다 준노트북 수준의 컴퓨터 능력에 방점이 찍힌 휴대용 기기다. 휴대전화 제작에 능했던 업체들이 독자적인 규격을 고집해온 애플의 컴퓨터 제작 능력과 이에 최적화한 OS(운영체제) 제작 노하우를 따라가기 어려웠던 게 컸다.

어쨌든 아이폰이 무섭게 풀리기 시작하면서 만화가들도 하나둘 앞서 화제가 되었던 물건을 손에 쥐어보기 시작한다. 흔히 '공돌이틱'한 UI User Interface(사용자가 컴퓨터와 상호적인 의사소통을 하게끔 구성된 명령 체계 또는 그 체제)로 일관해 조작하는 재미나 맛이 거의 느껴지지 않았던 당시 국내 기기들과 달리 매킨토시 시절부터 정평이 난 애플표 OS의 UI는 아이폰에서도 그 위력을 유감없이 발휘한다. 아이폰은 기능적인 부분은 물론, 인간과 대화한다는 느낌이 무엇인지를 보여주는 UI 등 다양한 부분에서 작가적 감수성을 자극하기에 충분한 기기였다. 으레 다른 바닥도 그러했으되, 만화가 사이에서 아이폰이 퍼져 나가는 속도는 상상 이상으로 빨랐다. 일부 작가들은 이에 발맞춰 앱스토어 등을 통해 작품 공개를 꾀하는 등 전에 없이 적극적인 움직임이 감지되기 시작한다.

시장 반응 속도가 이러하자 만화 정책과 지원 등을 관장하는 기관 등은 너 나 할 것 없이 이러한 어플리케이션 기반 만화 플랫폼을 제작하는 데 지원사업의 방향을 맞추기 시작한다. 불과 반년도 되지 않는 상황 동안에 스마트폰, 정확히는 아이폰을 기반으로 한 애플 앱스토어가 만화의 '뉴미디어'로 사방 천지에 각인되고 만 것이다. 2009년 6월 네이버의 앱스토어 진입 당시 나는 논의 한편에 끼어 있었는데, 일부 만화가와 업계인들에게 실체도 없는 것으로 현혹한다느니, 얼마나 잘되겠냐느니, 포털이 이런 비판을 받고 웹툰에서 손 떼면 만화계는 어쩔 거냐느니 하는 비난을 들어야 했더랬다. 하지만 정작 아이폰이 본격적으로 들어오면서는 너도 나도 "아이폰 앱 만들어야 한다"며 허둥댔으니, 여러모로 미묘한 기분이 들 수밖에 없었다.

## 스마트폰 시대의 본격 개막, 그러나 기대와 달랐던 현실

아이폰 공식 출시로 시작된 스마트폰 시대의 개막은 모바일 콘텐츠 시장의 문법 자체를 재편했다는 점에서 세계로도, 그리고 한국으로도 큰 '사건'이었다. 아이폰 이전까지 이동통신사들은 수익을 창출할 수 있는 모든 경로를 틀어쥐고 독과점의 단맛을 톡톡히 보고 있었다. 이 주도권이 콘텐트/앱 개발자에게 오면서 PMP portable multimedia player, 전자종이 e-ink 단말 등 일부 기기에서 꾸준히 회자되었으나 실체가 부실하다는 소리를 들었던 '콘텐트 플랫폼'이라는 화두가 비로소 생명력을 얻기 시작한다.

하지만 아이폰이 첫 달 20만 대에 이어 반년 만에 70만 대 판매를 달성하는 기염을 토하고 스마트폰이란 표현이 대중 사이에서 어색하지 않게 되자 국내에선 졸지에 '앱스토어'를 전가의 보도처럼 여겼다. 애플의 앱스토어를 본뜬 다양한 형태의 앱스토어, 즉 휴대기기용 응용프로그램 시장(모바일 어플리케이션 마켓)이 속속 등장했고, 많은 이들이 "어, 그거 돈 된다며? 근데 이것저것 있던데 어느 쪽으로 가야 해? 역시 앱스토어로 하면 나도 한 달에 억대 벌 수 있는 거야?"라며 두리번거렸다.

문제는 아이폰이 한국 내 스마트폰 시장에 방아쇠가 된 것은 맞으나 아이폰만이 스마트폰인 건 아니었다는 데에 있다. 아이폰에 일격을 맞은 삼성 등의 국내 업체들이 리눅스 기반의 오픈소스 스마트폰 OS인 구글 안드로이드를 탑재한 기기들을 내놓으면서 옴니아라는 재앙(?)의 그림자를 착실하게 지우기 시작했다. 이 때문에 애플 앱스토어에 기대감을 품었던 사람들은 업체별로 다양해지는 기기 사양과 서로 다른 OS에 일일이 발 빠르게 대응해야 한다는 냉혹한 현실 앞에 내던져졌다.

폐쇄적인 정책을 내보이는 애플 때문에 폐쇄적인 이동통신 환경이 문자 그대로 일거에 뒤바뀐 아이러니까지는 참 좋은데, 바뀐 환경에서 곧바로 황금사과를 손쉽게 따낼 수 있었던 건 아니었던 셈이다. 안드로이드를 이용하는 여타 스마트폰들의 사양이 천차만별인데 비해 애플은 나름대로 규격과 형태를 유지한다는 점이 장점으로 작용했지만 그 또한 스티브 잡스 사후엔 옛말이 됐다. 시간이 지나며 스마트폰 시장은 범안드로이드 진영과 애플 진영이라는 양대 산맥으로 정리가 되었지만 같은 업체라 하더라도 기기가 다양해지고 OS 판올림과 함께 변하는 조건도 숱하게 많아졌다.

아이폰 3Gs가 처음으로 들어오기 직전 나는 "애플 앱스토어는 엘도라도가 아니다" "시장 팽창에 질이 따라가지 못하면 또 다른 아타리 쇼크Atari shock가 올 수 있다"라고 주장했다. 아타리 쇼크란 1970년대 유명했던 가정용 게임기 업체 아타리가 질 낮은 게임들이 범람하며 팽창 속도만큼이나 급속하게 무너졌던 상황을 뜻하는 용어다. 다시 말해 들어가면 곧바로 돈이 보이는 곳이 아니거니와 잘못 접근하면 순식간에 분위기를 망치고 무너질 수도 있다는 경고를 한 셈이었다. 한데 스마트폰 시장이 열린 이후의 변화와 개발 환경은 갈수록 규모의 경제를 꾀할 수 있을 만한 덩치를 지닌 업체가 아니면 쉬 접근하기 어려운 상황이 되어가고 있었고, 그 어떤 콘텐츠 창작 업계보다도 개인 창작 성향이 강한 만화는 말할 것도 없었다.

작가 개인 단위가 창작을 병행하며 앱 개발에 나설 여력을 만들기는 쉽지 않았으며 '무료'가 강점인 웹툰과 다른 출판 만화의 대안점이 되어줄 것이라는 기대에 맞추기엔 기기가 작은 탓에 화면에 맞춰 보여주기 위해 컷뷰cut view 같은 번거로운 변환 과정이나 또 다른 창작 문법이 필요해 보이기까지 했다. 스마트폰으로 콘텐츠 시장은 활짝 열렸는데, 만화가 이 시장에 적응하는 데에는 시간이 필요했다. 2010년 4월 10인치 화면을 지닌 태블릿인 애플의 아이패드가 출시되면서 별도의 사이즈 조정과 변환 과정 없이 출판 만화를 보기에 딱 좋아 보이는 기기가 나왔다는 기대감도 일었지만 개인 단위의 앱 제작이 일부 있었을 뿐 물밀듯 이어지지는 못했다.

전과 다른 콘텐츠 유료화 시장이 열릴 수 있을 것이라는 기대가 실제 흐름으로 자리 잡기까지 꼬박 3년이 걸렸다. 그 3년 동안, 앱을 기반으로 한 만화 플랫폼은 큰 성과를 내지 못한 채 지지부진했다. 시장 확장 가능성을 보고 도전한 여러 기업들이 시장과 독자들의 선택을 받지 못한 채 무너져내렸고, 서울문화사의 순정만화지《윙크》가 앱 잡지로 전면 전환한다거나 대원씨아이의 소년지《챔프》가 앱 잡지와 종이 잡지 출간을 병행한다거나 했지만, 이 역시 큰 반향을 얻진 못했다. 일부 인기 작가들이 직접 앱을 제작하는 시도 또한 마찬가지 결과를 낳았다.

## 지리멸렬한 적응기

부진의 요인으로 여러 가지를 들 수 있겠다. 먼저 기대보다 도서 성격을 띠는 콘텐츠를 유료로 구매하는 데 다소 박한 인심을 보인 대중의 성향과 출판 만화의 앱 기반 콘텐츠화가 결제로 이어질 만큼 매력을 주진 못했다는 점을 들 수 있다. 여기에 웹툰이 돈을 내고 볼 매체로 인식되지 않았다는 점, 돈 내고서라도 보고 싶게 하는 확실한 신규 킬러 콘텐츠가 나와주지 못했다는 점 등이 작용했다.

앱스토어라는 콘텐츠 마켓에서 받은 앱 안에서 스토어를 따로 연다는 것도 콘텐츠 결제에 박한 국내 대중에겐 다소 번거롭다는 인상을 준 것으로 보이는데, 콘텐츠 파워가 있을 때 상쇄될 수 있는 약점이었다는 점에서도 이 시기의 난맥상을 엿볼 수 있다. 다만 언제나 그렇듯 만화판의 상황은 몹시 복합적이어서 어느 하나를 원인으로 꼽을 순 없고 이 모두가 원인이라 할 수 있을 터다.

이 지리멸렬해 보이는 3년의 막바지에 터져 나온 상황은 절망적이었다. 그야말로 압도적인 이용자 수를 앞세워 유료 콘텐츠 마켓을 형성해보려던 카카오의 '카카오페이지'가 몹시도 안일한 방향 설정

카카오페이지의 초기 홍보 화면. 2020년 현재 콘텐트 플랫폼으로 각광받고 있지만 초반은 기대와 달리 한차례 완벽한 실패를 겪었다. 회원수만으로 유료 콘텐트 시장을 만들 순 없음이 드러난 셈이다.

과 전략 부재, 저작자로서도 독자로서도 불편하기 이를 데 없는 설계로 2012년 말을 기점으로 한 차례 처절하게 실패하고, 비슷한 시기 웹툰을 다루던 포털 야후와 파란이 2012년 12월 31일과 이듬해인 2013년 7월 31일 연이어 문을 닫는다. 만화를 취급하던 포털 두 곳이 문을 닫는 초유의 사태가 벌어진 셈이다.

학습·교양을 잠시 제쳐놓고 보자면 대중 엔터테인먼트로서의 만화는 웹툰을 중심으로 돌아가게 된 지가 오랜데, 심지어 웹툰이 곧 포털 웹툰이고 그게 전부이다시피 한 상황이었다. 웹툰을 다루는 업체가 다음·네이버·네이트 3사만 남았다는 건 시장 확장은커녕 현상

카카오페이지에 〈식객2〉를 연재했던 원로 작가 허영만은 2013년 6월 25일 15시 국회의원회관 세미나실에서 열린 '만화미래발전토론회-디지털 시대의 만화 창작 생태계 현안을 중심으로' 2부 토론회에서 이렇게 말했다. "카카오페이지에 연재했던 것에 상당히 후회를 하고 있지만 어차피 택한 길이고 여기서 중단하고 다른 일을 하더라도 그만큼의 시간이 또 필요한 거니까 기왕 몸 담았으니 이 길로 가자 작정했습니다."

사진: 한국만화영상진흥원 제공

유지 상태로 고착화할 가능성이 크다는 점에서 웹툰은 포털의 영향력만을 재확인했을 뿐이다. 네이트가 검색 기능마저 포기함으로써 독립된 포털로서의 기능을 사실상 상실한 이후엔 포털 웹툰의 양강 체제가 더욱 확고해졌다. 스마트 디바이스를 통한 콘텐츠 판매는 게임을 제외하면 한국에서 큰 성과를 내지 못했고, 출판 만화의 디지털화가 답이 되기 어려움도 명확해졌으며 웹툰 또한 변화를 멈추는 듯해 보였다. 2013년 중반이 오기 전까지는 그랬다.

## '레진코믹스'의 등장과 상황 반전

상황은 '프리미엄 웹툰 서비스'라는 슬로건을 내건 레진코믹스가 2013년 6월 7일 첫발을 내디디면서 급변하기 시작했다. 레진코믹스가 시동을 건 지 1년 4개월여가 지나는 동안 웹툰을 비롯한 만화판은 격동이라는 말 말고는 달리 표현할 수 없는 시기를 겪었다. 그도 그럴 것이, 레진코믹스 출범 이후 1년 사이에 등장한 웹툰 플랫폼만 해도 KT의 올레마켓 웹툰(이후 케이툰)을 비롯해 키위툰, 카툰컵, 티테일, 탑툰, 커피코믹스, 판툰, 제트코믹스, 곰툰 등 9개다. 절치부심 끝에 웹툰·웹소설 중심 전자책 앱으로 재등장한 카카오페이지까지 치자면 10개에 달하는 포털 밖 웹툰 매체가 난립했던 셈이다.

레진코믹스는 부분 유료화를 통해 만화의 유료 모델을 성공적으로 안착시킨 사실상의 첫 웹툰 서비스다. 물론 레진코믹스가 웹툰의 유료화를 시도한 첫 사례는 아니다. 2007년 만끽이라는 서비스가 등장해 윤태호의 〈이끼〉를 비롯한 중량감 있는 작품들을 내걸고 나선 적이 있지만, 당시 환경은 데스크톱 웹 기반의 유료 인터넷이 중심이던 시기로 결제도 웹툰에 관한 인식도 결론만 놓고 보자면 아쉽게도 유료화를 전면화하긴 어려웠다.

반면 스마트폰 시대에 등장한 레진코믹스는 운영자가 기존에 지니고 있던 개인의 화제성과 네온비의 〈나쁜 상사〉를 필두로 한 초반 참여 작가진과 연재작들의 화제성, 그리고 재밌는 만화를 쉽게 결제해서 편하게 보게끔 하자는 지향점이 한데 맞아떨어지면서 1년 만에 회원 수 110만 명과 270여 편의 만화를 싣는 대형 만화 사이트로 성

만화 유료화의 첫 사례는 아니지만, 성공한 첫 사례로 많은 기대와 응원을 받았던 레진코믹스의 초창기 화면.

장했다. 네온비의 〈나쁜 상사〉는 연재 1년 만인 2014년 6월 첫째 주 누적 매출이 2억 8000만 원이었다.

웹툰 업체의 난립은 화제성을 넘어 이러한 '수치'를 만들어낼 수 있다는 분위기가 형성된 결과다. 초반까지의 레진코믹스는 포털 바깥의 만화 업체가 무엇을 보여줘야 파괴력과 업계 의제를 선점할 수 있을까를 명확히 꿰뚫는 영리한 전략을 썼다. 포털 웹툰이 쉬 선택하지 못할 과감한 성인향과 만화에 집중한 앱의 직관성, 그리고 작가 보호와 작가 친화를 내세우며 덧글을 없애고 수익을 작가에게 더 많이 배분한다는 방향성을 제시했고 홍보에서도 이를 빼놓지 않았다. 그리고 무엇보다 돈 쓰기가 편했다. 이 전략은 상당 부분 유효했으며 작가와 독자들의 호응을 얻어낼 수 있었다.

레진코믹스 이후로 난립한 업체 가운데 절반 이상은 1년여 만에 절반 이상이 사라졌는데 그 이유의 상당수는 소속 작가를 노예계약으로 부리려다가(키위툰), 관공서 지원사업만 믿고 나왔다가 정작 따내지 못해서(커피코믹스), 또는 투자자가 투자자 자신의 사업 부진을 이유로 해당 사이트에 손을 떼는 바람에 다른 투자자를 찾지 못해서(제트코믹스)와 같은 이유였다. 이외에 재벌 3세가 설립해 화제를 모았던 툰부리의 경우 레진코믹스 이전에 등장했지만 극우적 주장을 서슴지 않던 윤서인을 관리자로 앉히면서 역효과에 가까운 화제를 모았고, 결국 2년 3개월 만인 2014년 10월 31일 서비스를 종료했다. 이러한 연쇄 폐쇄 사태는 상당수 업체가 준비 없이 레진코믹스의 상업적 성공을 보며 "웹툰이 돈 된다"라는 생각에 무작정 뛰어든 결과

151

라 할 수 있다. 이들은 초반에 레진코믹스가 흥할 수 있었던 여러 요인 가운데 오로지 돈만을 봤다.

스마트 디바이스라는 뉴미디어를 통한 웹툰의 유료화를 눈에 보이는 형태로 성공시켰다는 입장과 작가 친화적이라는 기조, 그리고 스마트한 기업 이미지는 시장에서 레진코믹스의 위치를 공고히 하는 데 중요한 역할을 한 요소였다. 당장 레진코믹스의 1주년 인포그래픽 발표는 그간 구체적 수치를 전혀 밝히지 않아 왔던 실질적 1위 주자 네이버 웹툰이 뒤따라 인포그래픽 수치를 공개하게 만들 정도로 성공적인 홍보 전략이었고, 유료화로 유의미한 매출을 달성했다는 점은 그간 한국 만화의 숙원과도 같았던 무료화 탈피라는 차원에서 그 자체로 업계인들의 호감을 사는 일이었다.

역설적으로 후발 주자인 탑툰이 규모를 급속히 키우며 레진코믹스와 경쟁했지만 탑툰이 레진코믹스와 같은 대우를 받지 못한 까닭은 초반 홍보전이 지나치게 저속하고 불공정했기 때문이다. 이는 탑툰이 그저 19금 남성향 에로 전문 사이트를 표방해서가 아니다. 탑툰이 초창기 벌인 홍보 방식은 남의 SNS 그룹에 스팸 게시물을 살포하거나 언론 기사에 자사 링크가 달린 덧글 달기, 포털 검색어에 타 업체명을 섞어 자사로 유입 유도하기, 민감한 국내외 이슈에 맞춰 링크 살포하기 등이었다.

유의미한 수치를 만들어내기 위해 콘텐트를 개발하는 게 아니라 즉각적인 반응을 만들어내기 위해 상식적이지 않은 방법을 동원한 결과인데, 시작부터 레진코믹스의 외양과 슬로건까지 따라했던지라

덩치를 키우는 데에는 어땠을지 몰라도 탑툰이란 이름만으로도 불쾌감을 자아내는 상황을 개선하는 데에는 시간이 다소 필요했다.

## 연이은 자충수로
## 신뢰 자산을 상실한 레진코믹스

하지만 레진코믹스는 오래지 않아 포털 외 웹툰 사이트를 선도하던 역할에서 안 좋은 뉴스의 진앙지로 전락한다. 이는 레진코믹스가 본인들이 견지하던 긍정적 방향성 일체에 스스로 상처를 내면서였다.

박근혜 정권 당시였던 2015년 3월 24일 방송통신심의위원회가 레진코믹스의 일부 일본 콘텐트가 음란성을 띤다는 이유로 전체 접속 차단 조치를 내렸다가 업계 안팎의 항의에 직면하자 하루 만에 보류했는데, 이때까지만 해도 업계와 만화 독자들은 레진코믹스를 전적으로 응원하는 입장이었다. 이는 웹툰 유료화의 선봉장이자 비포털 웹툰의 대표주자로서 상징성과 역할이 있다고 여겼기 때문이다.

레진코믹스는 일개 서비스 업체로서는 발의 법안명에 오르는 이례적인 사건의 주인공이 되기도 했는데, 김광진 새정치민주연합(현 더불어민주당) 전 의원이 무차별적 접속 차단 금지를 골자로 한 〈레진코믹스법〉을 발의한 것이다. 정식 명칭은 '방송통신위원회의 설치 및 운영에 관한 법률' 일부개정법률안(의안번호 1914444, 2015. 3. 26)과 '정보통신망 이용촉진 및 정보보호에 관한 법률' 일부개정법률안

(의안번호 1914445, 2015. 3. 26)이다. 개정 법률안 발의 당시 국회 입법 시스템에 업체와 의원을 향한 비난 여론이 들끓었고 일부 언론이 반대 여론으로 포장하는 웃지 못할 일도 있었는데, 당시 나는 직접 제작한 크롤링 프로그램을 통한 분석으로 여론이 조작되었음을 밝힌 바 있다. 같은 내용을 반복해 붙임으로써 반대표를 부풀렸기 때문이다. 이는 실로 당시 정권의 일상적 풍경이었다 하겠다.

한데 이렇게나 응원을 받던 업체가 순식간에 역풍을 맞은 까닭은 불공정한 처사 때문이었다. 레진코믹스가 주최한 제1회 세계만화공모전에서 〈기도〉라는 작품으로 대상을 수상하며 화제에 오른 은송, 그리고 〈340일간의 유예〉 〈봄의 정원으로 오라〉를 연재한 미치가 레진코믹스의 블랙리스트에 올라 있다는 기사가 2017년 12월 22일 《일요시사》를 통해 보도되었다.

은송은 공모전 수상 이래 웹툰 작가의 복지 개선과 상업 이용 가능한 글꼴 지원, 명절 연휴 제공 등에 관해 말해왔고, 미치는 완전 유료 방식으로 연재한 〈봄의 정원으로 오라〉의 세이브 회차(안정적인 연재 일정을 위해 독자 대상 공개 전 미리 준비된 만화 원고)에 해당하는 미니멈 개런티(MG, 최소 보장 고료)를 지급받지 못한 점과 일방적인 건강검진 조건 변경 등에 관한 문제 제기를 해왔다. 두 작가는 이후 프로모션 이벤트 등에서 제외되었고, 2018년 1월 11일 SBS의 보도로 "회사의 방식에 항의한 작가 이름과 작품을 적어놓고 앞으로 작품을 노출하지 말 것을 대표 명의로 지시"한 것이 밝혀지면서 작가들의 심증이 사실로 드러난다.

뿐만 아니라 계약서에 없는 지각비 차감과 웹소설 서비스를 통째로 없앤 사실 등까지 겹쳐 레진코믹스는 작가 대우 좋고 스마트한 웹툰 업체라는 대외 인상에 큰 타격을 입게 되었다. 2017년 12월 7일 청와대에 "레진코믹스를 세무조사 해달라"는 청원이 올라오기도 할 만큼 작가와 독자들의 분노가 터져 나왔고 2018년 1월 11일 서울 강남의 레진코믹스 사옥 앞에서 1차 시위가 열렸다. 하지만 레진코믹스는 2018년 1월 30일 은송과 미치 두 작가를 고소했음을 발표하고 2018년 2월 6일 두 작가의 연재작을 서비스 종료했다고 발표했다. 종료 예고일이었던 이날 레진코믹스 불공정행위 규탄연대 명의로 뭉친 작가들은 레진코믹스 사옥 앞에서 2차 시위를 열었다.

레진코믹스는 2018년 7월 12일 일련의 상황을 일으킨 점을 인정

2008년 2월 6일 레진코믹스 사옥 앞에서 열린 2차 시위 풍경

하며 사과와 보상, 그리고 작가 고소를 취하한다는 내용을 발표했지만 회원들의 탈퇴 운동 등으로 체면을 구겼고, 2018년 12월에는 개장 당시였던 2013년 한 미성년자 작가와 웹툰 〈나의 보람〉의 연재 계약을 맺으며 일부 피드백을 준 것을 빌미로 원작자를 자처하며 저작권료를 일부 편취했다는 논란에 휘말리며 갑질의 온상으로 대중의 인식에 악영향을 끼치게 됐다.

레진코믹스는 한국콘텐츠진흥원 '2019 만화 이용자 실태조사' 기준으로 여전히 비포털 웹툰에서는 이용률 20%로 8.9%의 탑툰과 7.2%의 투믹스(구 짬툰) 앞에서 선두를 차지하고 있지만 불공정 논란의 여파 속에 공정성과 성장이라는 화두를 양대 포털에 넘겨준 채로 업계 안팎에서 긍정적이고 선도적인 이슈를 만들어내지 못하고 있다. 네이버와 다음 양대 포털은 만화 유료화를 2014년 초반 도입 당시의 극단적인 반발을 잠재우며 성공적으로 안착시킨 데 이어 현재는 검증된 수익모델로서 광고와 함께 매우 중요하게 거론하고 있는 상황이고, 해외 시장 개척이라는 측면에서도 키 플레이어로서 시장을 선도하고 있다.

나는 포털 웹툰이 독점적 지위를 이용해 만화를 무료 시장에 묶어두는 데 반대했고, 이를 문제 삼는 데 참여해왔던 입장이다. 그래서 비포털 웹툰 시장이 초반의 역발산기개세를 스스로 잠재운 2017년 이후 상황을 보며 착잡함을 금할 도리가 없고, 그 요인이 다른 무엇도 아니고 포털 웹툰에 곧잘 제기되던 불공정 이슈라는 점에 아연 실색할 따름이다. 하지만 이 일련의 흐름에서 긍정적으로 해석할 수 있는 면이 아주 없지는 않다.

## 아타리 쇼크는 피했지만…
## 불공정 이슈가 발목을 잡게 해선 안 돼

앱스토어라는 새 시장을 통한 만화의 미래라는 화두의 결과는 많은 이들이 예상한 방향과는 조금 달라졌다. 개인 단위가 아닌 업체 단위에서만 시장 형성이 가능했다는 점은 있으나, 적어도 웹툰이 확고하게 주축이 된 한국의 만화 시장을 위협하는 것은 낮은 질의 콘텐트가 난립해 시장 자체에서 대중의 흥미가 떠나는 아타리 쇼크가 아니라는 점만은 다행히 확인되었다.

2019년 들어 넷플릭스나 유튜브 같은 인터넷 영상 콘텐츠 서비스를 뜻하는 OTTOver the Top 업체들의 성장세가 웹툰에 기회가 된다는 분석이 나오는 까닭은 이들 업체들이 콘텐츠를 제작하기 위해서는 질 좋은 원 저작물을 대거 확보해야 하기 때문이고, 한국의 웹툰만큼 콘텐트 파워와 시장을 확인한 곳이 없기 때문이다. 한 시기 만화는 국내에서 원 소스 멀티 유즈OSMU로 부르던 다매체 전략에 기대지 않고서는 작가에게 추가 수입을 안겨주기 어렵다는 패배감에 젖어 있었고 무료 전략이 우선이던 웹툰도 마찬가지였다. 하지만 유료 시장의 성과가 어느 정도 확인되고 있는 지금 시점에서 다매체 전략은 유일한 출구가 아니라 또 다른 부가 수익 창구 중 하나가 된다.

업체의 불공정 이슈는 모처럼 붙은 동력에 제동을 거는 최악의 요소다. 현재는 어느 정도 규모를 유지할 수 있는 업체 단위로 시장이 안정화해가고 있는 상황이기는 하다. 하지만 업체들이 놓쳐선 안 되는 것은, IP니 OTT니 하며 희망적인 미래를 그릴 수 있는 조건을 만드는 대상이 바로 창작물을 만들어내는 창작자라는 점이다. 언제부턴가 업체들은 연말이면 작가들을 초대해 대접하는 행사를 열곤 하는데, 그보다 더 중요한 것이 공정한 계약임을 잊어선 안 된다. 레진코믹스의 2017년과 2018년 '사고'들이 그래도 긍정적인 효과를 준 게 있다면, 여타 업체들, 특히 양대 포털에 명확한 경고가 됐으리라는 점이다. 보도자료와 여론전으로도 막을 수 없는 것이 있다. 부디 존중하며 함께 성장할 수 있길 바란다.

●《오픈마켓, 어떻게 접근할 것인가?》 토론회(한국만화가협회와 우리만화연대, 부천만화정보센터 주최, 2009. 7. 10) 서찬휘 발제 자료 일부 수정·발췌 및 가필

## 생각할 거리들

### 목소리는 내고 볼 일이다

글을 다시 정리하면서 10년 전 앱스토어의 등장이 만화에 어떤 영향을 끼칠 것인가에 관해 열렬히 논하던 때가 떠올랐다. 당시에는 웹툰이 무료인 채로 머물러선 안 된다는 당위가 다른 모든 고민을 집어삼키다시피 하고 있었고, 여기서 새로운 환경을 제대로 맞이하지 않으면 다음 기회가 영영 없을 것이라는 위기감도 있었다.

만화 업계인들과 연구자들의 예기치 못한 비판을 받은 포털 웹툰 입장에서는 굉장히 당황스러운 일이었을 터다. 포털 웹툰 입장에서 보자면 본인들은 1990년대 말 이후 청소년보호법 사태와 초고속 인터넷의 등장, 불법 스캔만화의 폭증, IMF 등의 요인이 겹치며 사실상 매체 연쇄 붕괴 상태에 놓인 한국 상업 출판만화계를 양적으로 확장시켜 기사회생시킨 셈이었다. 수많은 작가층을 새로 만들어낸 것도 본인들이고, 이들에게 고료를 주어가며 유지하고 있는 것도 본인들이기 때문이다.

그래서 포털 업체 입장에서는 무료 전략을 비롯해 물량 공세, 사

159

실상 작품 완성 공정까지의 역할 대부분을 작가에게 떠맡겨야 하는 인력 구조 등 웹툰이 시작부터 견지해왔던 여러 가지 요소에 쏟아지는 비판이 그리 와닿지 않았다. 더욱이 IT 업체의 생리로 보자면 무료 전략은 사실상 광고로 유지되던 당시까지의 인터넷 콘텐트를 유지하는 유일무이한 방법이었으니, 새로운 형태를 띤 시장에서도 무료 다운로드를 정착시키려 든다고 강력하게 반발하는 모습은 상당히 억울할 법도 했다.

더욱이 기성 출판 만화 출신으로 웹툰 초창기의 대표 작가로 자리매김한 이들 가운데에는 웹툰 이전의 출판만화계의 다양한 문제점에 피해를 입거나 염증을 느껴왔던 이들이 많았다. 이러한 작가들이나 산업 관점에서 사실상 유일하게 상업 엔터테인먼트로서의 만화를 만들어내고 있는 웹툰의 역할에 초점을 맞추는 이들에게 웹툰의 문제점으로 지적되는 바들은 문제점이 아니었다. "한국 만화는 포털 웹툰으로 완전히 재편되었는데, 포털의 심기를 건드려서 자칫 업체가 손을 떼기라도 하는 상황을 맞으면 네가, 당신들이 책임질 것이냐"라는 말이 공공연하게 튀어나왔던 점(!!)은 이 시기의 충돌이 어느 지점에 닿아 있었는지를 잘 보여준다.

포털 웹툰은 이렇듯 업체가 당연하고 합리적으로 여기는 부분과 만화가 창작자의 작품임을 강조하는 부분 사이에 괴리감이 컸다. 네이버의 첫 앱스토어 앱이 일으킨 충돌은 이러한 괴리감을 확인한 최초의 사건이었다. 이제 와 결과만 보자면 이 시기 업계의 위기감이 '과했다'고도 할 수 있고, 그 이후의 급속한 환경 변화 속에서 고민이

고민조차 아니게 된 면도 분명히 있다.

하지만 이 논쟁이 해당 시기 이후 완연하게 펼쳐진 웹툰 유료화의 물결과 더불어 작가 계약료, 옛날로 치면 고료에 해당하는 비용의 현실화 등 다양한 부분에서 업체가 그간의 기조 외에 무엇을 챙겨야 하는지를 인식하게 하는 중요한 사건이었음은 분명하다. 물론 트렌드 변화에 예민할 수밖에 없는 IT 기업인 이상 스마트폰 시대가 무르익는 상황에서 거의 유일하다시피한 직접 투자 콘텐트인 웹툰을 그냥 두진 않았을 터다. 그러나 업계의 제동이 없었다면, IT의 관점이 아닌 콘텐트이자 창작물이라는 관점에서 접근하는 데 더 먼 길을 돌아야 했을 터다. 그래서 정말로, 목소리는 내고 볼 일이다.

06

# 만화와 뉴미디어

기술 변화를 업은 헤게모니 싸움의 역사

한국 만화 창작자들이 2000년대 후반 애플 앱스토어의 등장에 웅성거린 까닭은 만화가 오랜 시간 당해온 가치 절하의 악순환을 끊고 새 판을 짤 수 있으리라는 기대 때문이었다. 기대한 형태로 새 판이 짜인 건 아니었으되, 한국 만화는 스마트폰 시대에 이르러 무료라는 웹툰의 원천적 한계를 넘을 수 있었으니 여타의 문제 제기에 어떠한 의미도 없었던 건 아니었다. 유료화는 이제 광고와 더불어 웹툰이라는 한국산 만화의 수익 모델로서 그 성과를 입증하고 있다.

한데 가치 절하 과정에서 한국 만화가 오로지 판을 새로 갈아엎을 기회만을 기다리고 있었던 것은 아니다. 충돌과 시행착오를 겪으면서 헤게모니 싸움을 통해 시장의 주도권을 쥐고 분위기를 타려는 시도가 계속되어온 것이다. 이 장에서는 '뉴미디어'라는 표현 아래 만화의 새로운 방향을 제시해보려고 했던, 그리고 헤게모니 싸움을 걸어보려던 시도들의 역사를 짚으려 한다.

## 통용되던 용어에 한계가 찾아오다

2000년대 중반을 전후해 만화계를 관통하는 중요한 두 가지는 '디지털 만화'와 '뉴미디어'였다. '디지털 만화'는 '책으로 찍혀 나오는' 아날로그적 출판 만화 시장의 불황을 극복할 대안으로 꼽혔고 뒤이어 등장한 '뉴미디어'는 아이폰으로 촉발된 '스마트 디바이스'의 물결 속에서 웹툰이 미처 챙기지 못한 채 돌이킬 수 없는 위치까지 오고 말았던 '돈 주고 사 보는 디지털 만화'의 가능성을 다시금 꿈꾸게 했던 말이었다.

하지만 디지털 만화는 용어부터가 콘텐트를 제작하는 데 쓰인 방식이 디지털인지, 노출 방식이 디지털인지로 혼선을 일으키기 쉬운 표현이다. 디지털로 작업해도 나온 방식이 책이면 노출 방법은 그 자체로는 아날로그일 뿐이다. 작업 방식이 아날로그라 하더라도 디지털 후처리 등을 통해 완성되면 디지털 만화로 볼 수도 있다. 이처럼 그 기준이 모호한데다 최근 콘텐트 노출 방식은 디지털과 아날로그 어느 한쪽에만 머무르는 경우가 거의 없다. 그렇다면 '디지털 만화'란 무엇인가? 사실 이만큼 정확한 답을 찾기 어려운 말도 드물었다. 게다가 뉴미디어라는 표현도 다음 세대로 등장하는 미디어에 늘 '새로운new'이란 수식어를 붙일 수밖에 없다는 점에서 모순을 안고 있다. 정당 이름에 '새'나 '신新'이라는 말이 붙을 때 느낄 수 있는 감정을 고스란히 느끼게 되는 셈이다.

2009년 이후 스마트 디바이스가 부각되며 콘텐트 저작자들이 가격을 결정하고 수익을 챙길 수 있는 모바일 앱(어플리케이션) 시장인 '앱스토어'가 만화의 뉴미디어로 일거에 주목을 받았고 웹툰 초창기와 마찬가지로 시장 개척 초반부터 '무료'를 무기로 앱 시장에 진입하려 했던 한 포털 사이트의 시도에 제동을 걸면서 만화계에 격렬한 갑론을박이 일어났다. 이 당시의 '뉴미디어'는 앱스토어와 스마트 디바이스에 얽힌 이야기였지만 아이폰이 공식 개통된 2009년 11월 이후에도 그 의미 그대로 통용되진 않는다. 게다가 플랫폼이라는 표현도 이미 기본 용어로 전락(?)했다.

# 지난한 시행착오

스마트폰인 아이폰에 이어 태블릿인 아이패드는 개념 자체가 '아주 새로운' 것은 아니었을지언정 개념상으로는 아이폰 등장 때와 맞먹는 폭발력을 보여주었다. 애플은 아이폰을 통해 검증된 강력한 콘텐츠 시장 앱스토어를 그대로 채용하면서 독서를 비롯한 아날로그적 이용자 경험UX, User Experience을 고스란히 디지털 기기로 구현해냄으로써 아이폰을 뒤쫓기 바빴던 업체들을 또 한 번 바쁘게 했다. 바빠진 건 디바이스 제작사만이 아니라 콘텐츠 저작자들도 마찬가지였다. 아이폰을 어떻게 활용해 전에 없던 방식의 수익원을 구축해볼까 궁리하던 이들은 그야말로 대응해야 할 대상이 하나 더 늘어났음에 경악해야 했고 이후 쏟아지는 스마트폰과 태블릿의 수만큼이나 시행착오도 커졌다.

이러니저러니 해도 관계자들은 그야말로 죽을 맛에 가까운 고통을 겪어야 했다. 이 시기 해외에서 전자 코믹스 계열에서 들려오는 소식만 봐도 어마어마한 성장세가 보였다. 북미 쪽은 2009년과 2010년 사이 50~100만에서 600만~800만 달러(한화 67억~80억)로 급격한 상승을 겪은 데 이어 만화 앱 기술을 지니고 있는 코믹솔로지Comixology는 전자 코믹스 다운로드 누계 100만 회를 돌파하기도

아이폰3Gs에서 실행되었던 《코믹솔로지》 화면.

했다. 2010년 크리스마스 기간 매상은 전년대비 1200% 상승이기도 하다. 일본 쪽 또한 출판 만화 시장의 불황을 디지털 쪽으로 타개해 보려는 움직임이 생각보다 거센 상황이었다.

이러니 뭔가 시도는 해야겠는데 만화를 보여주는 방식 자체에 관한 연구가 없는 이들이 기술만 들여 작업하려니 정작 콘텐트가 약해 기존 출판 만화 데이터를 재활용하는 데 그치는 경우도 왕왕 보였다. 하지만 여기엔 생각보다 만화를 스마트 디바이스에서 제대로 구현하기가 쉽지 않다는 점도 한몫했다. 고밀도 고화질 고용량 화상을 메모리에 계속해서 쌓아놓고(즉 스트리밍처럼 흘려넘기지도 못하고) 빠르게 넘겨줘야 하는 기술적 처리가 당시 스마트 디바이스의 비교적 적은 메모리 용량 등에 비추어볼 때 게임이나 영상보다 어려운 구석이 있었기 때문이다. 게다가 우리네 현실에 맞는 마스터피스는 아직 보이지 않는 상황이어서, 2009년과 2010년은 이러한 한계와 시행착오를 겪으며 서로가 간을 보는 시기였다.

그리고 2011년에 접어들며 한국 만화에 비로소 주목해볼 만한 사례들이 쌓이기 시작한다. 웹툰이 '웹'툰일 수 있었던 까닭은 누가 뭐래도 데스크톱 PC 기반의 유선 인터넷이었는데, 아이폰 이래 스마트폰이 대세화하며 2년여 만에 옛이야기가 됐다. 전화기만 있으면 크게 떨어지지 않는 속도로 인터넷에 접속할 수 있었기 때문이다.

이 즈음 사람들은 PC를 켜자마자 무심결에 브라우저를 실행하곤 첫 화면을 장식하는 포털 사이트가 떠먹여주는 정보만으로는 만족하지 않게 되었다. 블로그와 카페 등에서 주로 이뤄지던 관계성 맺기도 자연스레 소셜 네트워크 서비스로 급속히 옮겨갔다. 만화 또한 예외는 아니어서, '웹툰'이 웹툰으로 지금껏 자리할 수 있었던 기본 전제들이 흔들리며 새로운 환경 변화에 발맞춘 만화에 관한 필요가 생겨나기 시작했다. 2011년은 그러한 변화를 감지하고 모색한 업계의 움직임이 거세게 일어난 한 해였고, 이를 반영하듯 2011년 한 해 동안에만 '~툰'이라는 접미사가 붙은 새 용어가 여섯 개나 등장했다. 패드툰, 앱툰, 스마툰, 이펙툰, 탭툰, 그리고 트윗툰이 그것이다.

결론부터 말하자면 이 새 용어 가운데 현재까지 통용되는 것은 '하나도' 없다. 그리고 그 이후 만화는 증강현실AR, Augmented Reality과 가상현실VR, Virtual Reality을 이용한 만화나 AI를 이용한 인터랙션, 그리고 SNS인 인스타그램에 올라오는 만화를 뜻하는 인스타툰 등 또 다른 만화의 형식들이 나오고 있다. 하지만 2011년을 전후해 웹툰이 겪은 일련의 흐름은 만화의 무게중심이 웹툰으로 완전히 넘어간 이후 용어의 주도권을 통해 찾아온 첫 번째 헤게모니 쟁탈전이라는 점에서 중요한 의미를 지니며, 웹툰이 광고 영업을 위한 미끼 상품을 넘어 상업성을 증명해가는 과정이란 면에서도 중요한 분기점이었다.

## 패드툰과 앱 내 결제

'디지털 만화'나 '뉴미디어' 화제가 식상해지면서 이곳저곳에서 암중모색의 결과물이 등장하기 시작한다. 선수필승이 꼭 진리는 아니지만 개념을 정립하는 쪽이 유리한 싸움이라는 점은 분명하기 때문이다. 여러 만화 플랫폼이 고개를 들이밀까 말까 기웃대고 있던 차에 시장에 먼저 치고 들어온 다음의 태블릿용 만화 앱은 만화 쪽에서 네이버에 밀리고 있던 다음이 건 승부수였다.

다음의 만화 어플리케이션은 스마트 디바이스, 그 가운데에서도 10인치 너비를 지닌 태블릿에서 웹툰을 보여주는 방식에 관해 고민을 거듭한 흔적이 엿보였다. 스마트 디바이스는 대체로 모니터보다는 작고 들고 다니는 경우가 많아 흔히 생각하기보다는 세로 길이가 무시무시하게 긴 웹툰을 보기가 쉽지만은 않다. 이러한 점을 극복하고 쉽고 편하게 웹툰을 보게 하기 위한 기능적 안배를 하는 한편 웹브라우저 환경에서 볼 수 있었던 면면을 터치 인터페이스로 자연스럽게 소화해놓은 점도 매력적이다. 타 포털보다 이야기 구조에 힘을 쏟는 작품이 많은 다음의 특성상 이러한 기능적 안배는 적절하다. 하지만 이 앱이 주목받았던 건 비단 그뿐만이 아니라 '패드툰'이라는 개념을 내놓았다는 점이다.

패드툰이란 웹툰에 사운드나 장면전환 효과 등을 넣은 것으로 웹툰에 비해 좀 더 다채로운 면면을 볼 수 있는 만화로 제시된 명칭이다. 당시 패드툰은 아이패드용 다음 만화 앱에서만 볼 수 있었다. 엄밀히 말하면 이런 효과 자체는 웹에서도 구현할 수 있다. 대표적인 경우가 비슷한 시기 나왔던 호랑의 〈옥수역 귀신〉〈봉천동 귀신〉 등

다음의 태블릿용 만화 앱. '패드툰'이라는 개념을 내놓았다.

하지만 다음이 태블릿 앱을 기반으로 볼 수 있도록 한 이유는 단순히 효과의 유무를 넘어 이후 작품을 '팔 수 있는' 시스템을 노렸기 때문이다. 이런 점에서 패드툰의 등장은 화면 효과 측면보다는 드디어 팔리는 웹툰을 위한 기초 단계를 포털이 밟기 시작했음을 알리는 신호였다. 당시로서는 웹을 통한 콘텐츠 구매가 습관 문제와 액티브 X 보안모듈을 통해야 하는 한국 특유의 복잡하고 엉망진창인 결제 시스템 탓에 쉬 정착하지 못할 것으로 보였기 때문에 패드툰이라는 시도가 결제를 원활하게 하기 위한 포털 입장에서의 첫 움직임으로 여겨졌다.

물론 당시 이 앱 내 결제(통칭 'in App 결제')를 포털만 바라보고 있었던 건 아니어서, 아마추어 만화인(동인) 시장을 앱 형태로 옮기려 한 인디켓Indiket이나 창작자가 작품을 계정으로 업로드하고 직접 편집하고 연출해 앱 이용자들을 대상으로 팔 수 있는 툰드라TOONDRA 같은 업체들이 창작자들에게 주도권을 주고 직접 작품을 사고팔 수 있게 하는 시장 창출을 꾀했다.

이와 같은 포털 바깥에서 작가가 직접 독자를 만드는 대안 시장의 형태가 비교적 정착에 이르는 건 이후로도 10년 가까이 흘러 포스타입POSTYPE과 딜리헙DILLYHUB 같은 업체가 등장하는 2019년 즈음이었다. 포털 바깥에서 '상업 웹툰'을 대거 내놓아 성공하는 사례로만 봐도, 2013년의 레진코믹스 출범까지 가야 했다. 결과만으로 놓고 보자면 포털이든 포털 바깥이든 시기상조였던 셈이지만, 그럼에

170

도 2011년을 전후한 시기는 이렇듯 '시장을 만들 수 있다'는 기대감이 퍼지면서 다양한 시도가 일어난 시기였다.

## 스마트+카툰＝스마툰

2011년 8월 17일부터 21일까지 부천에 자리한 한국만화영상진흥원에서 열린 '2011 부천국제만화축제BICOF'는 부제가 '이제는 스마툰이다 – 스마트한 세상, 새롭게 만나는 만화'였다.

스마트와 카툰을 합친 '스마툰'은 사실 행사를 위한 캐치프레이즈에 가까운 표현이다. 수년에 걸쳐 서울국제만화축제SICAF와 함께 꾸준히 건드려온 '디지털 만화'라는 주제를 이어가면서도 동어반복하지 않고 새 흐름을 잘 잡아냈다는 평가를 얻기 위한 전략적 작명이라 해도 과언은 아닐 터다. 디지털 만화라는 표현이 지니고 있던 모순점을 극복할 만한 그럴싸한 조어가 나온 셈이니 나쁘게 볼 이유는 없었으나, 결과적으로는 행사용 일회성 용어에 그쳤다. 특히나 행사에서 '스마트 디바이스를 통해 볼 수 있는 만화'라는 차원으로만 접근한 건 다소 아쉬운 대목이다.

스마툰이라는 표현이 디지털 만화의 행사용 캐치프레이즈를 넘어 다음 세대 표현으로 정착하기 위해서는 무엇이 만화에 스마트라는 표현을 붙일 만하게 하는가를 연구해야 할 필요가 있었다. 단순히 스마트 디바이스 장착 유무로 따질 것인가? 그럼 스마트폰이나

2011 부천국제만화축제BICOF 행사장에서 첫선을 보인 용어, '스마툰'.

태블릿에 출판 만화 스캔본을 넣으면 스마트인가? 영상 및 음향 효과 유무로 따질 것인가? 2000년대 초반에도 비슷한 시도가 있었다. 아니면 움직임 또는 인터랙티브 유무인가? 만화에 움직임이 많으면 애니메이션이나 다를 바 없고 인터랙티브가 강화되면 게임과 차별성이 없다.

　오히려 이런 부분들은 표피에 가까운 부분이다. 스마툰이란 용어를 둘러싼 논의점들은 태생적으로 시장과 유통까지도 포괄하는 터라 웹툰과 달리 '어떻게 보여지는가' 만으로 좁히기 어렵고, 따라서 '웹툰' 같은 형태에 따라 붙인 장르명이라기보다는 일종의 유통 패러다임에 해당하는 용어로 읽어야 했을 터다.

　결과적으로 사장된 용어에 가깝지만, 당시 스마툰이란 용어가 견지한 요건은 특정 디바이스에 특화한 만화가 아니어야 한다는 점이었다. 이는 N스크린과 같이 다중 플랫폼 서비스를 기반으로 하든 아예 플랫폼에서 자유롭든 어떤 환경에서나 적용할 수 있는 만화를 이야기한다. 현재로서는 그림 파일의 나열만으로 성립하는 웹툰이 이에 가장 근접한 매체라면 매체겠지만 앞서 언급했듯 스마트 디바이스와 '의외로 궁합이 잘 안 맞는' 특성도 있기 때문에 자연히 이를 극복하기 위한 문법적이고 장치적인 시도가 뒤따라야 한다.

이 나열 방법과 스마트 디바이스에 맞춘 전개 방식이라는 측면에서 네이버가 이듬해인 2012년 10월 25일 내어놓은 새 형식이 '스마트툰'인데, 스마툰이란 표현이 등장한 시점에 굳이 또 이 이름을 붙여야 했는가에 의아함을 자아냈던 바 있다. 스마트툰은 네이버가 웹툰에 부가적인 기술을 붙이는 일련의 시도 중에서 시작점에 가까웠고 이후 컷툰 등의 행보에 영향을 준 건 분명하지만 이 시점에서는 스마툰과 마찬가지로 반향을 불러일으키지는 못했다.

한편 웹툰도 디지털 만화도 있는데 굳이 스마툰이란 표현을 쓰려면 그만큼 특색이 있어야 하는데, 그 요건 가운데 하나로 꼽아야 할 부분이 바로 시장이다. 콘텐트 자체는 유료일 수 있고 무료일 수도 있으나 무엇보다 그 가격을 창작자가 결정하고 유통과 '합리적'으로 나누며 나아가 최소한의 절차로 '간단하게' 구매할 수 있어야 한다. 이 절차를 갖춘 만화 또는 플랫폼이 아니면 스마툰이란 표현이 가리키는 바와 거리가 멀다 하겠다.

스마툰이라는 화두가 나오던 시기에는 결국 앱 내 결제를 지원하는 만화 플랫폼들의 등장에 주목할 수밖에 없었다. 이에 따라 스마

173

툰의 성립 조건으로는 만화 작품 자체도 중요하고 디바이스도 중요하지만 얼마나 '합리적'인 유료 모델을 '가볍게' 제시하는 시장 주자가 나오느냐 또한 매우 중요한 부분이라 할 수 있다. 주자가 세팅되면 그다음은 당연히 고품질 콘텐트를 얼마나 생산해 채워 넣느냐가 관건이 될 것이고, 자연스레 기존 작품들을 재활용하려는 플랫폼은 도태될 수밖에 없다. 용어는 사장되었지만 용어가 가리키던 상황 자체는 명징했다.

## 앱툰

앱툰이라는 표현은 웹툰에 대응한 표현이기도 하지만, 한편으로는 도서를 앱의 형태로 만든 '앱북'에 빗대어 나온 말이다.

앱북은 현재 전자책을 다량으로 구비해놓고 있는 구매·대여 플랫

LEEONSMART가 2012년 지하철 광고에 기재한 '앱툰'.

폼 쪽으로 꽤 수렴된 상태지만 스마트폰과 태블릿 등 스마트 디바이스가 한창 나오던 당시엔 〈이상한 나라의 앨리스〉를 비롯해 자이로스코프나 오디오를 비롯해 스마트 디바이스의 특징을 살려 책의 분위기를 고스란히 살려낸 별도의 단독 타이틀들이 등장했고, 한때는 전자책보다 앱북의 우세를 점치는 경우도 많았다.

만화 또한 앱북처럼 단독 타이틀을 꾀할 수 있으리라는 기대감이 부풀던 때가 있었다. 실상 앱스토어를 통한 작가 중심의 만화 시장의 궁극적인 목표는 이러한 앱북 형태의 만화, 즉 앱툰이었다 해도 과언이 아니다. 이 시기 한국만화영상진흥원과 같은 지원 기관의 만화 지원 사업에서도 트렌드를 반영해 앱 형태의 만화 개발을 일부

〈기계전사 109〉의 김준범이 내어놓은 〈코스모스 로드〉, 앱으로 제작해 내어놓은 만화라는 의미의 '앱툰'의 성격에 충실했던 만화. 김준범은 2002년 일찍이 유료 결제로 작품을 공개하는 작가 개인 1인 웹진 〈엑스타투〉를 여는 등 기술 접목 이슈에서 꾸준히 선행 사례를 남겨놓았다.

175

지원했다.

앱툰이란 표현 자체는 앱으로 나온 만화를 가리켜 부르는 말로 등장해 일반명사화했지만, 2012년 LEEONSMART라는 업체에서 이 표현을 단 만화 앱을 론칭하면서 별도 브랜드로 활용하려는 시도를 보인 바 있다. 결과적으로는 앱툰이라는 이름 자체가 더 널리 쓰이지 못한 상황인데, 한편으로는 '웹툰'이라는 표현이 지니고 있는 보편성을 앱툰만이 아니라 그 어떠한 용어도 이기지 못했으니 앱툰만의 문제는 아니었다 하겠다. 앱툰은 스마트 디바이스의 기능을 이용한 다채로운 시청각 효과를 만화에 적용할 것으로 기대를 모았지만 웹툰에 본격적인 효과를 적용한 사례는 오히려 앱이 아닌 웹에서 등장했다. 이름하여 이펙툰이다.

## 이펙툰

2011년을 연 최대 화제작은 누가 뭐래도 호랑의 〈옥수역 귀신〉과 〈봉천동 귀신〉이다. 프로그래밍에 능한 호랑은 이 작품을 통해 웹툰의 노출 방식에 관한 관점 자체를 확장시켰다.

웹툰은 HTML이라는 표현 언어를 이용해 콘텐트를 노출하는 웹 브라우저 화면 위에 이미지를 늘어놓음으로써 노출되는 게 보통이다. 스마트 디바이스 기반인 앱으로 사용 환경이 넘어오면서 브라우저가 아닌 앱 환경 안에서 이미지를 노출하게 됐지만, 앞서 언급한 바와 같이 웹툰이라는 명칭 자체가 변하지는 않았다. 웹툰 대부분이 단순히 이미지를 세로로 늘어놓는 방식에서 크게 변하지 않은데다, 앱 안에서 작동하는 방식도 실제로는 내장된 웹브라우징 엔진을 통해 HTML을 호출하는 형태로 크게 다르지 않았기 때문이다.

한데 호랑의 〈옥수역 귀신〉은 이러한 웹툰의 노출 방식을 전략적으로 역이용했다. 웹브라우저는 HTML을 이용해 텍스트와 이미지를 표시하지만, 각종 시각 효과를 동적으로 구성하기 위해 자바스크립트라는 브라우저 내장 언어를 이용하고, 동적 효과와 음향 효과를 부가하기 위해 지금은 퇴출 대상이지만 당시엔 매우 널리 쓰이던 멀티미디어 플러그인인 플래시FLASH를 적용했다. 호랑은 웹툰을 읽기 위해 독자들이 웹브라우저의 스크롤바를 움직이는데 대체로 이동

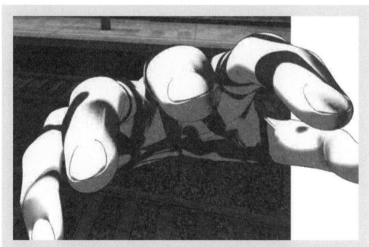

'이펙툰'이라는 장르명을 얻었던 〈옥수역 귀신〉. 웹툰에서 시청각 효과의 활용이 공포 장르에 매우 잘 어울린다는 점을 보여준 작품이다.

간격이 일정하다는 점에 착안해 자바스크립트를 이용해 독자들의 긴장감이 극대화한 지점에 이를 때 웹페이지를 동일한 간격으로 강제 스크롤시켰다. 물론 이를 위해 그림 또한 균일한 컷 프레임을 연이어 배치했다.

이로 말미암아 〈옥수역 귀신〉은 보통의 웹툰에서 크게 벗어나지 않는 감상 방법과 통상의 독서 경험 속에서 특정 부분에서 이미지가 애니메이션으로 작동하는 효과를 만들어냈다. 매우 적절한 부분에서 적절한 분량으로 튀어나오는 귀신의 기괴한 움직임과 음향 효과로 말미암아 〈옥수역 귀신〉은 그야말로 큰 반향을 일으키게 된다. 호랑은 〈옥수역 귀신〉에 이어서 〈봉천동 귀신〉을 내놓으며 공포에 어울리는 만화 속 효과의 원조로 자리매김하게 된다.

이와 같은 '효과를 입힌 만화'는 일찍이 시도되었던 '효과' 사례들과는 많은 차이를 보인다. 일례로 웹툰 초기부터 플래시를 이용해 만화를 움직이려는 시도가 있었지만, 만화를 많이 움직이면 애니메이션과 다를 바 없어진다는 사실만 확인했을 뿐이었다. 그런데 호랑의 공포 만화들은 만화의 정체성을 놓지 않으면서 필요한 부분에 시각 효과를 적당한 수준에서 확실한 형태로 구사함으로써 효과를 극대화했다. 이러한 효과가 공포 이외의 장르에서 널리 시도되지 못한 면은 있지만, 만화에서 효과를 어느 정도로 어떻게 적용해야 하는지에 관한 사례를 확실히 구축했다는 점만은 분명하다.

이런 두 작품에 트렌드 인사이트라는 마케팅 트렌드 웹진은 '이펙툰'이라는 용어를 붙여주었다. 문자 그대로 이펙트effect에 만화를 뜻하는 툰toon을 섞은 이펙툰은, 사실은 다소 난감하게도 제안한 측이 앞뒤 맥락을 제대로 파악하지 못하고 내민 표현이다.

해당 기사에서는 〈옥수역 귀신〉과 〈봉천동 귀신〉이 화제를 모은 이유를 이미지뿐인 기존 웹툰과 달리 어도비의 멀티미디어 저작도 구인 플래시를 이용하여 멀티미디어적인 효과를 표현해 강약을 조절한 때문이라고 언급하는 한편, 한발 더 나아가 이것이 사전적 의미에서의 '웹툰'에 정의되어 있던 멀티미디어적인 면을 이제야 표현하고 있는 것이라면서 '이를 이펙툰이라 부르자'라고 제안하고 있다. 나아가 이 이펙툰이 멀티미디어를 활용해 다양한 사용자 경험성을 안겨주는 디지털 매거진과 같은 흐름 변화를 이끌어갈 것이며 웹툰 속 PPLProduct Placement(작품 내 간접 광고)로 연결 지을 수 있을 것이라는 전망을 내놓고 있다.

하지만 멀티미디어 적용 사례가 〈옥수역 귀신〉〈봉천동 귀신〉만 있는 것도 아니었거니와, 무적핑크의 〈실질객관동화〉에서 간단한 움직임을 가미하거나 웹툰과 영상을 조합한 윤태호의 〈SETI〉, 아예 웹툰 연재란에서 웹툰을 원작으로 한 애니메이션을 '방영'한 〈와라! 편의점 THE ANIMATION〉 같은 사례도 있었으니 '이제야 멀티미디어적인 효과를 적용했기 때문에 새로 조명한다'는 식의 발상은 잘못된 것이다. 게다가 이를 뒷받침하기 위해 인용했다는 백과사전의 해설은 스크롤바에 관한 언급도 없이 "영상과 음성 더빙, 플래시 기법 등을 활용한 영상 애니메이션이다" 같은 내용을 담고 있어 웹툰의 특성을 오도하고 있기까지 해서 난감함을 배가하고 있다. 결국은

179

본격 버라이어티 편의점 만화!

# 와라! 편의점
## Welcome to Convenience Store
### By 지강민

2009년 네이버 웹툰에 게재된 바 있는 지강민 원작 애니메이션 〈와라! 편의점 THE ANIMATION〉.

처음부터 끝까지 오해에서 비롯된 표현이었던 셈이다.

군이 원정의와 달리 올바른 형태로 재정의해보자면, 이펙툰은 '정적으로 칸을 배치해 시간 흐름을 표현하되 스크롤바의 특성을 이용해 지면이 아닌 웹브라우저의 화면 영역을 위에서 아래로 읽어내리는 방향을 독자에게 제시하는' 웹툰 장르의 기본적 형태를 갖추고 있되 일부 영역을 특정 목적에 맞춰 '동적으로 작동시키는' 요소를 담고 있는 작품을 뜻한다고 간주하면 될 법하다. 이펙툰은 용어로는 실패했지만 2015년을 전후해 다음의 공뷰, 네이버의 웹툰 효과 에디터 등 만화에 맞는 효과를 개발하고자 하는 일련의 움직임이 등장하는 시작점이었던 〈옥수역 귀신〉과 〈봉천동 귀신〉을 정의하고자 하는 시도였다는 점에서만큼은 평가할 만하다.

# 탭툰

삼성이 아이패드의 대항마로 내어놓은 태블릿인 갤럭시탭의 마케팅을 위해 제작된 만화를 일컫는 표현이다. 문자 그대로 마케팅 전용이었기 때문에 그 목적은 오롯이 갤럭시탭의 기능을 알리는 데 맞춰져 있었다. 참여 작가와 가수는 호랑+김윤아(자우림), 곽백수+다이나믹 듀오, 조석+노브레인 등 세 쌍이다.

세상에 마케팅 용어가 장르명으로서 굳어진 사례가 없지는 않다. 대표적인 용어가 '그래픽 노블graphic novel'이다. 그래픽 노블은 만화가 우습고 가볍다는 고루한 편견에 대항해 만화의 위상을 높여보기 위해 쓴 별칭을 출판사들이 마케팅용으로 가져다 쓰면서 아예 장르명으로 굳어졌다. 하지만 탭툰의 경우는 중요한 사례로 남거나 회자되기엔 너무 수가 적었다. 스타 만화가와 스타 음악인을 섭외해 갤럭

장르명은 마케팅을 통해 형성되기도 하지만, 그걸 감안한다 해도 '탭툰'은 다소 당황스러울 만큼 어정쩡한 위치에 서 있었다.

시탭으로 그린 그림에 노래를 붙인다는 구상이었지만 결국 세 작품 밖에 되지 않았고, 그나마도 플래시 애니메이션 형식으로 영상화함으로써 만화와는 거리가 먼 상황을 만들고 말았다.

결정적으로 삼성은 갤럭시 노트라는 새 기기를 내어놓으면서 영화감독 강형철·장훈·이재용과 배우 하정우, 가수 이승철, 만화가 손제호·이광수라는 조합으로 새로운 영상을 만들면서 '씨네노트'라는 이름을 새로 붙였다. 마케팅 면에서 만화와의 접점은 만화가가 참여했다는 점만 남았다. 시네노트의 홍보 포인트는 '갤럭시 노트로 촬영한 영상'이었다.

## 트윗툰

만화 업계인들이 애플 앱스토어를 유심히 봤던 것은 포털 이외 영역에서 작가가 직접 만화를 내보이고 수익을 얻을 수 있으리라는 기대 때문이었다. 스마트폰과 태블릿 같은 스마트 디바이스에서 구동되는 앱을 만들어 팔거나, 앱 안에서 결제가 이뤄지게끔 할 수 있다면 수익을 다변화할 수 있으리라는 생각이었던 셈이다. 하지만 앱스토어 시장이 활짝 열렸을 때 개발 지식이 없는 이들은 앱을 직접 만들기 어렵다는 사실에 직면해야 했다. 이에 일부 작가들은 당시 반향을 일으키고 있던 또 다른 네트워크 서비스에 주목했다. 바로 트위터다.

트윗툰은 트위터twitter와 만화를 뜻하는 툰toon을 합성한 표현으로 소셜 네트워크 서비스SNS 가운데 하나인 트위터를 통해 공개하는 만화를 뜻한다. 포털 사이트가 이용자에게 대거 펼쳐놓고 골라 보게 하는 방식이라면 트윗툰은 작가가 창출한 인맥, 즉 팔로어follower(그 사람의 글을 구독하겠다고 설정한 사람)라 불리는 사람들을 독자층으로 둔다.

본래 트위터를 비롯한 SNS를 기반으로 한 창작 콘텐츠의 가능성은 2011년 이전부터 엿보이고 있었다. SNS만큼 실시간 파급력이 큰 매체는 전례가 없었을 뿐 아니라 '언제 어디서나 인터넷이 가능한 휴대용 스마트 디바이스'에서 진가를 발휘하면서 PC 웹을 주 기반으로 해온 포털 사이트의 영역을 상당 부분 빼앗아 갔기 때문이다. 때문에 만화 또한 SNS를 통할 경우 포털 사이트에 기댈 수밖에 없는 구도와 제법 다른 만화가 나올 것이라는 예상이 가능했다.

출판 만화 전성기의 대표 작가로서 〈이스크라〉〈지킬 박사는 하이드 씨〉 등으로 웹툰에 성공적으로 안착한 이충호의 〈여자친구 관찰기〉가 선구자 격인 작품이다. 〈여자친구 관찰기〉는 그림을 직접 첨부하고 트위터 내 동일 주제 게시물 검색을 용이하게 하기 위한 해시태그를 활용하는 등 트위터의 기능을 활용하여 만화 연재를 시도한 초기 사례로 꼽을 법하다. 하지만 이야기 구조를 담은 본격적인 트위터 연재만화의 첫 시도로 꼽을 만한 작품은 2011년 12월 1일 공개된 강도하의 〈TT Story〉다.

〈TT Story〉는 〈위대한 캣츠비〉〈세브리깡〉을 그린 강도하가 트

트위터를 만화 연재 장소로 삼는 실험으로는 첫 사례라 할 수 있는 강도하의 〈TT STORY〉. 강도하는 이 작품의 장르를 '트윗툰'이라 일컬었다.

위터 시스템에 어울리는 연출 방법과 선 굵기, 모바일 기기에 최적화한 글자 크기 등을 검토한 끝에 선보인 작품으로 검은 고양이 '티티'를 주인공으로 하는 강도하표 연애 이야기다. 떠나간 암컷 고양이 '비비', 비비를 사랑하지만 지나치게 제멋대로에 눈치도 없는 수컷 고양이 티티, 그리고 이런 나쁜 수컷을 사랑하는 돼지 소녀의 이야기인 〈TT Story〉는 웹툰이 처음 등장했을 때와는 달리 색으로 피로를 느낄 겨를이 없도록 흑백으로 간결하게 구사한 에피소드들이 인상 깊다.

〈TT Story〉는 내용적인 면은 물론이거니와 단칸 정도가 아니라 어느 정도 호흡을 지니고 있는 만화를 트위터란 공간에 어떻게 적용할 수 있는지와 이를 위해 필요한 전략이 무엇인지에 관한 실험을 진행한 사례로서 주목 대상이다.

먼저, 브랜드다. 강도하는 '트위터에 연재하는 만화'라는 형식의 브랜드를 선점하기 위한 전략으로 트윗툰이라는 표현을 지었다. 트윗툰은 영어로 'tweettoon'으로 적는데 e 두 개와 o 두 개가 t 두 개를 사이에 두고 대칭을 이루는 조형을 이루고 있어 #tweettoon이라는 트위터 해시태그로 적을 때 눈에 확 들어오는 역할을 해주고 있다. 작품명인 〈TT Story〉와 더불어 짧은 140자 안에서 콘텐츠를 부각하기 위한 방책을 세운 셈이다.

다음으로, HTML 이용을 들 수 있다. 〈TT Story〉는 단순히 트위터에 그림파일을 직접 첨부하지 않고 tweettoon.net이라는 별도 도메인과 서버를 통해 제공했으며 HTML 파일 형태로 웹툰을 제공했다. 이는 2011년 당시 트위터가 제공하는 그림 첨부 기능이 세로가 긴 웹툰을 노출하기에는 열악하고 여러 파일을 첨부할 수도 없었기 때문에 그 한계를 극복하기 위한 선택이지만, 한편으로는 작품을 노출하는 화면 전체를 작가가 직접 제어할 수 있는 여지가 커졌음을 의미한다.

기존 웹툰이 포털 사이트에서 제시하는 틀 안에서 놀 수밖에 없는 통에 단순히 그림파일 이어붙이기만이 가능하고 갖가지 효과가 등장한 게─군이 '이펙툰'이라 부른다면 부를 수 있는 부분들─트윗툰이 나오기 얼마 전임을 감안하면 HTML을 직접 이용한 점은 상당히 적극적으로 이미지 이외의 영역에 개입하겠다는 의지로 읽을 수 있다. 게다가 플래시와 자바스크립트의 연동 정도가 아닌 HTML 수준이라면 드림위버와 같은 웹 에디터만 있으면 기술적인 부분을 몰라도 간편하게 화면을 구성하고 제어할 수 있으며, 군더더기를 붙이지 않음으로써 트위터와 같이 스마트폰 등에서 볼 때 별다른 조치 없이 최적화된 콘텐츠를 독자에게 보여줄 수 있다.

마지막으로, 2020년에 와선 그리 장점으로 여겨지진 않지만 피드백을 직접 제어할 수 있다는 점이다. 트윗툰은 HTML을 작가가 직접 작성한다. 이는 이용자 통계를 직접 산출하거나 소셜 덧글─각종 SNS와 연동한 덧글 시스템. 덧글을 달 때 그 덧글이 덧글 쓰는 사람이 이용하는 SNS에 동시에 올라가며 다른 SNS를 쓰는 사람의 덧글도 같은 콘텐츠 아래에 엮임으로써 강력한 커뮤니케이션을 끌어낸다─을 직접 적용할 수 있다는 장점이 있다.

186

다시 말해 피드백에 관한 부분을 작가가 직접 얻고 제어할 수 있다는 것으로 웹툰과는 달리 작품을 무기로 삼은 작가의 직접 영업이 가능해진다는 의미이기도 하다. 물론 원하지 않으면 덧글을 받지 않을 수도 있다. 별것 아닌 듯하지만, 웹툰의 피드백 문제는 2013년 레진코믹스가 출범하며 아예 덧글란을 만들지 않았던 점에서도 볼 수 있듯 광고 기반 수익 모델인 포털 웹툰이 차마 버리지 못해 많은 작가를 괴롭혀왔던 문제다. 직접 달리는 덧글이 없으면 사람들은 감상과 갑론을박을 위해 직접 SNS와 커뮤니티에 링크와 함께 글을 쓸 수밖에 없다. 덧글을 작가의 제어권 아래 둘 수 있는 여지를 보여주었다는 점은 이후 비포털 웹툰 사이트들이 등장하기 전의 중요한 분기점 역할을 한 것으로 볼 수 있다.

간편하게 구현할 수 있으면서 보는 쪽에서 부담되지 않는 질 좋은 콘텐츠는 SNS에서는 온라인 인적 관계망을 타고 쉴 새 없이 퍼져나간다. 특히 트위터는 리트윗ReTweet이라는 기능을 통해 각자가 서로의 팔로어Follower들에게 특정 글 콘텐츠(트윗tweet)를 배달할 수 있다. 그 파급력은 뉴스 속보, 기상 현황은 물론이거니와 투표 독려, 해외의 독재 정권 타도 같은 사회적 사안에서도 여실히 증명된 바 있다. 그만큼 SNS는 이용자에게 맞춘 콘텐츠가 나오고 이를 퍼 날라줄 이들을 확실히 잡을 때 어떤 효과를 낼 수 있는지를 증명해왔다.

# SNS 만화는 현재 진행형

　노출도와 피드백이 증명된 콘텐츠는 분명하게 돈이 된다. 웹툰과 트윗툰이 다른 점은 바로 이 부분에 관한 통제권 가운데 많은 부분이 작가에게 있다는 점이다. 트윗툰이라는 시도 자체는 작가의 개인사로 말미암아 더 부각되지는 못했지만, 2011년 후반부터 시도된 SNS 만화라는 형식은 2017년 중반 이후 본격화한 인스타그램 만화, 이른바 '인스타툰'을 통해 형태를 달리해 본격적인 만화 형식으로 확고히 자리하게 된다. 인스타툰이라는 용어가 워낙 확실하게 자리 잡는 바람에 원조 격인 트윗툰이란 용어가 다시 자리할 길은 사라졌지만, 트위터 또한 그사이에 다중 첨부가 가능해지는 등 개선된 이미지 첨부 기능을 통해 만화를 말하기 위한 도구로 이용하는 이들의 이용이 늘고 있는 상황이다.

　인스타그램은 트위터나 페이스북보다 훨씬 제한적이고 폐쇄적인 개인 소통 공간이다. 글이 아닌 이미지 첨부가 필수인데다, 웹 주소를 첨부할 수 없고, 2017년 2월 이전까지는 이미지의 다중 첨부도 불가능했으며, 2020년인 지금까지도 본문 검색을 제대로 지원하지 않는다. 당연하다면 당연하지만 HTML은 더더욱 지원하지 않는다. 하지만 전 세계인을 대상으로 하는 '셀러브리티 놀이 도구'로서의 파급력이 확고하고, 1:1 정사각형 비율의 프레임 안에서 공감을 끌어내는 소재로 접근하면 반향의 정도가 상당하다.

　연재료를 받을 방법은 없으나 대중의 반향이 확인된 만화에는 출판이나 강연과 같은 창구가 다가온다. 평범한 직장인 남편을 만나 평범한 시댁에서 평범한 며느리로 살게 된 여성에게 내려앉은 '평범한' 며느리의 삶이 실은 어떤 고통인지를 조용하면서도 통렬하게 담아낸 수신지의 〈며느라기〉는 이러한 인스타툰의 대표적인 성공 사례로 기록될 법하다.

〈며느라기〉의 성공은 단순히 인스타그램의 포맷에 잘 맞춰서가 아니라 이 시기 한국에서 대폭발한 여성혐오 반대 이슈 등과 맞물린 결과기도 하다. 현재 한국 사회는 너무나 자연스러워 보이는 사회구조가 사실은 어느 한쪽에 강요된 침묵 위에 서 있음을 깨닫게 되는 과정에 있으며, 〈며느라기〉가 일으킨 화제는 그 과정에서 작품이 대중의 목소리에 조응한 결과라 할 수 있다. 이는 인스타툰, 나아가 'SNS 만화'라는 측면의 특징을 잘 보여준다. 〈며느라기〉는 '2017 오늘의

인스타툰이라는 장르명의 대표 주자라 하면 수신지의 〈며느라기〉를 빼놓을 수 없다.

우리만화' 수상작으로 선정되어 시대적인 역할을 인정받았으며, 인스타툰이라는 하나의 만화 형식이 한국에서 확고하게 자리를 잡는 데 일조했다.

비단 〈며느라기〉의 방향성 덕분만은 아니겠지만, 이후 인스타툰은 귀여운 그림으로 예쁜 일상을 전시하는 것을 넘어 포털을 비롯한 웹툰 연재처에서 쉬 받아들이기 어려울 법한 소재를 제약 없이 드러내는 공간으로도 부각되고 있다. 예롱의 〈지하철에서 옆자리에 흑인이 앉았다〉와 같이 한국에 깊게 자리하고 있는 인종차별을 다룬 작품이 있는가 하면, 김늦가을의 〈디어 마이 블랙독〉과 같이 우울증을 정면으로 다룬 작품도 있다. 또한 인스타툰이 성인들의 자기 표현 수단으로 받아들여지는 경향도 있다. 만화를 그려 올리고 덧글과 좋아요를 받으며 일종의 소확행(작지만 확실한 행복)을 느끼는 것이다. 《머니투데이》의 이재윤 기자는 〈유튜브보다 인스타툰… 커지는 '어른미술' 시장〉이라는 2020년 1월 26일자 기사에서 인스타툰을 미술학원에 다니는 성인들과 함께 '어른 미술'이란 개념으로 묶어 소개한 바 있다.

제약이 없다는 점만을 보자면 마치 웹툰이 상업적으로 정립하기 전 인터넷을 휩쓸었던 일상툰, 생활툰, 공감툰들과 크게 다르지 않아 보이지만 그 사이에 나와 남의 고통에 주목하는 이들이 만화를 표현 언어로 대거 활용하고 있다는 점에서 과거와는 다소 다른 면이 있다 하겠다. 상업 웹툰 연재란이 쉬 받아들이지 못할 내밀한 지점을 건드리고 있다는 점에서는 앙꼬의 〈나쁜 친구〉와 같이 언더그라운드 계열로 구분되는 작품들이 지니고 있던 특징을 계승하고 있다고도 할 수 있다. 다시 말해 상업 웹툰이 인터넷 브라우저를 지면 삼아 태어난 주류 만화라면, 인스타툰과 같은 SNS 만화는 SNS를 지면 삼아 태어난 언더그라운드 만화라 할 법하다.

인스타툰은 2011년을 전후해 태어난 6개 용어와 달리 명확하게 현재 진행형이다. 대중 사이의 시민권이란 측면에서 보자면 가장 성공했다고 할 수 있다. 물론 제약점은 분명히 있다. 이미지의 프레임은 기본적으로 1:1이고 첨부 가능한 이미지 수도 10장으로 정해져 있으며 장 단위의 프레임을 가로 스크롤로 넘겨서 보기 때문에 호흡 자체가 웹툰과는 전혀 다르다. 하지만 바로 그런 이유로 웹툰보다 더 오래된 4컷 만화 형식과의 연결점을 지니고 있기도 하다. 사람들이 인스타툰을 생소한 듯하면서도 어렵지 않게 적응할 수 있는 까닭은 출판 만화에서 웹툰으로 넘어갈 때만큼의 충격과는 비교할 수 없을 정도로 형태 자체가 전통적이기 때문이다.

재밌는 건 인스타툰이 앞서 소개한 여러 용어가 지향한 바를 포괄해가고 있다는 점이다. 해당 용어들이 뉴미디어 만화라는 화두 앞에서 헤게모니를 쥐기 위해 제안되는 경향이 있다는 점에서 보자면 인스타툰은 누가 먼저 제안한 것도 아니고 인스타그램에 실린 만화라는 뜻만 있다는 점에서 차이가 있다.

그럼에도 인스타툰이 보이는 다양한 특성은 앞서의 용어들이 헤게모니와 함께 쟁취하려 했던 방향성을 고스란히 안고 있다. 먼저 편법을 쓰지 않는 한 인스타그램 공식 앱으로만 이미지를 올릴 수

191

있고 스마트폰에서 앱으로 보는 편이 보기 좋다는 점에서 앱툰과 스마툰의 특성을 지니고 있다. 자바스크립트와 플래시를 쓸 수 없지만 영상 파일을 기본적으로 함께 첨부할 수 있게 되면서 만화적 맥락 한가운데에 이미지 이외의 멀티미디어를 보여줄 수 있으니 이펙툰의 특성도 일부 지니고 있는 셈이다.

같은 맥락에서 태블릿에서도 볼 수 있어 탭툰이나 패드툰의 특성도 있다 하겠고, SNS에 실리며 피드백을 직접 제어할 수 있다는 점에서는 트윗툰의 특성을 고스란히 안고 있기도 하다. 다만 한 가지, 작가에게 직접 수익을 나누는 유료 결제가 불가능하고 앞으로도 크게 변할 것 같진 않은데 〈며느라기〉가 보여주듯 외부 수입의 연결이 이를 대체하고 있다. 하지만 유료 결제라는 선택지 또한 2010년대 후반에는 포스타입(2015년 개설)과 딜리헙(2018년 개설)과 같은 포털

만화와 오픈마켓의 접목에서 일정 이상의 성과를 내기 시작한 두 사례, 《딜리헙》과 《포스타입》.

외 대안 시장이 나름의 성과를 자랑하고 있어 선택의 폭은 예전보다 확실히 넓어진 상황이다.

만화와 소설 등을 연재할 수 있는 포스타입은 2020년 2월 누적 거래액 100억을 돌파했다고 밝혔고, 딜리헙은 고사리박사의 〈극락왕생〉 같은 화제작이 연재 10개월 만에 매출 2억을 달성하는 등 콘텐트 파워에 따른 수익을 증명해 보이고 있다. 〈며느라기〉의 수신지는 후속작인 〈곤GONE〉을 인스타그램에 연재하면서 딜리헙을 통해 유료 미리 보기 연재를 병행해 총 84회 분량(episode 19-3)을 끝으로 완결했다. 〈곤〉의 단행본은 총 2권 분량 예정으로 텀블벅을 통해 크라우드 펀딩을 받아 1034% 후원을 기록했으며, 그 가운데 첫 권이 2020년 2월 후원자들에게 배송되었다.

이처럼 2010년대 초반에 보고 싶었던, 보고자 했던 풍경들이 2010년대 말에 이르러 가능해졌다는 점이 재밌지만, 이만큼 오기까지 수많은 개념이 문자 그대로 명멸하면서 취합되고 버무려져 현재의 형태로 정착해가는 모습이 실로 의미심장하다.

● 〈디지털 만화의 과거와 현재 그리고 미래를 만나다〉
(서찬휘, SBA서울애니메이션센터 웹진 《iMage》, 2011. 8),
〈이펙툰(effectoon) 용어를 고민해 보다〉
(서찬휘, SBA서울애니메이션센터 웹진 《iMage》, 2011. 10),
〈웹툰의 다음 스텝을 둘러싼 춘추전국시대 개막, 그리고 '트윗툰'의 등장〉
(서찬휘, SBA서울애니메이션센터 웹진 《iMage》, 2011. 12),
〈트윗으로 연재하는 웹툰도 있어?〉(서찬휘, 《시사인》, 2012. 2. 3),
〈다음 세대 웹툰은 무엇?〉(서찬휘, 《디자인 정글》, 2012. 3)
각 일부 발췌 및 수정·가필

# 생각할 거리들

## 인스타툰 체험기

이 글을 쓰는 시기에 걸쳐 나도 인스타그램에 별도의 계정을 열어 만화를 연재해보았다. 직접 해보지 않으면 알 수 없는 부분이 있을 것이라 생각한 점도 있다. 2019년부터 진행한 주간 신문 칼럼 연재에 아내와 함께 삽화를 싣고, 2월부터 출산 육아 매체에 역시 아내와

인스타그램에 만화를 올린 화면. 〈판다와 알파카〉는 4개 언어 동시 게재라는 방식을 위해 같은 썸네일, 다른 타이틀이라는 게재 방식을 시험했다.

194

공동 작업으로 4컷 만화를 연재하게 되면서 만화 창작에 관한 호흡을 좀 더 본격적으로 유지하고 싶기도 했다.

인스타툰은 아내와 나의 캐릭터인 '판다와 알파카'가 등장하는 4컷 만화로 주 3회에 걸쳐 한국어/영어/일본어/스페인어판을 동시 게재하는 방식으로 진행해보았다. 기왕 인스타그램이라는 외국 플랫폼에 올리는 이상 외국인 독자를 만들 수 있으면 좋겠다는 발상이었다. 최소한의 품질을 유지해야 할 것 같다는 생각에 연필 스케치 정도였던 작화 품질을 선 정리 후 채색하는 단계까지 끌어올렸다.

문제는 이게 다소 과욕이었다는 점이다. 인스타그램은 기본적으로 화제가 되기 전까지는 아무런 비용을 만들어내지 못하고, 외부 링크를 삽입할 수도 없는 구조를 띠고 있다. 그렇기에 캐릭터성을 대중 독자에게 어필하거나 깊은 공감대를 얻을 수 있는 이야기를 통해 좋아요와 구독자(팔로어)를 늘려가야 한다.

이 과정은 몹시 지난하다. 어떤 콘텐트든지, 프로든 아마추어든 대중의 반응을 얻기 위해서는 대중과의 접점을 꾸준히 유지하고 자기만의 약속과 규칙을 지켜야 한다. 이를테면 주 몇 회, 몇 시에는 반드시 새 회차를 갱신한다는 식이다. 지금까지 아마추어로 시작해 대중의 반응을 얻어 작가 칭호를 받게 된 이들은 대체로 이와 같은 약속을 꾸준히 이어온 이들이다. 간헐적 갱신 정도로 인스타툰을 운영한다면 약속을 관철하기 어려워 오래 가지 못한다.

나의 인스타툰도 본 업무의 강도가 강해지면서 처음에 마음으로 정해두었던 약속을 모조리 어긴 끝에 멈춰 서게 됐다. 회사 업무와

글쓰기, 만화 연재와 육아가 겹쳐 돌아가는 일정을 소화하며 인스타툰을 별도로 만들기가 어려웠기 때문이다. 이를 반대로 이야기하면 인스타툰으로 '성과'를 내겠다고 작정했다면 자기 독자를 만들어내는 단계에 도달하기까지 일상의 일부분을 희생할 각오를 해야 한다. 이는 비단 만화에만 해당하는 지점은 아니다. 글쓰기, 그림 그리기는 물론 최근의 유튜브에 이르기까지 각자의 구독자를 만들기 위한 모든 과정에 통용되는 이야기다. 이 지난한 단계를 넘어야만 다음 과정이 있다. 인스타툰에 얽힌 나의 과욕은 '약속'을 자기 역량과 능력치에 맞춰 현실적으로 설정해야 한다는 교훈을 남겼다.

하지만 인스타툰은 '성과'를 내려는 사람만 하는 것은 아니다. 본문에서 언급한 바와 같이 성인들이 자기 표현 수단으로 여기며 이야기를 풀어놓는 도구로 활용하는 사례도 왕왕 있기 때문이다. 그러다 호응을 얻을 수 있다면 좋은 것이지만, 작가 데뷔가 목적이 아니라면 이만큼 만화로 놀기 좋은 공간도 드물다. 포털 사이트의 아마추어 게시판은 데뷔를 확고한 목적으로 삼은 이들의 전쟁터가 된 지오래고, 이 게시판들의 덧글란은 떡잎 육성 욕구로 가득찬 시어머니들의 전쟁터 노릇을 하고 있다.

인스타그램은 해시태그 등을 통해 훨씬 넓은 층의 독자를 끌어들일 수 있는 글로벌 플랫폼이면서 한편으로는 사각 프레임을 강제하는 형태 때문에 오히려 전통적인 연출을 필요로 한다. 이와 함께 유튜브와 더불어 구독자를 자기가 연 공간에서 만드는 것이 콘텐츠 유통의 핵심이다. 어쩌면 인스타툰은 웹툰이 아직 상업 장르 매체로서

<판다와 알파카> 14회 '내일은 없다' 편.

웹툰이라는 이름을 확고하게 정립하기 이전, 스크롤 문법이라는 것이 완성되어 있지 않고 인터넷이라는 무주공산 위에 각자 홈페이지나 카페 등을 마련해 자기 독자층을 가꾸어나가던 그 시기의 풍경과 닮았는지도 모른다.

# 기술이 너희를 자유롭게 하리라?

소비 트렌드에 부응하는 만화와 기술의 접목,
그리고 만화 창작의 형태 변화

앞 장에서는 만화를 둘러싼 헤게모니 쟁탈전의 경과와 결과를 살펴보았다. 웹툰의 등장으로 만화는 종이를 넘어 컴퓨터 모니터 화면이라는 완전히 다른 공간을 지면으로 쓰게 됐다. 이제 만화가 모니터에 노출되기 위해서는 단순히 이미지의 나열에 지나지 않는 수준일지라도 IT 기술을 이용해야 한다.

그래서 웹툰은 태생부터 IT 기술이라는 화두와 맞물려 있는 만화 형식이라 할 수 있다. 상업적으로 웹툰이라는 이름이 채 정착하지 않았을 때엔 창작자가 직접 구성한 개인 홈페이지의 HTML 문서를 통해 대중에게 노출되었고, 시청각 효과를 부여하기 위해서는 웹브라우저의 스크립트와 멀티미디어 플러그인을 필요로 했으며, 스마트폰을 비롯한 스마트 디바이스용 앱으로 제작되기 위해서도 일정한 프로그래밍 기술이 필요했다. 인쇄라는 전통적인 틀에서 벗어나지 않았던 출판 만화와 달리 웹툰은 '시시각각 변화와 발전을 거듭하는 디지털 기술의 트렌드 속에서 어떻게 활용될 것인가?'라는 질문에 끊임없이 노출되어왔다.

시장성을 확보하지 못했던 웹툰 또한 기술 이슈의 접목을 통해 새로운 시장을 창출할 수 있으리라는 기대를 거듭해서 품었다. 2011년을 전후한 시기 만화에 뉴미디어라는 화두가 대두되었던 까닭도 결국은 새 시장을 창출하고 그 시장의 주도권을 쥐겠다는 목표 때문이고, 이를 둘러싼 현상을 정의해보려는 저널리즘적인 시선도 한몫했다.

결국 뉴미디어라는 화두 밑에서 일어난 용어 싸움은 개념적인 주도권 다툼이다. 그리고 실질적으로 그 시장을 만들기 위한 동력으로 IT 기술 이슈가 계속해서 호출되어왔다. 10년에 가까운 싸움의 결과는 어느 정도 도출됐다고 볼 수 있겠지만, 개념의 헤게모니와 별개로 싸움의 무기로 쓰였던 IT 기술 이슈는 현재 진행형으로 만화를 끌어들이거나 반대로 만화로 끌려들어오고 있다.

앞 장에서 형식을 정의함으로써 시장의 '트렌드'를 지배해보려는 시도들을 살펴보았다면, 이번 장에서는 그 무기라 할 만한 '기술'을 접목하려 한 사례들을 살펴본다.

## '스낵컬처' 붐의 대두와 만화

스마트폰과 태블릿 등 스마트 디바이스가 보급기를 훌쩍 뛰어넘은 2010년대 중반엔 '스낵컬처'라는 표현이 유행을 타기 시작했다.

스낵컬처는 간식거리용 과자 같은 문화라는 뜻으로 버스나 지하철 몇 정거장 정도 이동하는 짧은 시간 동안 가볍게 즐길 수 있는 문화콘텐츠를 가리키는 말이다. 과거 즉물적인 재미에 방점을 두고 팝콘 먹어가며 보는 영화라는 뜻으로 '팝콘무비'라는 표현을 붙인 것과 비슷한 맥락이다. 2013년 말부터 유행을 타기 시작했던 이 표현이 본격적으로 확산된 것은 2015년이다. 2015년 KT경제경영연구소와 대학내일20대연구소가 전국 20대 남녀 918명을 대상으로 조사한 바(〈모바일 네이티브 세대, 20대 모바일 및 콘텐츠 이용실태조사〉, 대학내일20대연구소, 2015. 7. 16)에 따르면 이 시기 콘텐트 완독률은 동영상 46.0%, 그림·일러스트 46.0%, 텍스트 42.4%, 사진·움짤 42.4%, 인포그래픽 24.8% 등으로 대부분 절반 아래를 기록했다. 적절하다 여기는 길이도 동영상 43.1초, 텍스트 14.4문장(약 30줄), 그림·일러스트 17장, 사진·움짤 10장, 인포그래픽 9.3장 등으로 비교적 짧은 편이었다.

이 스낵컬처라는 조류는 2010년대 후반과 2020년을 넘기면서는 짧은 문장으로 구성된 회차를 일일 단위 연재로 이어가는 것이 주요 특징이라 할 수 있는 웹소설의 부각, 그리고 〈1박2일〉을 제작했던 나영석을 비롯해 TV 미디어를 주름잡은 TV예능 PD나 방송국 스스로가 직접 유튜브에 어울리는 짧은 콘텐트를 묶어 내어놓는 상황으로 완숙해지고 있다.

하지만 스낵컬처라는 표현이 활황세를 타던 당시는 막 젊은층의 콘텐트 소비 패턴 자체가 기존과는 완전히 달라지고 있음을 파악한 업체들의 움직임이 분주해지던 시기였다. 웹툰은 바로 이 스낵컬처의 첨병 격으로 부각되었다. 스낵컬처로서의 웹툰은 단시간에 강렬한 인상을 주기 위해 선택과 집중을 택했다. 스콧 맥클라우드가 일찍이 주창한 바 있는 '무한캔버스'를 세로 스크롤이라는 방식을 빌려 현실적으로 구현했다 할 수 있는 웹툰의 특징에 오히려 제한을 걸고, 2차원적인 이미지에 각종 멀티미디어 효과를 집어넣기 시작한 것이다.

# 기술의 발전이 불러온 콘텐트 감상 환경의 변화

만화에 2차원 이미지를 넘어서는 효과를 적용한 사례가 일찍이 없었던 것은 아니다. 2000년의 클럽와우와 같이 웹툰이 상업적으로 정립되기 전부터 아예 출판 만화에 플래시의 벡터 애니메이션 기능을 이용해 움직임과 소리를 입히는 사례가 있었고, 웹툰으로 넘어와서도 2009년 비주얼코믹스(줄여서 V-믹스)라는 이름으로 등장했던 아이티씨플랜(ITCPLAN)처럼 플래시를 이용해 간단한 움직임을 부여하거나 역시 2009년 인기작 〈와라! 편의점〉의 애니메이션판인 〈와라! 편의점 THE ANIMATION〉을 '상영'하는 사례도 있었다.

2011년 발표된 공포 웹툰 〈옥수역 귀신〉과 〈봉천동 귀신〉은 스크롤이라는 웹툰의 본질을 역이용해 독자가 기대하는 지점을 가장 중요한 대목에서 기술로 실현함으로써 만화라는 정체성을 유지하면서 효과를 주려면 어떤 방향으로 가야 할 것인가를 극의 맥락 속에서 잘 구현했다. 앞 장에서 살펴본 바와 같이 한 트렌드 마케팅 웹진은 이 사례를 가리켜 '이펙툰'이라는 이름을 붙여주기도 했다.

한데 〈옥수역 귀신〉과 〈봉천동 귀신〉은 특정 애니메이션 효과를 데스크톱 PC의 웹브라우저 화면에서 자바스크립트와 플래시를 이용해 구현한 작품으로, 이후 호랑의 조력을 통해 일부 웹툰들에서 특정 위치에 맞춰 음향효과를 출력한 작품들 또한 같은 환경을 바탕으로 한다. 플래시는 아이폰의 제조사인 애플의 당시 CEO 스티브 잡스의 방침에 따라 아이폰에서 지원되지 않음으로써 오랜 시간 웹

구글은 크롬 브라우저에서 2020년 말 어도비 플래시 지원을 중단할 예정이고, 2015년 이후에는 유튜브 영상 재생에서도 플래시 대신 HTML5 기술을 쓰고 있다. 한때 플래시를 쓰지 않으면 웹이 아니라는 소리까지 나올 정도로 웹용 동적 웹 콘텐트 제작 환경에 필수로 쓰였으나 스마트폰 시대에는 맞지 않았던 셈이다. 벡터(윤곽선) 기반으로 그려낸 객체에 움직임과 음향을 쉽게 입힐 수 있다는 장점으로 웹 콘텐트 외에 저예산 TV·웹 애니메이션 동영상 제작에도 곧잘 쓰여온 도구인지라 곧바로 사라지진 않겠지만 제작사인 어도비에서도 2020년 말까지 플래시 플레이어의 모든 업데이트와 배포를 중단할 예정이라 밝히면서 개발 도구의 전환을 촉구하고 있다.

에서의 멀티미디어 환경을 좌우하던 기득권이 무너지기 시작했고, 급기야 가장 널리 쓰이는 웹 브라우저인 크롬에서 2020년 이후로는 지원하지 않는다는 방침으로 사실상 완전 퇴출이 확정되었다.

한때 아이폰의 대항마를 자처하던 스마트폰들이 "우리는 플래시를 지원한다"는 점을 강점으로 내세운 적이 있으나, 가장 큰 비디오 플랫폼인 유튜브마저 2015년부로 플래시를 걷어내고 HTML5라는 표준 기술을 이용하면서 플래시는 사양길로 접어들었다. 〈옥수역 귀신〉과 〈봉천동 귀신〉 이후 수년 사이에 사용자들의 인터넷 이용 환경이 스마트폰으로 옮겨갔고, 콘텐트 노출 환경은 웹브라우저가 아닌 앱 화면이 되었다. 앱 상당수가 웹브라우저를 내부에서 호출해 웹 콘텐트를 보여주었지만 데스크톱 PC 기반의 유선 인터넷과 전화비만 내면 어디서든 이동통신망으로 인터넷에 접속해 앱으로 콘텐

203

트를 불러올 수 있는 스마트폰의 무선 인터넷은 사용 방식부터 출력 화면의 크기, 그리고 마우스와 손가락이라는 조작법 차이에 이르기까지 많은 부분이 근본적으로 달랐다.

스낵컬처로서의 모바일 콘텐트가 대두된 것은 이러한 기술 변화 위에서 콘텐트를 접하는 사람들의 사고방식이 바뀌면서부터다. 스마트폰으로 콘텐트를 접하는 데 익숙해진 사람들은 돌아다니면서도 볼 수 있는 콘텐트와 정보를 원했다. 비교적 짧은 내용을 공유할 수 있는 소셜 네트워크들이 기존 미디어와 게시판 커뮤니티의 영역을 상당 부분 대체할 만큼 본격적으로 영향력을 끼치기 시작했다.

## 컷 단위 만화의 본격화

2015년을 전후한 시점에 스낵컬처는 분야를 막론하고 콘텐트 제작의 중요한 트렌드로 자리 잡는다. 뉴스와 스포츠 중계, 예능, 드라마 제작에 이르는 다양한 환경에서 짧은 호흡으로 가볍게 볼 수 있는 콘텐츠가 제작되기 시작하는데, 개인 단위를 넘어 자본을 지니고 있는 업체들이 본격적으로 뛰어들었다는 점에서 초반과 차이점이 있었다.

이 시기 포털 다음을 운영하는 카카오는 가벼운 읽을거리를 1분 만에 보는 형태로 구성해 내어놓은 1boon이나 9회짜리 야구 경기의 맥락을 3분 만에 볼 수 있게 구성한 3분 야구 같은 콘텐트를 내어놓았다. 케이블 채널 tvN에선 나영석 PD가 만든 웹 예능 〈신서유기〉가 2015년 한 해 누적 재생수 5200만 건을 기록했다. 이는 콘텐트 이용 행태가 이전과는 완전히 달라졌음을 보여주는 확실한 지표였다. 웹툰도 이 흐름을 비껴갈 수는 없었다. 웹툰은 스낵컬처라는 표현이 처음 등장한 시점부터 충분히 스낵컬처의 대표 격으로 평가받고 있긴 했지만, 조금 더 모바일 친화적이고 좀 더 가볍고 빨리 읽을 수 있는 콘텐트가 필요했다.

2014년 12월, 포털사이트 다음이 음성과 음향 등 멀티미디어 속성을 담은 '공뷰' 서비스를 내놓았다. 그리고 2015년 2월에는 큐레이션 서비스를 표방하는 피키캐스트가 〈피키툰〉을 시작했다. 이들 만화의 특징은 컷 단위로 넘겨보는 만화였다는 점이다. 인스타그램에 올라오는 만화를 뜻하는 인스타툰의 특징이 인스타그램의 인터페이스에 맞춰 여러 장의 이미지를 가로로 넘겨서(슬라이드) 보는 컷 단위 프레임이건만, 그보다 앞서 컷 단위로 넘겨보는 만화가 본격화한 셈이다. 형태만으로 보자면 2010년 들어 SNS 공유를 꾀하는 뉴스 전달 방식으로서 활용되기 시작한 카드뉴스와도 비슷하다. 스낵컬처 만화라는 화두에서 카카오에 선수를 빼앗긴 네이버는 2015년 4월 1일 '컷툰'이라는 이름을 단 만화를 내놓았는데, '공뷰'보다는 한층 직관적인 브랜딩이었다.

사실 네이버 입장에서는 조금 억울할 수도 있다. 2012년 10월 스마트툰이라는 브랜드를 내밀며 컷 단위 전개를 시도한 바 있기 때문이다. 다만 그보다 1년 전인 2011년 스마툰이란 표현이 등장한 뒤였

《다음》의 '공뷰'.　　　　　　　　　《네이버》의 '컷툰'.

기 때문에 브랜드 전략 면에서 좋은 선택은 아니었다. 네이버의 스
마트툰은 디바이스 화면을 터치하면 여러 방향으로 장면이 전환되
고, 이야기 전개 양상에 맞춰 장면을 확대하고 축소하고 상하좌우로
이동하는 효과를 낼 수 있었으나 당시만 해도 이용 형태의 전환기였
기 때문에 사람들의 호불호가 갈렸다. 조석의 〈조의 영역〉과 김규삼
의 〈하이브〉가 이 시기 스마트툰 브랜드로 등장했다.

　한데 컷 단위 만화는 엄밀히 말해 컷툰이나 공뷰, 스마트툰보다도
훨씬 앞서 등장한 바 있다. 이를테면 2G폰, 피처폰으로 불리던 구형
휴대전화기에서 이동통신사의 저속 독점망을 통해 제공되던 만화
서비스들이 있었다. 저해상도일 수밖에 없는 작은 액정에 맞춰 가능
한 한 저용량으로 제공되던 이들 만화는 작은 액정에 따른 기기 한계

와 처리 속도 문제로 말미암아 단일 프레임을 제공할 수밖에 없었다.

이 구형 기기들에서 지원하는 만화는 말 그대로 만화를 컷 단위로 조각내는 형태였다. 이러한 방식은 2009년 스마트폰 시대가 개막하면서도 고스란히 이어졌다. 이듬해 아이패드로 A4 한 장 크기에 가까운 태블릿 시대가 개막하기 전까지, 스마트폰의 크기는 상당히 작았다. 한국에 본격적인 스마트폰 시대를 연 아이폰 3Gs의 크기는 62.1×115.5mm로 해상도는 320×480픽셀이었다.

액정 크기로만 보자면 피처폰보다는 훨씬 컸기에 웹툰을 손가락으로 스크롤하는 데 지장은 없었으나 웹툰에 상대되는 입장이었던 출판 만화를 통째로 보기에는 무리가 따랐다. 이런 연유로 출판 형식이 주가 되던 서구권에서는 컷 단위로 자른 출판 만화를 스마트폰의 고성능에 얹어 보기 편하게 보여주는 방식을 고안하게 된다. 이를 내세운 가장 대표적인 업체가 코믹솔로지comixology로, 이 컷 단위 감상 방식을 가리켜 '컷뷰'라고 한다.

컷뷰의 특징은 출판 만화의 컷 연출 형태와 모양을 살리면서 다음 컷으로 넘어가는 시선 흐름을 자판이 아닌 터치 디바이스에 맞게끔 처리했다는 점이다. 한데 컷툰이나 공뷰는 컷뷰와는 달리 출판 만화를 스마트폰에서 보여주기 위해 이식하는 용도가 아니라 애초에 스마트폰용으로 개발되었다. 따라서 컷툰과 공뷰의 컷 너비는 스마트폰 액정에 맞춰 고정돼 있다. 너비만으로 보자면 피처폰 시기의 형태로 돌아간 셈이다.

겉으로만 보자면 퇴화처럼도 보이는 상황이었으나 차이는 분명히 있었다. 피처폰 시기의 컷 단위 뷰 방식은 기기와 망 속도의 한계 탓에 '어쩔 수 없는' 선택이었다면, 스마트폰 시기에 등장한 공뷰, 컷툰 같은 사례는 스마트폰과 함께 변화한 콘텐트 이용 패턴에 따라 짧은 시간 안에 빨리 보고 넘길 수 있게 하기 위해 단순함을 추구한 결과라는 점이다.

이는 한국의 만화 시장이 이미 2000년대 중반 이후 출판 만화가 아닌 웹툰으로 무게중심이 옮겨간 결과기도 하다. 웹툰이 아직 유료화를 이루지 못한 시기였기에 돈 주고 사보던 출판 만화를 변환함으로써 반전을 꾀할 수 있지 않을까 하는 기대가 없었던 것은 아니나, 컷뷰가 나름대로 유려한 시선 흐름 처리를 보여주는 기술임에도 사람들은 일말의 귀찮음을 용납할 수 없게 되고 말았다.

이는 스크롤이라는 웹툰의 형식이 웹툰 등장 23년, 상업화로는 17년이 된 2020년에 이르러서도 큰 틀에서 크게 변하지 않은 이유와도 상통한다. 웹툰은 세로 방향 스크롤이라는 단방향성을 통해 조작의 단순함이라는 과제를 달성해왔다. 하지만 점차 긴 이야기를 긴 호흡으로 소화하려는 경향과 함께 단순한 조작만으로는 버거운 '길이'라는 과제를 안게 됐다. 스마트폰 환경에서 적으면 60컷 많으면 80컷에 달하는 웹툰의 회당 분량은 의외로 길고, 이야기의 밀도가 높을수록 더더욱 길게 느껴지게 마련이다. 그래서 스낵컬처로서의 웹툰은 비교적 짧거나 가벼운 내용 안에서 확실한 인상을 남기기 위해 다양한 멀티미디어적 장치를 배치하는 시도를 하게 된다.

# 스낵컬처형 만화 – ① 공뷰

공뷰의 기획을 맡았던 다음카카오의 이지영 웹툰PD가 인터뷰
(《스낵컬처 시대, 웹툰PD의 고민》, 《머니투데이》, 2015. 6. 14)에서 밝힌
바에 따르면, 공뷰라는 이름은 "수업에 들어가기 전 자투리 1분, 즉
공강 시간에 보는VIEW 1분 콘텐츠를 의미"한다. 카카오가 비슷한 시
기 베타 테스트 격으로 시작한 최근 트렌드 및 화제를 1분 만에 보는
형태로 구성한 1boon과 일맥상통하는 구상으로, 지극히 짧은 시간
안에 훑고 넘어갈 수 있는 종류의 콘텐트라는 이야기다.

공뷰는 크게 더빙툰, 채팅툰, 그리고 썰툰이라는 세 장르로 나누
어 기획되었다. 더빙툰은 컷 단위로 구성된 만화 내용에 목소리를
입힌 것이고, 채팅툰은 메신저창에서 프로필 사진과 첨부 이미지로
엮이는 대화를 읽는 느낌으로 구성된 만화다. 이는 마치 무적핑크의
〈조선왕조실록〉이나 지문의 발화자가 누구인지를 캐릭터 아이콘과
함께 제공하던 웹소설의 초기 형태와도 비슷한 인상을 준다. 썰툰은
사연을 받아 만화로 그려준다는 뜻을 담은 장르로, 레진코믹스와 탑
툰의 등장 이래 유행하던 익명 이용자의 경험담을 만화화함으로써
화제를 모으던 장르 '썰 만화'와 비슷한 어감을 지닌 이름이었다. 〈양
말 도깨비〉〈하푸하푸〉〈루드비코의 움짤 일상〉〈아메리칸 유력객〉
같이 움직임을 주거나 음성을 곁들인 작품이 있는가 하면 게시판 커
뮤니티 사이트인 루리웹의 괴담 게시판에 올라온 이야기를 메신저
인터페이스에 배경음악을 섞어 만든 〈루리웹 괴담썰〉〈저녁 같이 드

실례요?—그들의 대화〉와 같이 앞서 발표된 작품을 메신저 대화 형태로 재구성한 경우도 있었다.

공뷰의 특성을 한마디로 요약하면 만화의 형식을 원전 삼아 일부 움직임과 소리 등 멀티미디어를 가미해 만든 스낵컬처 콘텐트다. 중요한 건 방점이 만화에 찍혀 있지 않았다는 점이다. 2003년 강풀을 기용한 이래 비교적 긴 호흡의 서사를 담은 웹툰에 강점을 보여온 다음 웹툰과는 정반대 위치에 서 있는 콘텐트였던 셈이다.

공뷰의 더빙툰은 기존 인기작에 음성을 입힌 동영상을 '상영'하는 스타일이었고, 썰툰과 채팅툰은 오히려 웹툰을 그리는 만화가가 아닌 일반인들이 소셜 미디어에서 활동하며 올린 글을 운영진 측이 공뷰에 어울린다 판단해 연락을 취해 기용하는 형태도 있었고 결과물도 홍보 포인트로 삼았던 대로 '카카오톡 채팅창을 보는 듯'한 장면들이었다. 공뷰가 발표된 지 수개월 만인 2015년 2월 13일 다음카카오는 지난 2011년 스쳐 지나가듯 등장했던 '앱툰'이라는 이름을 다시 꺼내들기도 했는데, 연애, 직장, 반려동물과 같은 일상 속 공감 소재를 1~16컷짜리 간단한 에피소드로 담는 콘텐트였다. 앱툰의 목표 감상 시간도 1분여 정도로 기조 자체는 공뷰나 1boon과 크게 다르지 않았다. '툰'이라는 표현이 붙었지만 일러스트와 캘리그래피, 사진 등이 주로 쓰였기 때문에 엄밀히 말하면 이 또한 단일 프레임으로 구성된 컷이라는 구조를 띠었을 뿐 만화에 방점이 찍혀 있다고 하긴 어려운 형태였다.

# 스낵컬처형 만화 – ② 컷툰과 웹툰 효과 에디터

스낵컬처 붐에서 좀 더 만화스러운 형태를 시도한 것은 오히려 네이버였다. 다음 웹툰에 비해 서사에 다소 약하다는 평가를 받아온 네이버는 2015년 4월 1일 '컷툰'을 발표한 데 이어 같은 해 5월 27일에는 '웹툰 효과 에디터'라는 저작도구를 웹툰 작가에게 제공한다고 발표하며 시범 격으로 하일권의 신작 〈고고고 – 해골물의 비밀〉을 내놓았다.

컷툰은 말 그대로 컷 단위로 넘겨볼 수 있는 만화다. 앞서 네이버가 발표한 스마트툰이 비교적 진중한 이야기를 담은 작품들을 앞세웠다면 컷툰은 〈유미의 세포들〉의 이동건을 비롯해 랑또, 이동건, 서나래, 미티, 귀귀, 오묘 등 비교적 가벼운 에피소드 단위의 만화를 그리는 작가들을 중점적으로 기용했다. 컷툰의 구성은 이름 그대로

정은경이 글, 하일권이 만화를 맡은 〈고고고–해골물의 비밀〉. 웹툰 효과 에디터를 활용해 제작되었다.

컷 단위였기 때문에 가로 슬라이드 방식으로 넘겨서 볼 수 있었다.

컷 단위 만화를 싣는 건 새로울 게 없었지만 네이버는 컷툰에 이미지 공유 기능을 넣었다. 이미 게시판 커뮤니티는 물론 소셜 미디어, 메신저를 통해 '짤방'(짤, meme) 형태로 널리 공유되는 이미지가 대중에게 작품 인지도를 높이는 데 도움이 된다는 판단을 내린 셈이다. 공뷰가 전문 창작자가 아닌 이들도 참여할 수 있는 여지를 열어놓은 읽을거리라면, 컷뷰는 웹툰 연재 매체가 작중 장면을 갖고 가서 놀 수 있게끔 공식적으로 열어놓은 첫 사례라는 점에서 차이가 있다.

한편 '웹툰 효과 에디터'는 앞서 네이버가 선보인 스마트툰의 기술적인 효과를 계승한 것이다. 스마트툰은 장면의 확대와 축소, 상하좌우 움직이기 등을 지원했는데, 웹툰 효과 에디터는 이러한 기능 이외에 회전, 흔들기, 진동과 같은 스마트폰의 기능을 독자의 시점에 맞춰 부여할 수 있다. 차이가 있다면 이름에서 보이듯 편집기를 개발해 작가에게 제공했다는 점이다. 시범작이라 할 만한 하일권 작가의 〈고고고 – 해골물의 비밀〉에서는 웹툰 효과 에디터가 지니고 있는 효과 부여 기능들을 살펴볼 수 있다. 네이버는 2015년 여름특집 공포 단편선 시리즈 〈2015 소름〉에 참여한 작가들로 하여금 웹툰 효과 에디터를 활용한 단편들을 작업하게 했다.

네이버의 웹툰 효과 에디터는 플래시 플러그인이 없이도, 그리고 프로그래밍 기술이 없어도 창작자가 자신의 웹툰에서 다양한 효과를 줄 수 있게끔 정리된 길을 열어놓았다는 데 의미가 있으며, 일찍이 〈옥수역 귀신〉의 호랑이 작가들에게 알음알음 공개해오던 웹툰 효과 노하우를 업체 차원에서 공식적으로 계승해 정규화했다는 점에서 평가할 만하다.

다만 웹툰 효과 에디터를 활용한 작품들의 형태는 어색함이 많았다. 웹툰에서의 효과는 〈옥수역 귀신〉이 그러했듯 응축된 긴장감과 기대를 폭발하는 데 최적화한 장르라 할 공포물에 특화하는 경향이 있었고, 〈고고고 – 해골물의 비밀〉은 움직임과 효과가 보이는 곳마다 들어가 이야기의 몰입도를 일부 반감시키는 경향도 있었다. 보수적인 독자의 입장에서는 시청각 효과와 만화로서 재미의 상관관계를 놓고 보면 반비례할 수도 있음을 보여준 셈이다.

하지만 그럼에도 네이버의 웹툰 효과 에디터에 주목할 점은 스마트폰용 콘텐트로서 웹툰이 볼거리로서만이 아니라 '만화'로서 어떤 길을 가야 할 것인가에 관한 방향성을 제시하고 있었다는 점이다. 웹툰 효과 에디터는 스낵컬처로 소비되기 위해 필요한 기능들을 기술을 통해 갖추면서도, 어떻게 만화로서 읽히게 할 수 있을까와 기술이 접목된 만화의 다음 단계는 어떤 모습이어야 할까를 고민하고 있음을 보여준 결과물이다.

## 스낵컬처 붐에 맞춘 웹툰의 한계

결과만 놓고 본다면 다음카카오도 네이버도 새로운 형식과 새로운 창작 환경을 업계 전체 단위로 본격화하는 데까지 이르지는 못했다.

창작자들에게 도구 접근을 열어놓았던 건 네이버 쪽이고 다음카카오의 '공뷰'는 공개 예정이라 밝힌 선에서 크게 진전을 이루진 못했는데, 어느 쪽도 웹툰을 대체하거나 그에 준하는 수준의 유행을 꾀할 만한 반응을 얻지 못한 탓이다.

만화 창작자 입장에서는 창작에 집중하기보다 부가적인 면을 함께 생각해야 하는 이유에서 부담이 된다. 호랑과 같이 프로그래밍과 만화 창작 양쪽이 가능한 경우는 극히 드문 사례. 결국 〈2015 소름〉의 사례에서 보듯, 만화가 스낵컬처 붐에 조응하며 새로운 기술적 시도를 하기 위해서는 극의 길이가 단편 수준으로 짧아야 하고, 부여된 시청각 효과도 전체가 아닌 특정 부분에 응축되어야 한다는 결론으로 귀결된다. 귀결이라는 표현을 쓴 까닭은 2015년 시점에서도 그보다 수년 전인 2011년 〈옥수역 귀신〉〈봉천동 귀신〉이 정립한 바를 성과 면에서 크게 벗어나지 못했기 때문이다. 이야기가 아닌 시청각 효과에 기댄 자극은 예측이 가능해진 순간 감흥을 떨어뜨리게 마련이다.

게다가 개개인의 성향과 대중 평균의 성향은 차이가 커서, 개개인이 새로운 조류에 예민하다 해도 대중의 평균치는 언제나 보수적이다. 결국 받아들이는 입장에서 애니메이션이나 게임과 변별성을 지닌 콘텐츠일 수 있는가라는 근본적 문제의 문턱을 쉬 넘지 못한 측면이 크다. 만화가 움직임에 기대면 애니메이션에 가까워지고 분기와 선택지를 늘리면 게임에 가까워진다. 그 사이에서 콘텐트들이 '만화'일 수 있는가에 관한 고민점은 2011년의 〈옥수역 귀신〉〈봉천동 귀신〉과 2015년의 〈고고고 – 해골물의 비밀〉 사이에서 머무른다. 스마트툰과 컷툰의 사례도 마찬가지여서, 단방향 스크롤에 익숙해진 독자들이 컷 단위 가로 슬라이드 방식에 곧바로 익숙해질 수 있는 건 아니었다. 김규삼의 〈하이브〉 같은 경우 2014년 스마트툰으로 시작해 2016년 세로 스크롤 웹툰으로 돌아왔다. 대중 평균의 보수성은 감상 방법에서도 적용된다.

세로 스크롤이라는 극단적인 감상 방법 변화가 의외로 큰 부담 없이 만화의 새 형식으로 진입해 들어올 수 있었던 건 웹툰이 웹툰이란 이름으로 정착하기 전 초기 형태의 스크롤 만화들이 매우 짧고 단순해 4컷 만화의 수용폭을 크게 넘어가지 않았기 때문이며, 점차 분량이 길어지는 가운데에서도 웹브라우저 창이라는 지면의 콘텐트 노출 방향을 거스르지 않는 단방향에서 만화의 꼴을 어쨌든 갖추고 있었기 때문이다.

바꿔 이야기하면 이 수용폭을 벗어나는 정도의 변화가 만화라는 장르로 수렴하는 데에는 좀 더 많은 사례와 충돌과 시간이 필요하고, 브랜드로서의 헤게모니를 넘어 장르의 문법으로 정착하기 위해서는 시장에서 큰 성공 사례를 이끄는 화제작이 계속해서 나와 줘야 한다. 기술적인 측면을 차치하고서라도 가로 슬라이드와 멀티미디어 파일 접목이 가능한 특성으로서 진정한 스낵컬처형 컷 단위 만화가 정착하는 게 스마트툰이나 공뷰, 컷툰이 나오던 시점을 한참 지난 2017년 무렵, 즉 인스타툰이 유행을 탄 시점이라는 사실은 많은 것을 시사한다.

## 바통 체인지

결국 실패의 원인에는 단발적인 화제 사례들은 있으되 양과 질 면에서 연속해서 대중의 시야에 만족스레 자리하지 못했던 탓이 크게 자리한다. 사람들이 바라는 짧고 가벼움이 아마추어스러움과 동의어는 아니었단 점도 악영향을 주었다. 공뷰의 더빙툰이 저질렀던 실수가 웹툰 사이트 투믹스와 실시간 영상 방송 사이트인 아프리카TV가 2016년 내놓은 더빙툰에서도 똑같이 드러나는 점을 보면 여실히 드러난다. 이들 더빙툰의 연기와 소리 연출은 아마추어 수준을 벗어

투믹스와 아프리카TV의 더빙툰. 아마추어를 싸게 기용하는 발상은 요행으로 좋은 결과를 내길 기대하는 것과 같다.

나지 못했다.

'스낵컬처 첨병'으로서의 웹툰으로 기대를 모았던 영상 만화의 실패도 같은 맥락으로 해석된다. 앞서 언급했듯 만화의 영상화는 웹툰이 정립하기 전부터 이미 등장했던 것으로, 고사양 스마트 디바이스를 통해 손바닥 안에서 멀티미디어 재생이 가능해진 상황을 틈타 만화의 또 다른 형식을 세워보고자 하는 이들이 등장했다. 만화와 애니메이션의 중간 형태를 추구한 사례로는 나인픽셀즈의 곰툰 연재작들을 들 수 있다. 〈소녀괴담〉을 비롯해 모션 코믹스라는 장르명을 달고 연재된 곰툰의 연재작들은 만화에 효과음과 움직임을 붙였다. 다음카카오는 연재작 〈0.0MHz〉에 애니메이션 효과를 입혀 무빙툰이라는 장르명을 붙였다.

이들 사례는 과거 브랜드 헤게모니 싸움의 진행 양상이 그러했듯 트렌드에 발맞추어 새로운 형식을 선도해보고자 하는 취지로 나왔다고 할 수 있지만, 하나의 장르로 정착하기에는 담아낼 이야기가

'무빙툰'으로 등장한 〈0.0MHz〉.

너무 짧았다. 이는 스낵컬처 붐의 큰 한계점이기도 한데, 가볍게 보려다 보니 긴 이야기보다는 짧은 이야기 속에 효과를 부여하는 형태에서 크게 벗어나질 못하고, 이에 따라 독자층이 형성되지 않아 사례를 쌓지도 못한다는 점이다.

그 결과에 해당하는 사례는 앞서 이펙툰이라는 명칭을 부여받기도 했던 호랑의 이후 작업물들을 예로 들 수 있다. 호랑은 〈연가시〉〈오큘러스〉〈터널 3D〉와 같은 영화 홍보 웹툰 작업을 진행하게 됐다. 당시의 트렌드에 부합하는 작업이지만 다른 한편으로는 타 콘텐트의 홍보용으로 웹툰이 쓰인 것이다.

무빙코믹스와 무빙툰도 마찬가지다. 무빙툰이란 장르명이 언론 지면에 올랐던 사례는 영화 〈장산범〉의 홍보 웹툰이고, 〈그림왕 양치기〉 양경수가 작업한 TV 드라마 〈김과장〉의 엔딩신은 만화라기보다 삽화에 가까운 이미지에 간단한 움직임을 덧붙인 20초짜리 영상으로 만든 것이다. 양경수를 인터뷰한 《연합뉴스》 기사는 하고 많은 작가의 말 가운데 굳이 "다 된 드라마에 펜만 올려놓았죠"라는 겸양의 표현을 골라 제목으로 썼다. (〈'김과장' 엔딩 삽화 화제… "다 된 드라마에 펜만 올려놓았죠"〉, 《연합뉴스》, 2017. 2. 23)

이 장르가 장르로서 확고해지기에는 사례가 적기도 했지만 결과적으로 만화가를 기용해 제작한 타 콘텐트의 홍보 측면만 부각된 셈이었다. 홍보성 콘텐트로 웹툰이 쓰인 사례로는 웹 드라마 〈열일곱〉이 드라마의 영상을 캡처해 실제 인물의 연기에 만화적 시각 기호들을 첨부해 제작한 사례도 있는데, 웹툰으로 영상을 만든 것의 반대

무빙툰의 한 사례로 기록된 영화 〈장산범〉의 홍보 웹툰.

TV 드라마 〈김과장〉 엔딩신은 만화라기보다 삽화를 약간 움직인 '영상'이다.

사례라 할 수 있지만 웹툰 연재란을 홍보 창구로 활용했다는 점에서
는 크게 다르지 않았다.

결국 스낵컬처의 특징은 만화와 접목했을 때 '만화로서' 새 시장
을 열 만한 사례를 만들어내기 보다는 보조 역할에 그친 셈이었다.

복도에 애들 다 있는데서

웹드라마 〈열일곱〉의 웹툰판. 실제 영상을 뜯어 만화적으로 연출한 이른바 '포툰' 또는 '포토툰'이라 불릴 만한 사례지만 웹툰 연재란을 홍보 창구로 쓴 수준이었다.

영상화 또는 그 반대가 홍보 용도에서 크게 벗어나지 못했기 때문이다. 공뷰나 웹툰 효과 에디터가 더 다양한 결과물을 낼 수 있었어야 할 터이나 결과적으로는 그러하지 못했다. 사람들이 스낵컬처 붐에 바라는 게 '짧고 가벼움'이고 웹툰이 회당 감상 시간 등의 요인으로 말미암아 스낵컬처의 첨병으로 여겨졌다 하더라도 막상 웹툰이라는 콘텐트에 기대하는 변화가 무조건 짧고 가벼워지는 건 아니었던 셈이다. 실제로 사람들이 만화, 나아가 웹툰과 같은 스토리텔링 콘텐트에 원하는 건 정보 전달만은 아니고 웹툰이 홍보 효과와 콘텐트 수익을 얻기 위해 꾀하는 영상화도 드라마화, 영화화 등 어느 정도의 호흡이 없이는 연결되기 어려운 것들이다.

오히려 이 시기를 전후해 웹툰에 기대하던 짧고 가벼우면서 일일 단위에 육박하는 잦은 갱신까지 특징으로 끌어안은 신생 매체인 '웹소설'이 스낵컬처로서 트렌드에 더 부합하는 콘텐트로 부각되기 시작한다. 이 시기의 언론 보도들을 살펴보면 스마트폰 기반으로 변화한 감상 트렌드에서 무게추가 웹툰에서 웹소설로 넘어갔음을 읽을 수 있는 기사나(〈웹툰에서 웹소설·웹드라마로… 인터넷 업계 콘텐트 전쟁 본격화〉, 《이데일리》, 2015. 2. 25) 아예 "스낵컬처의 중심에는 웹소설과 웹툰이 있다"처럼 우선순위를 웹소설에 놓는 기사(〈'과자처럼 먹는' 문화 시대〉, 머니S, 2015. 6. 9)들이 곧잘 보인다. 2016년 TV 드라마화로 큰 흥행을 일군 〈구르미 그린 달빛〉도 2014년 연재를 시작한 웹소설이다.

연출된 시각 언어로 번역되어야 하는 만화와 달리 웹소설은 문자 서술에 일러스트를 더해 같은 연재 주기 안에서 비교적 더 많은 이야기를 건넬 수 있다. 다음카카오의 복합 콘텐트 연재 플랫폼 카카오페이지는 2018년 〈김 비서가 왜 그럴까〉의 영상화를 통해 이용자를 대거 유입시키는 전략을 성공시켰는데, 이 작품은 웹소설을 원작으로 웹툰이 나왔고 이를 드라마화하여 이 모두를 한꺼번에 즐길 수

인기 웹소설 〈김비서가 왜 그럴까〉의 포스터, 웹툰판 포스터, 그리고 TV 드라마판 포스터.
원작 웹소설 ⓒ정경윤 | 웹툰 ⓒ정경윤·김명미 | TV드라마 ⓒtvN

있게 했다.

일본에서 애니메이션 제작-방영이 출판 만화의 홍보와 판매량 상승을 위한 중요 경로였다가 원작을 고르는 대상이 만화에서 라이트노벨로 적잖게 옮겨간 지 오래인 것과 마찬가지로, 우리나라에서도 어느덧 '원작 산업'에서 만화가 우선 부각되는 시기가 지나간 셈이다. 웹툰과 웹소설 양쪽에 어떤 우열이 있는 것은 아니나, 스마트폰 이용자들의 이용 행태에 맞는 콘텐트로서 웹소설의 영향력이 급속도로 커지고 있는 것만큼은 분명하다. 웹소설은 스낵컬처 붐을 타고 나왔다 큰 성과를 내지 못한 여타의 만화 형식과 달리 〈전지적 독자 시점〉〈달빛조각사〉 같은 굵직한 콘텐트가 연이어 화제에 오르며 매체의 폭발력을 견인했다.

그렇다 해서 이 시기 만화가 변화 없이 멈추어 있었던 것은 아니다. 스낵컬처 붐에서 더 짧고 더 단순해지지 않았을 뿐, 기술은 크든 작든 계속해서 만화의 형태와 제작에 영향을 끼치고 있었다.

## 만화 제작과 3D의 접목 – ① 스케치업과 웹툰 배경

스케치업이라는 프로그램이 있다. 2000년 앳라스트가 첫선을 보인 이 프로그램은 3D 모델링 프로그램으로 본래는 인테리어와 건축용으로 제작되었다. 3DMAX를 비롯한 여타의 3D를 이용한 디자인 설계 프로그램에 비해 비교적 가볍게 돌아가는 특성이 있어 출시 이후 많은 사용자를 확보했으며, 2006년 구글이 인수했다가 2012년 트림블이 인수해 현재에 이르고 있다. 나는 2014년 열린 제17회 부천국제만화축제BICOF 전시의 공동 큐레이터로 활동했는데, 당시 기획 아이디어를 전달받은 전시 디자이너가 스케치업으로 공간을 설계해와 이 각도 저 각도로 돌려보며 회의를 진행한 바 있다. 한데 이 프로그램이 한국에서는 이런 인테리어 디자인 작업 도구로서는 물론이거니와 웹툰 배경 제작용 도구로도 널리 알려지기 시작한다.

만화의 배경미술은 본래 만화 작화와 더불어 숙련된 수작업 기술을 요하는 일이다. 특히 인물 뒤에서 소실점을 정확히 맞춘 작업이 필요하기 때문에 공간의 이해가 필수고, 이는 캐릭터 작화와는 또 다른 미술 공부의 영역이다. 시대 설정 등을 이유로 실제 배경 고증이 중요한 작품인 경우 장소 취재를 위한 답사, 업계 용어로 헌팅도 해야 한다. 포털 다음의 로드뷰나 네이버의 거리뷰, 구글의 스트리뷰 같은 서비스가 있다고는 하지만 도로 바깥의 영역까지 해결해주진 못하고, 창작자가 구상한 앵글을 반영하기도 어렵다. 액션 연출이나 도시를 통째로 파괴하는 식으로 거대한 화면을 연출할 때 배경의 품질은 곧 작품의 품질과 직결되기 때문에 매체 연재를 진행하는 프로 만화가들은 배경을 전문으로 작업하는 문하생이나 어시스턴트를 별도로 두곤 했지만, 답사나 세밀한 작업의 경우 창작자가 손을 안 대기는 어렵다.

하지만 웹툰 연재는 유료화를 통한 수익 안정화가 정착하기 전에는 어시스턴트를 고용할 만큼 충분한 비용이 만화가에게 돌아가는 구조가 아니었다. 2020년 현재까지도 만화가들에게 돌아가는 수익이 넉넉하다고는 할 수 없지만, 웹툰이 스낵컬처로서 조명받기 시작하던 시기보다도 앞선 2000년대 후반에 웹툰은 되레 갈수록 스토리의 스케일이 커지고 있었고 작화 또한 개인 단위로는 포털 주간 연재를 감당하기 어려운 수준으로 커지고 있었다. 이 때문에 배경 작업에 들어가는 수고와 인적 비용을 감당하기 위해 웹툰을 창작하는 만화가들은 인테리어용 프로그램인 스케치업을 웹툰 제작에 도입하기 시작한다.

이 분야의 선구자는 웹툰 〈닥터 프로스트〉의 이종범으로, 웹툰 작업에 스케치업을 도입하고 그 노하우를 동료 작가와 지망생들에게 다양한 형태로 나누었다. 이종범은 자신의 노하우를 모아 2015년 《이종범의 웹툰 스케치업 마스터》라는 책을 출간하기도 했다. 비교할 만한 사례로 들 만한 사람은 일본 만화가 아카마츠 겐이다. 〈러브히나〉〈마법선생 네기마〉로 유명한 이 작가는 단행본 말미에 작품 작업용으로 제작한 3D 모델링 소스를 소개해왔다. 아카마츠 겐은 배경은 물론 자잘한 소품 단위까지 모델링을 해두어 효율을 높였는데, 3D를 활용한다는 점에서 한국과 일본의 만화가들이 같은 발상을 한 것으로 볼 수 있다. 다만 한국 만화가들의 스케치업 활용은 1인 창작 체제의 틀에서 뽑아낼 수 있는 효율의 최대치를 찾은 결과였다는 점에서 다소 차이가 있다.

이종범이 내보인 성과 이래 스케치업은 빠르게 웹툰을 작업하는

224

만화 창작자들 사이에 스며들게 된다. 3D로 공간을 구성한 후 연출 의도에 따라 자유자재로 카메라 각도(앵글)을 조정해서 2차원 선화로 뽑아내면 직접 배경을 손으로 작화하지 않아도 공간감을 만들어낼 수 있기 때문이다. 스케치업 데이터는 3D를 기반으로 하기 때문에 배경 데이터를 미리 만들어둔다면 얼마든지 다시 불러와 구도와 크기를 변경해 활용해도 되고, 그러면서도 그래픽 품질에 영향을 주지 않는다. 이런 연유로 2010년을 전후한 시점에 일부 작가들이 쓰기 시작했던 스케치업은 수년도 안 되어 웹툰 제작의 필수품으로 자리 잡았다.

스케치업은 웹툰 제작에서 짧은 시간 안에 한정된 인적 자원과 비용으로 최선의 효과를 내는 방법으로서 부각되었다. 하지만 스케치업이 3D 디자인이라는 본래의 기능과 더불어 중요한 역할을 한 것은 강력한 데이터 시장의 구축이다. 웨어하우스라는 이름으로 불리는 스케치업 데이터 시장은 만화 창작자가 직접 배경 디자인을 하지 않아도 웹툰을 제작할 수 있게끔 한 원동력이다. 잭잭, 엘프화가, 돈 드로우 등 스케치업으로 고품질 웹툰 배경을 제작하는 전문 모델러 또는 업체가 등장하면서 배경 비용을 지불하면 웹툰 작업에 고난도 배경을 어렵지 않게 적용할 수 있는 환경이 조성되었다.

작게는 방 하나 단위부터 크게는 도시 하나 단위에 이르는 배경을 구매해 적용할 수 있게 된 것이다. 텀블벅과 같은 크라우드 펀딩을 통해 제작비를 확보하여 배경 제작에 나서는 제작자들도 숱하게 등장했다. 배경을 직접 그릴 필요 없이 구매해서 쓸 수 있게 되면서 여

강풀의 〈브릿지〉 예고편에 쓰인 스케치업의 사례. 강풀은 실제 공간 취재를 바탕으로 디자인한 3D 배경을 작품에 적극 활용한다.

잭잭스토어와 같이 스케치업으로 고품질 웹툰 배경을 제작해 판매하는 사례가 늘고 있다.

러 웹툰에서 비슷한 배경이 등장하는 문제가 일부 불거지고 있으나, 스케치업 데이터를 그대로 쓸 수는 없고 작품에 맞춰 리터칭을 하는 건 작가의 몫으로 남는다.

스케치업 배경을 이용한 웹툰 제작의 모범적인 사례로는 강풀을 들 수 있다. 데뷔 초반 인체 표현 등에서 다소 부족함을 지적받았던 강풀은 〈무빙〉〈브릿지〉 등 액션이 주가 되는 작품을 작업하면서는 아예 스케치업을 이용한 배경 미술을 전담하는 팀을 꾸렸다. 이렇게 하여 제작된 배경은 작품 전개에 맞는 리터칭을 통해 묵직한 분위기와 작화의 완성도라는 두 마리 토끼를 동시에 잡는 효과를 내고 있다.

이종범과 더불어 웹툰 스케치업 교육을 오래도록 진행해온 〈그녀의 시간〉의 송래현도 스케치업으로 규모 큰 모델링을 구축하는 데 일가견이 있다. 그는 작업 규모에 따라서 동료 작가 또는 교육생 등과 함께 스케치업 데이터를 만들기도 하는데, 열다섯 명이 함께 마을 하나를 구축한 적도 있다고 한다. (〈만화가는 만화를 그리지 않는다〉,《한겨레신문》, 2017. 5. 29)

## 만화 제작과 3D의 접목 –
## ② 스케치업과 게임 엔진의 접목

한편 웹툰 배경의 스케치업 시대를 연 당사자라 할 수 있는 이종

범은 여기에서 한 발짝 더 나아갔다. 책 출간 이후 한국만화영상진
흥원의 교육 과정 등을 통해 스케치업 배경 제작 노하우를 공유해
온 그는 2017년 8월 스케치업 데이터에 물리엔진physics engine을 적용
하는 연구를 진행해 그 결과를 공개했다. 물리엔진은 3D로 제작된
대상에 특정 방향으로 힘이 가해졌을 때, 또는 충돌이 일어났을 때
의 상황을 컴퓨터를 통해 실시간으로 재현하는 기반 기술이다.

　보통 스케치업 데이터는 대상의 온전한 형태를 상정하고 제작한

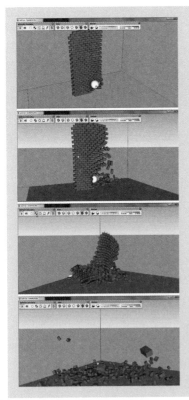

스케치업 모델링에 물리엔진 확장 프로그램(익
스텐션)인 msphysics를 활용하여 간단하게 구
조물을 난장판으로 만드는 장면. 이종범이 만화
가들에게 시연하기도 했다. 그는 이후로도 관련
한 기술을 꾸준히 만화 창작자들에게 소개하고
있다.

다. 때문에 액션이 강조되거나 재난 상황이 닥치는 설정을 반영하기가 어려웠다. 원래대로라면 배경을 붕괴시키거나 충격 받은 후의 상황을 모두 직접 그려야 했는데, 이종범은 스케치업 데이터에 물리엔진을 적용하는 플러그인(msphysics 등)을 도입함으로써 간단하게 결과를 얻어내는 방법을 찾아낸 후 이를 공유했다. 이를테면 도둑이 든 방, 패싸움이 벌어진 교실과 같은 상황을 클릭 한 번으로 만들어낼 수 있다는 의미다.

물리엔진은 게임 제작에서는 캐릭터 조작에 따라 실시간으로 결과를 출력해야 하는 매체 특성상 너무나 기본적인 요소지만, 전혀 다른 분야인 만화와는 사용 방식 면에서 거리가 멀어 보였다. 정확히는 거리감을 느낄 만한 접점 자체가 없었다고 보는 편이 맞다. 그런데 이종범이 선보인 발상의 전환은 만화 표현에 기술이 복합적으로 접목될 때 어떤 결과물을 낼 수 있는지를 잘 보여준다.

이종범은 2019년에는 물리엔진에 이어 게임 제작에 널리 쓰이는 기반 기술이자 게임을 위한 통합 개발 환경으로 각광받는 유니티를 도입한다. 자신이 만화콘텐츠스쿨 교수로 출강 중인 청강문화산업대학교에서 다른 전공학과인 게임콘텐츠스쿨 정종철 교수의 도움을 받아 유니티를 웹툰 제작에 활용한 것이다.

일례로 2019년 10월 네이버 웹툰에 올라온 〈닥터 프로스트〉의 '401-EP1. 천재의 제자 (1)' 편에는 광화문 군중신이 등장한다. 촛불집회를 비롯해 광장을 경험해본 이라면 장면 없이 얘기만 들어도 수많은 인파로 일렁이는 광경을 어렵지 않게 떠올릴 수 있다. 만화를 조금이라도 그려본 이라면 이런 풍경을 손 그림으로 그린다고 할 때 어느 정도의 노동력이 들어가는지 잘 알 것이다. 건물이 배치된 넓은 장소 위에 모래알 같이 많은 사람을 각기 다른 자세로 그린다는 건 웬만한 작화 실력으로는 구현하기 어려워 시쳇말로 '손목을 갈아 넣는' 고통을 감수해야 하는 일이다.

수작업만 있던 시기의 대량 군중신이나 사람과 차량이 여럿 돌아다니는 도시 전경 풍경은 그림으로 일가를 이루었다 할 만화가 가운데에서도 최고의 실력자라 할 만한 이들의 전유물이었다. 수작업 작화의 세밀함과 밀도는 문하생이나 어시스턴트를 쓰는 것만으로는 해결할 수 없는 영역이다. 권가야의 〈남자 이야기〉나 오토모 카츠히로의 〈아키라〉 같은 작화의 마스터피스급 작품에 등장하는 고밀도 배경 미술은 보는 이를 압도하다 못해 압살할 듯한 기세로 다가온다. 죽어가고 망해가는 풍경 속에서도 생명력이 느껴지는 생생함은 단순히 그림을 잘 그려서가 아니라 그 장면 속에 들어 있을 인간 군상을 보이면 보이는 대로 보이지 않으면 보이지 않는 대로 그 자리에 배치하는 데 묘미가 있다.

이종범은 이에 관한 힌트를 좀비 떼가 창궐하는 게임을 통해 얻었다. (《유니티 엔진의 새로운 발견, 웹툰 닥터 프로스트》, Unity Square, 2019. 12. 19) 스케치업의 플러그인을 통해 물리엔진을 작용하는 수준을 넘어, 스케치업으로 구축한 가상공간을 유니티 작업 환경에 불러온 뒤 그 위에 무작위로 움직이는 군중을 만 명 단위로 풀어놓고 마음껏 '움직이게' 만든 것이다. 비유하자면, 게임 속에 끊임없이 출

이종범의 〈닥터 프로스트〉 401-EP1. 천재의 제자(1) 편의 군중신. 게임 엔진 유니티를 도입해 압도적인 규모의 군중신을 연출해냈다.

몰하는 몹MOB을 연상하면 된다. 다만 그것이 사람의 모양을 하고 있고, 그 안에서 각자가 서로 살아 있는 듯 별도의 움직임을 보이고 있을 뿐이다.

군중의 스타일 또한 다른 이들이 모델링으로 제조해놓은 데이터를 구매해 해결할 수 있다. 유니티는 스케치업의 웨어하우스와 비슷하게 에셋스토어라는 데이터 시장을 구축하고 있어 스타일과 시대별로 다양하게 구축된 캐릭터를 구매할 수 있고 렌더링 옵션을 통해

231

필요한 스타일을 원고에 맞춰 바꿀 수 있다. 인물 데이터를 구매해 풀어놓은 후 스타일을 조정해 '움직이게' 만들면, 실시간으로 인물들이 움직이는 공간이 완성된다. 게임으로 치면 '맵'이 완성된 셈이다. 창작자는 이렇게 연출한 가상공간의 한 장면을 웹툰에 활용하면 된다.

## 만화 제작과 3D의 접목 – ③ 천계영과 3D 만화

이종범이 스케치업과 유니티를 조합해 만화 배경 작업의 폭을 넓힌 선구자라면, 천계영은 만화 작품 자체를 3D로 만들어내는 시도를 성공시킨 선구자다. 3D로 모델링된 배경을 만화에 접목하는 일은 2020년 현재에 와선 너무나 자연스러운 일이 됐지만, 3D만으로 상업 만화 작업을 진행하는 사례는 현재까지 천계영이 유일하다시피 하다. 그런데 놀랍게도 이 시도는 스케치업이 만화에 접목되기보다도 한참 전인 2007년 시작되었다.

사실 천계영은 상업 만화 지면에 데뷔할 때부터 화제였다. 첫 장편작으로 대사부터 스타일까지 큰 화제를 모아 급기야 캐릭터들이 TV 광고에도 진출한 바 있는 〈언플러그드 보이〉는 1996년 발표 당시부터 대표적 비트맵 그래픽 프로그램인 포토샵Photoshop을 적극적으로 활용해 제작되었다. 지금은 포토샵은 물론 클립스튜디오 ClipStudio, 메디방medibang, 사이Sai 등 매우 다양한 비트맵 그래픽 프로그램이 만화 제작에 널리 쓰이고 있지만 당시만 해도 만화는 출판 만화가 중심이었고, 흑백만화가 중심이었으며, 흑백에서 색감을 표현하기 위한 명암 처리는 손으로 잘라 붙인 스크린톤이라는 망점 필름을 이용해야 했다. 천계영은 이 과정에 포토샵을 전면적으로 활용했다.

웹툰 시대로 오면서 종이에 작업한 원고가 없는 일이 너무나 자연스러워졌지만 당시로서는 CG로 만화 작업의 거의 전부를 작업하는 일은 극히 드물었다. 당시 《코믹테크》를 비롯한 만화 작법 관련 잡지들에는 CG를 이용해 컬러 일러스트를 작업하는 강좌가 곧잘 실리곤 했다. 1990년대 당시에는 만화에서 CG란 이렇듯 표지 또는 내지 몇 장 정도로 허락된 컬러 일러스트용에 국한되곤 했고 만화 원고는 당연히 수작업이 우선이었다.

'손맛 묻어나는 선맛'을 중시하던 출판 만화 전성기에 선과 망점 모든 면에서 지나치게 깔끔하기까지 했던 천계영의 만화는 이질감으로 다가왔다. 하지만 1세대 아이돌이라 할 만한 H.O.T와 거의 동시기에 등장해 힙합 패션과 "난 슬플 땐 힙합을 춰" 같은 어딘지 4차원 같은 대사를 내어놓던 만화 〈언플러그드 보이〉라든지, 지금은 너무 많이 생긴 가수 오디션 TV 프로그램 포맷을 1997년이란 시기에 그려낸 〈오디션〉 등 당시의 젊은층에게 새로움으로 다가올 만한 트렌디한 이야기들을 만화로 풀어낸 천계영 앞에 표현 방식과 도구의 생소함은 아무런 장벽이 되지 못했다.

천계영은 2003년 〈D.V.D〉에 이어 발표한 2007년의 〈하이힐을 신은 소녀〉에서부터 본격적으로 3D를 만화 작업에 투입하기 시작

3D로 만화를 만들어낸 선구자 천계영의 만화. 〈하이힐을 신은 소녀〉 이후의 작품은 만화 제작 자체를 3D로 진행했다. 〈좋아하면 울리는〉을 제작하면서는 손을 움직일 수 없게 되자 목소리로 명령해 만화를 만들고 그 작업 과정을 영상 중계하기도 했다.

ⓒ천계영

한다. 배경을 3D로 작업하는 수준이 아니라, 캐릭터를 비롯한 만화 제작 과정 대부분을 아예 3D로 작업하는 일이었다. 만화를 시작할 때부터 전에 없이 컴퓨터를 전면으로 활용했던 작가지만 3D로 작업하는 사례는 역시 드물었다. 막상 천계영은 〈오디션〉을 작업하던 당시 머릿속에 떠오른 주인공의 모습을 그림 솜씨로 표현하는 데 한계를 느껴 3D 접목을 구상했다고 한다. (〈3D 애니메이션 기술로 만화에 날개 달다〉,《중앙일보》, 2009. 10. 12)

〈하이힐을 신은 소녀〉부터는 만화 제작 공정의 99%를 3D로 작업했는데, 대체로 미리 모델링해둔 캐릭터와 소품, 무늬를 배치하고 동작과 각도를 조정하여 의도에 맞는 장면을 잡은 후 렌더링을 통해 선과 명암을 넣어 이미지로 출력, 2D화한 데이터를 포토샵에서 후

234

처리 작업해 완성하는 방식을 썼다. 이 방식으로 인터넷 연재작인 〈예쁜 남자〉(2009)는 물론 웹툰 연재란에 공개한 〈D.V.D 2〉(2010), 〈드레스 코드〉(2011)도 작업했다. 그리고 최근작이라 할 수 있으면서 넷플릭스 영상화로 화제를 모은 〈좋아하면 울리는〉(2014)에 이르러서는 모두가 스마트폰을 지니고 있는 현실에서 '좋아하는 사람이 10m 내로 접근하면 알람이 울린다'는 앱의 콘셉트를 제시해 트렌드를 선도하는 작가의 면모를 보여주었는데, 이 역시 3D 애니메이션 소프트웨어인 시네마4D를 이용해 작업했다.

천계영은 2018년 3월 악성종양 수술을 받았는데, 그와 함께 퇴행성 관절염을 얻으면서 손가락을 제대로 움직일 수 없게 됐다. 손가락 연골이 닳아 없어져 마우스를 누를 때마다 극심한 통증을 느꼈다고 한다. 남들 같으면 이 시점에 만화 제작을 포기할 만한데, 그럼에도 만화를 만들 방법을 찾아냈다. 목소리로 명령을 입력해 컴퓨터로 작업하는 방식이다. 마치 스마트폰의 음성 인식 기능에 명령을 내리듯 미리 정해놓은 말을 던지면 컴퓨터가 이를 받아 만화 구성에 필요한 요소를 배치한다.

마우스 클릭 때문에 관절염이 왔기 때문에 마우스는 위치를 잡는 용도로만 쓰고 나머지는 목소리가 대신한다. 2019년 7월에는 이렇게 입으로 작업하고 있는 모습을 유튜브로 생중계하기도 했다. 한 화를 완성하는 데 6개월이나 걸리는 상황이지만 천계영은 여전히 만화 작업을 이어가고 있다.

천계영의 사례에서 중요한 건 "만화를 입으로 그린다"는 특이함

보다도 입으로 명령을 내려 만화 작업을 처리하는 일이 가능하게 된 연유다. 다시 말해 만화 작업 전체를 3D로 할 수 있게끔 바꾸었기 때문이다. 누구나 굳이 입으로 만화를 그릴 필요는 없을지 모르지만, 3D 모델링으로 2D화한 만화를 만드는 사례는 게임 제작 기술의 접목과 더불어 활용성이 굉장히 높은 기술이다. 〈하이힐을 신은 소녀〉 때부터도 제작 과정에 드러나 있었지만, 천계영의 3D 만화는 3D 애니메이션의 스틸샷이 아니라 카툰렌더링이라는 기술을 통해 선화로 뽑혀 나온 가공품이다.

스케치업과 유니티가 만화와 접목하는 대목에서도 보여주는 바지만, 3D의 장점은 어떤 각도 어떤 확대 축소 비율에도 깨지지 않고 화상을 보여줄 수 있다는 점과 이를 움직이기에도 용이하다는 점에 있다. 그리고 만화는, 컷툰의 사례와 같이 가로 슬라이드로 조작하는 경우는 있어도 기본적으로는 카메라 각도를 한 장면 안에서 자유자재로 바꾸게 하지는 않는다. 시간의 흐름을 칸과 칸의 나열과 칸새(칸과 칸 사이의 간격)로 표현하고, 칸 안에 구성요소를 작가의 의도에 따라 정지화상으로 배치함으로써 카메라의 각도를 보여주는 게 만화의 근본적인 문법이자 특성이기 때문이다.

결국 3D든 3D 할아버지든 무엇으로 만들어도 만화가 만화로 읽히기 위해서는 독자의 조작에 따라 정지 화상에 일부 시청각 효과를 부가한 정도에서 만화 문법에 맞춰 변환되어야 한다. 이걸 넘지 못한 기술은 만화로서의 정체성을 얻지 못한 채 사장되어왔다. 이를 바꿔 말하면 만화에 맞출 수 있다면 게임이나 애니메이션 제작에 도입되고 있는 3D 기술조차 만화 제작에 곧바로 적용될 수 있다는 것이다.

일본의 인기 게임 〈길티기어〉 시리즈나 〈스트리트파이터〉의 새 시리즈는 3D로 제작되고 있지만 2D 애니메이션의 느낌을 놀라울 만큼 고스란히 재현하고 있다. 일본의 〈러브라이브!〉〈아이카츠〉와 같은 아이돌 애니메이션은 라이브 공연 장면을 3D로 처리하여 역동적인 카메라 워킹을 소화하고 있는데 캐릭터는 2D 캐릭터의 형태를 고스란히 재현한다. 3D로 제작하지만 2D의 질감과 특징을 살리는 방향으로 제작하고 있는 셈이다.

게임과 만화는 제작비와 인력의 차이는 있지만 3D로 모델링된 오리지널 캐릭터와 공간 데이터만 갖춘다면 이를 바탕으로 만화로 제작 가능하다. 물론 만화와 애니메이션과 게임의 차이를 정확히 알고 있는 사람이 연출해야 하고, 콘텐트마다 오리지널리티를 부여한 캐릭터 디자인이 덧붙어야 변별력을 지닐 수 있다.

이를테면 3D 모델링 데이터를 조합해 만화를 만드는 범용 도구로 2010년 발표된 일본의 〈코미Po!ComiPo!〉가 이와 같은 발상으로 나온 저작도구지만 모델링의 단조로움과 인물 표현의 부자연스러움, 상업 만화 제작용으로 쓰기엔 태부족한 기본 표현 요소 등으로 말미암아 큰 호응을 얻진 못했다. 2019년 2월 나온 〈쿠마쿠마 망가 에디터KUMA KUMA Manga Editor〉도 크게 나아진 면을 보여주지 못했다. 이런 사례들은 역설적으로 상업 연재에 3D를 본격 접목한 천계영의 사전 노력이 얼마나 컸을지를 실감케 하며, 상업 연재 수준에

〈코미Po!〉와 〈쿠마쿠마 망가 에디터〉는 3D로 만화를 만든다는 발상에서 나온 저작도구들이지만 상업 만화 제작용으로는 어림 없는 수준이다.

필요한 노력이 무엇인가를 환기시킨다.

천계영의 작업 방식은 초기 데이터 구축을 위한 비용과 시간, 적용에 따른 시행착오가 엄청나다. 하지만 데이터가 쌓이는 순간부터 굉장히 실용적이고 효율적으로 만화를 만들어낼 수 있다는 점에서 주목할 필요가 있다.

## AR(증강현실)과 VR(가상현실)

스낵컬처 트렌드가 거세게 몰아닥친 2015년 한국 만화에서는 웹툰을 만화로서라기보다는 짧고 가볍게 '넘겨볼 만한' 멀티미디어형 콘텐츠로 만드는 시도가 일어났다. 다음카카오의 공뷰와 네이버의 컷툰은 그 결과이고, 네이버의 웹툰 효과 에디터 또한 웹툰에 역동적인 효과를 부여해 시선을 잡기 위한 여러 가지 방식을 정규화하고자 하는 노력의 일환이다. 그렇게 하여 나온 결과물이 대중에게 만화로서 받아들여졌다고 보기는 어려웠지만, 웹툰은 곧바로 다음 시기의 트렌드를 맞아들이기 시작한다. 2016년부터 만화에 불어닥친 흐름은 AR과 VR이었다.

AR은 Argment Reality의 준말로 증강현실로 불리는 기술이다. 실제 현실을 찍는 실시간 영상에 컴퓨터 그래픽으로 시각화한 정보나 캐릭터를 한 화면에 얹어 보여줌으로써 마치 그 정보가 원래 실제 그 자리에 있는 것처럼 보여주는 기법이다. 스마트폰을 들어 앞의 풍경을 찍고 있으면 그 풍경 위에 식별한 각종 정보를 보여주는 게 AR의 특징으로, 실제 현실에 무게중심을 두고 이를 보완하는 역할을 한다.

반면 VR은 Virtual Reality의 준말로 가상현실을 뜻한다. 가상현실은 3차원으로 표현된 가상 세계 속으로 이용자가 들어가는 개념으로, 시야각 전체를 가상 세계로 구성하기 위해 특별한 출력장치가 필요하다. VR은 머리에 뒤집어써서 시각 전체를 맡겨야 하는 HMD Head Mount Device(헤드 마운트 디바이스)라는 기기를 필요로 하는데, 아직은 가격이 상당히 높은 편이지만 최근엔 체험형 게임을 중심으로 'VR방' 같은 방 문화와 결합해 인기를 끌고 있고 휴대전화를 직접 끼워서 쓰는 간이형 HMD가 다이소 등의 저가형 생활용품 매장에서 5000원대에 팔리면서 콘텐트를 값싸게 맛볼 수 있는 길이 열리고 있다.

유명 박물관이나 여행지를 가상 체험할 수 있는 콘텐츠도 속속 등장하고 있고, 게임에서 100만 카피라는 판매고를 올린 〈비트 세이버〉 같은 대형 히트작이 나오면서 관심이 커지고 있다. 엔터테인먼트 업계도 혼자만을 위한 콘서트라는 콘셉트로 360도 VR 환경에서 가수의 공연을 전 방향에서 가까이 구경할 수 있는 상품을 내놓았다. 버추얼 플레이Virtual Play, VP라는 상품명으로 등장한 영상의 첫 타자는 보컬 그룹 마마무로, 이 역시 본인의 휴대전화를 끼워 둘로 나눈 영상을 양쪽 눈에 각기 직접 투사하는 간이 HMD를 상품에 동봉하는 형태로 판매하고 있다.

최신 기술들이 유행을 타기 시작하던 초반에는 많은 이들이 AR의 우세를 점친 바 있다. 무엇보다도 AR은 스마트폰 이외의 기계가 필요하지 않아 추가 비용이 들지 않고 간편하기 때문이다. 앞서 발표한 내 책《키워드 오덕학》106쪽에서도 소개한 〈포켓몬GO〉가 AR을 활용한 대표적인 사례다. 2016년 여름을 강타한 〈포켓몬GO〉는 당시 한국이 정식 서비스 지역이 아니었으나 북한에 가까운 강원도 속초와 그 북쪽 지역에서는 된다는 이야기가 돌면서 전국의 호사가들이 스마트폰을 들고 포켓몬 캐릭터들을 사냥하러 속초로 향하는 기현상을 만든 바 있다.

〈포켓몬GO〉는 스마트폰을 직접 들고 이동해 폰 안에 뜨는 포켓몬들을 잡는 단순한 게임이다. 하지만 스마트폰의 GPSGlobal Positioning System(범지구위치결정시스템) 기능을 통해 확보한 위치/지리

240

한때 많은 이들로 하여금 속초행을 감행케 했던 문제의 게임 〈포켓몬 GO〉.

정보를 바탕으로 게임 시스템이 특정 지역에 캐릭터를 배치하면 사람이 그곳으로 이동해 스마트폰 위에 뜬 캐릭터를 포획해야 한다는 점에서 AR이 보여줄 수 있는 가장 긍정적이고 획기적인 사례를 보여준 바 있다. 여기서 긍정적이라는 의미는 사람들을 스마트폰을 들고서라도 어쨌든 거리로 나와 움직이게 만들었다는 점이다. 이 때문에 〈포켓몬GO〉 이용자들은 예상치 않은 운동효과를 간증(?)하곤 한다.

물론 〈포켓몬GO〉의 성과는 〈포켓몬〉이 세대를 넘어 쌓아온 시간이 자아내는 콘텐트 파워 덕이긴 하지만, 다른 한편으로는 AR을 GPS와 엮을 때 무엇을 보여줄 수 있는지를 영화 〈아이언맨〉 속 토니 스타크의 수트 안 시야나 AR을 활용한 유아/아동용 교육 콘텐트보다도 대중에게 쉽게 알려줬다는 점에서 주목할 만하다. 기술을 소개하는 입장에서 〈포켓몬GO〉의 가장 큰 업적은 AR을 설명하는 데 구구절절한 설명 없이 〈포켓몬GO〉 하나로 끝낼 수 있게 해주었다는 데 있다.

만화도 이 시기에 AR을 접목하는 사례를 만들어냈다. 네이버는 2016년 10월 할로윈 시즌에 맞춰 〈여관 201호〉 〈귀신은 없어〉 〈소마귀신〉으로 이뤄진 세 편 짜리 공포 단편 웹툰을 내놓았다. 이 〈폰령〉 시리즈의 특징은 독자가 작품을 읽는 공간을 작중 배경으로 끌어들인다는 점이다.

독자는 작품을 감상하는 도중 화면 구석에 나온 귀신의 일부를 만날 수 있고, 스마트폰을 들어 움직이면 자신의 공간에 녹아들어 실

AR을 활용해 귀신을 눈앞에 불러다 놓는 〈폰령〉.

제 눈앞에 나타난 듯한 귀신의 모습을 만날 수 있다. 〈폰령〉 시리즈는 〈포켓몬GO〉와는 달리 GPS를 이용하진 않지만 스마트폰에 내장된 자이로코프 센서를 이용해 독자가 앉아 있는 공간 앞에 귀신이 진짜로 있는 듯한 효과를 준다. 이와 같은 효과를 내기 위해서 〈폰령〉은 스마트폰용 네이버 웹툰 앱에서만 제공되었다. 이듬해인 2017년 등장한 〈마주쳤다〉에도 AR이 일부 쓰였다. 웹툰 속 캐릭터인 영희가 독자를 따라 현실 배경 속에 등장하게끔 만든 것이다.

한편 VR은 AR에 비해 걸음이 조금 느렸으나, 기술 발전과 함께 HMD의 가격 하락과 콘텐트 다양화와 더불어 확장세를 보여주기 시작한다. 해외에서 VR의 HMD를 어떻게 만화와 결합해 보여줄 것인가라는 문제에서 선구적 역할을 한 것으로 꼽히는 작품은 HMD 업체인 오큘러스가 제공한 〈Since They Left: Episode 0〉이다. 만화에 분기와 각종 시청각 효과를 도입한 이 작품은 HMD를 통해 시야를 따라오는 화면과 올컬러, 과하지 않아 애니메이션이나 게임으로까지 읽히진 않는 수준의 '만화'를 보여준다. 같은 해에는 히어로 만화에 약간의 움직임을 준 콘텐트를 모션북이라는 이름으로 제작해 온 메이드파이어Madefire가 VR 만화 앱을 출시했는데, 이쪽은 VR로 구현한 나만의 가상공간을 극장화하여 컷 크기 차이를 살려 칸 바깥 영역에 공간감을 주는 형태를 띠고 있다. 주요 콘텐트는 마블 등의 그래픽 노블로, 상업 만화 장르로서의 그래픽 노블이 지니는 영화적인 인상을 살리고 있는 셈이다.

한국에서는 2016년 여름의 부천국제만화축제BICOF에서 VR과 만

오큘러스를 이용해 감상할 수 있는 본격적인 VR 만화 〈Since They Left: Episode 0〉.

화의 접목에 관한 세미나가 열렸다. 전시장에서는 하민석의 〈2030 코리아 오디세이〉라는 제목으로 간단한 데모 만화를 선보이기도 했다. 이 작품은 고개 각도에 따라 달리 보인다는 지점과 간단한 애니메이션이라는 측면에 집중했으나 VR을 통해 무엇을 어떻게 보여줄 수 있을까에 관해서는 답을 내리지 못한 아쉬움을 남겼다.

하지만 2017년부터는 코믹스브이라는 VR만화 전문 서비스가 등장한데 이어, 이펙툰으로 불린 〈옥수역 귀신〉 이래 꾸준히 웹툰과 기술의 접목을 통한 시청각 효과를 탐구해온 호랑이 세운 스튜디오 호랑 등이 등장해 사업을 본격화했다. 코믹스브이가 최호철이나 백성민의 작품을 통해 가상공간에 360도에 달하는 거대한 파노라마 그래픽을 보여주어 만화 이미지로 표현할 수 있는 지면 스케일의 극한에 다다르고 있다면, 스튜디오 호랑의 VR 웹툰 브랜드인 스피어툰은 VR로 '만화'를 보여주는 방식이 무엇인가에 조금 더 집중한다.

244

코믹스브이에서 제공하는 최호철의 대형 파노라마 VR 만화 〈2016 겨울 광화문〉.

스피어툰 대표작인 호랑의 〈초능력자 그녀〉.

스피어툰은 3D 레이어로 구성된 컷과 360도 화면의 절충을 시험하는 한편, VR웹툰 제작 툴을 별도로 제작해 웹툰의 대량 VR화 등을 위한 밑준비도 진행하고 있다.

　매년 공포 장르를 통해 기술을 웹툰에 적용하는 실험을 해왔던 네이버는 2018년 여름 공포특집 〈2018 재생금지〉를 통해서 AR과 VR을 동시에 접목하기도 했다. 호랑은 2016년의 〈폰령〉에 이어 〈2018 재생금지〉에도 참여했으며, 이야기 전개 면에서도 페이크 다큐멘터리 형식을 차용하기도 했다.

AR에도, 그리고 VR에도 약간의 걸림돌은 있다. AR은 스마트폰의 카메라를 이용하기 때문에 제공 업체의 웹툰 앱에서만 볼 수 있고 AR이 활용될 대목의 연출이 다소 뻔해진다는 단점이 있다. VR은 HMD가 제대로 된 걸 구비하기엔 비싸고, 360도 실시간 가상공간을 구현하기 위해 채용되는 3D가 곧잘 멀미를 일으키는 점이 극복해야 할 과제다. 하지만 AR이든 VR이든 중요한 점은 결국 기술보다는 콘텐트라는 사실이다.

스낵컬처 붐에서 단일 규격의 컷 단위 만화인 스마트툰과 컷툰이 큰 반향을 일으키지 못했던 까닭도 사람들이 짧고 가볍게 읽을거리를 원한다는 추세가 작품이 앙상해져도 된다는 의미는 아니었기 때문이었다. AR과 VR은 그 부분에서는 걱정보다는 만화와의 접점을 오래 가져가고 있고 2020년 현 시점에서도 대중의 관심이 유지되고 있다. 장비 가격이 내려갈 것이고 기술의 한계도 극복될 것이라고 본다면, 그리고 관건이 역시 콘텐트라고 한다면 이제는 그럴싸한 작품이 좀 더 나와줘야 할 때다. 기술이 중간에 끼어드는 게 아니라 기술로 작품에 몰입시킨다는 점에서는 AR보다는 VR에 조금 더 기대를 하게 되는데, 이 가상공간에 만화를 풀어놓는 방식의 헤게모니를 어떤 쪽이 쥐게 될까. 이 치열한 싸움을 당분간은 지켜볼 필요가 있

246

을 듯하다.

분명한 사실은 정답이 없다는 점이다. 나는 2016년 부천국제만화축제 때 VR 게임 제작자들을 초빙해 열린 세미나에서 진행자 역할을 맡은 바 있는데, 당시 VR 게임 제작자들이 만화와 VR의 접목에서 "VR 가상공간 안에 출판 만화가 잔뜩 쌓인 도서관을 만드는 것"이라는 아이디어를 내놓아 허를 찔린 적이 있다. 그리고 보면 2016년

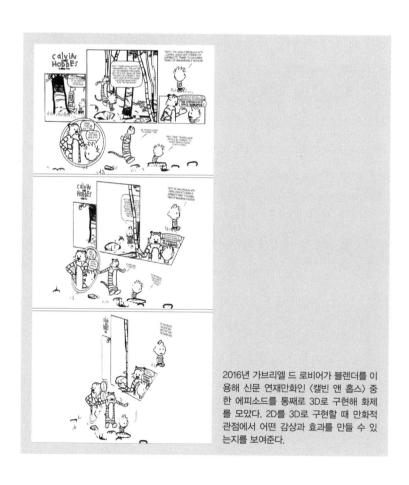

2016년 가브리엘 드 로비어가 블렌더를 이용해 신문 연재만화인 〈캘빈 앤 홉스〉 중한 에피소드를 통째로 3D로 구현해 화제를 모았다. 2D를 3D로 구현할 때 만화적관점에서 어떤 감상과 효과를 만들 수 있는지를 보여준다.

7월 가브리엘 드 로비어Gabriel de Laubier라는 사람이 블렌더라는 오픈 소스 3D 프로그램으로 인기 신문 연재 만화 〈캘빈 앤 홉스〉의 한 에 피소드를 3D로 구현해 내놓은 적이 있다. 2D의 3D적인 재현이지 만 3D로 제작된 작화가 VR로 구현될 때 각도에 따라 어떻게 보일 수 있는지에 관한 힌트를 준다. 고개를 돌려보면 우리나라에는 앞서 살펴보았듯 아예 풀3D로 만화를 제작하는 천계영 같은 만화가도 있 다. 기술 개발도 중요하지만, 한국 만화가 그간 다채롭게 쌓아온 자 산이 VR을 통해 어떤 새로운 형태의 즐길거리가 될 수 있을까 하는 접근도 해봄 직하다.

## AI(인공지능)

최근 실사판 할리우드 영화로도 제작된 〈공각기동대〉의 애니메 이션판과 비슷한 시기에 나온 일본 애니메이션 가운데 〈아미테이지 더 서드Armitage III〉라는 작품이 있다. 일본의 오리지널 비디오 애니 메이션OVA 전성기의 끝물 무렵 등장한 이 작품은 화성에 지구 인류 가 이주하게 된 미래, 진화형 안드로이드 '서드'들이 연쇄적으로 살 해당하는 사건을 수사하게 된 두 형사의 이야기를 다루고 있다.

작중에서는 서드들이 외관으로는 구분하기 어려운 상태로 인간 과 섞여 살고 있는데, 그 자체로는 성장하지 않으나 인공자궁을 탑 재해 임신과 출산이 가능하다는 설정이 여러 시사점을 준다. 글쓰기를 좋아하는 내 관심을 유난히 끈 건 주인공 아미테이지나 로스가 아니라 중간에 살해당하는 한 엑스트라였다. 이 서드는 살해당하기 직전 음성 입력 기능을 이용해 컴퓨터에 문장을 입력하고 있었는데, 그 문장은 다름 아닌 소설이었다.

임신 가능한 안드로이드라는 설정보다 더 인상 깊게 다가왔던 부분이 소설 쓰는 안드로이드가 있다는 점이었다. 내게 〈아미테이지 더 서드〉는 '과연 안드로이드의 인공지능이 창조적 사고와 창작 행위를 할 수 있을까?'라는 질문을 오래도록 뇌리 깊숙이 자리하게 만든 작품이다.

당시에는 아주 먼 미래에나 가능하리라 생각했던 상황이 어느 사이엔가 눈앞에 현실로 등장하고 있다. 2016년 알파고와 이세돌의 대결은 딥 러닝(심층 학습)을 거친 인공지능의 반복 계산과 지성을 지닌 인간의 대결에서 인간이 질 수도 있음을 보여준 상징적인 사건이었다. 한데 공교롭게도 비슷한 시기 인공지능이 인간의 영역을 넘나들려 한다는 뉴스가 우후죽순 쏟아졌다. 2016년 일본에서는 인공지능이 소설을 써서 문학상 1차 심사를 통과했고(AI 소설 프로젝트, 마츠바라 히토시松原仁 교수팀) 2017년 중국에선 인공지능 챗봇이 시집을 냈다(중국 마이크로소프트사 샤오아이스). 2018년엔 우리나라에서도 KT가 인공지능 소설 공모전을 열어 수상자를 배출했다.

만화와 연관이 깊은 이미지 처리에서도 인공지능 분야는 비슷한 시기 눈여겨볼 만한 연구 결과를 내놓고 있었다. 먼저 2016년 일본 와세다 대학의 이시카와 랩에서는 흑백사진 자동 채색 기술

〈Let there be Color : Joint End-to-end Learning of Global and Local Image Priors for Automatic Image Colorization with Simultaneous Classificiation〉, 리즈카 사토시, 에드가 시모-세라, 이시카와 히로시, 2016)과 연필로 거칠게 그어 표현한 수준의 러프 스케치에서 선화를 바로 뽑아내는 기술(〈Sketch Simplification〉, 에드가 시모-세라, 리즈카 사토시, 사사키 카즈마, 이시카와 히로시, 2016)을 발표했다.

이어서 2017년 일본 도쿄대의 아이자와 기요하루相澤清晴와 폴리나 헨스맨Paulina Hensman은 머신러닝 기법인 GAN(생성적 적대 신경망) 기반 이미지 생성기술인 cGANconditional-GAN(조건부 생성적 적대 신경망)을 써서 단일 흑백만화 이미지에서 망점을 뺀 선화를 자동으로 추출한 후 색까지 자동으로 입히는 기술(〈cGAN-Based Manga Colorization Using a Single Training Image〉, 폴리나 헨스맨, 아이자와 기요하루, 2017)을 발표했다. 아직까지 일본 만화의 대다수를 차지하고 있는 흑백 망점(스크린톤) 기반 출판 만화 원고를 채색 원고로 변환할 수 있는 기술인 셈이다. 특히 GAN은 2014년 처음 등장한 이래 이미지 합성과 생성에서 매우 다양하게 쓰이고 있고, 인물 이미지를 영상에 합성해 가짜 영상을 만드는 딥페이크 기술에 활용되기도 하는 등 빠르게 확산되고 있는데 만화 이미지 처리에도 유감없이 효용성이 발휘된 셈이다.

이미지 처리를 위한 인공지능에 자동 선화 추출과 자동 채색만 있진 않았다. 이 계열에선 비교적 이른 2015년 일본에서 발표된 waifu2x라는 사이트는 딥 러닝 기반 기술로 이미지 분석에 활용되는

아이자와 기요하루와 폴리나 헨스맨의 'cGAN을 이용한 자동채색'. 톤 처리된 흑백 이미지에서 망점을 제외하고 색을 입히는 과정을 보여준다.

CNN Convolution Neural Network(합성곱 신경망)을 이용해 2차원 이미지의 해상도를 큰 손상 없이 두 배까지 늘려주는 서비스를 시작했다. 이 기술을 이용하면 오래전 스캔하고 원본이 사라졌거나 낮은 해상도로 작업한 만화 데이터 복원에 기계의 힘을 빌릴 수 있다. 우리나라에서도 웹툰이 웹툰이란 이름으로 상업 지면에 정착하기 전 창작된 상당수 작품이 웹에 올릴 용도로만 생각하고 작업했다가 이후 출판 과정에 애를 먹거나 처음부터 다시 작업해야 하는 일이 왕왕 발생했기 때문에 이를 인공지능으로 보완할 수 있다면 상당한 수고를 덜 수 있게 된다.

이러한 이미지 처리 기술은 불과 2~3년 만에 연구소를 넘어 상용 서비스에 적용되기 시작했다. 이제는 포토샵보다 만화 제작에서만큼은 더 널리 쓰이고 있는 클립스튜디오 프로그램은 2018년 1.8.4 버전부터 자동 채색 기능을 넣었다. 전자동 채색과 지정한 색을 참조하여 채색하는 기능을 함께 지원한다. 비트맵 이미지 처리의 왕좌를 차지하고 있는 포토샵의 경우는 포토샵 CC 2020에서부터 선택한 영역을 주위 이미지를 참조해 채워넣는 내용 인식 채우기 기능과 단일 이미지에서 불필요한 요소를 빼고 피사체만 발라내는 데 쓰이는 개체 선택 도구과 피사체 선택 기능이 인공지능 기반으로 탑재됐다. 비록 만화에서만 쓰이는 기능은 아니나, 만화 작업에 사진을 활용하는 사례가 많고 포토샵이 만화 제작 도구로 오래도록 쓰여 왔기에 이미지를 가공할 때 유용하다.

국내에서도 만화 제작에 인공지능 기술이 쓰인 사례가 2017년 12월 등장했다. 네이버 웹툰에 실린 하일권의 신작 〈마주쳤다〉가 그 주인공이다. "세상에 없던 나새끼 로맨스 액션툰"이라는 부제를 달고 있는 〈마주쳤다〉는 등장인물이 스마트폰에 비춘 독자 앞의 풍경 속에 나오는 식으로 AR을 활용하기도 하고 일부 장면에서 360도 파

딥 러닝을 만화에 이용한 첫 사례, 하일권의 〈마주쳤다〉. 독자의 얼굴을 만화 속에 등장시킨다는 발상을 기술로 구현했다.

노라마를 선보이기도 했다.

하지만 그와 함께 이 작품에서 주목해볼 만한 점은 독자를 등장인물로 등장하게 하는 이미지 처리 기술이다. 〈마주쳤다〉는 네이버 웹툰 앱에서 작품을 볼 때 독자가 자기 얼굴을 사진으로 찍으면 GAN 기술을 이용해 하일권의 그림과 비슷한 2차원 캐릭터로 만들어 작중 등장인물로 곧바로 활용했다. 주인공이 남자로 고정돼 있다는 점이 다소 아쉬운 부분이고 일부 스마트폰에선 이 기술이 작동하지 않는 경우도 있었지만, 사진에서 작가의 그림체와 유사한 만화 이미지를 만들어 작중 전개에 활용한 점은 굉장히 신선한 발상이었다. 게다가 딥 러닝을 만화에 활용한 사례로는 최초로 기록된다.

〈마주쳤다〉는 네이버 웹툰과 하일권이 기획했지만 공동개발자로 네이버랩스라는 팀이 함께했다. 2018년 초 네이버는 웹툰 관련 기술을 연구하는 전담 조직으로 W리서치라는 팀을 차려 딥 러닝 기반으로 웹툰에 맞는 인공지능 기술을 개발하기 시작했다. IT 전문 매체인 《블로터》에 실린 인터뷰(〈"딥 러닝으로 웹툰 생태계 더 단단하게〉, 《블로터》, 2019. 2. 7)에 따르면 W리서치 팀이 연구 개발 중인 딥 러닝 관련 기술은 다음과 같다.

① 웹툰 이미지 압축 기술: 정상 이미지를 3분의 1 수준 저해상도 이미지로 만들었다가 열람할 때 원래 해상도로 복원함으로써 독자들의 데이터 요금 부담을 줄임
② 자동 펜선 따기와 자동 채색: 밑그림에서 펜선을 자동으로 생

성하고 자동 채색하는 기능

③ 웹툰 레이아웃 자동 변환 기술: 웹툰 형식에 생소한 해외 국가에서 출판 만화 형식으로 제작된 원고를 웹툰으로 전환

이 가운데 자동 채색 기술과 자동 펜선 따기 기술은 GAN이 처음 발표된 머신러닝 학회 NIPS Neural Information Processing Systems Conference와 컴퓨터 그래픽 기술 국제회의인 시그래프 아시아SIGGRAPH ASIA 등에서 발표되기도 했다. 2017년 네이버 웹툰이 개발해 불법 웹툰 공유 사이트 밤토끼의 운영자를 잡는 데에도 효과를 본 웹툰 불법 다운로드 추적시스템 툰 레이더ToonRadar도 2018년 이후 W리서치 팀이 맡고 있다. 네이버 웹툰은 2020년 1월에는 인공지능 업체인 비닷두를 인수하는 등 웹툰 관련 기술 개발을 계속 진행해나가고 있다.

한편 인공지능과 만화의 접목에서 근래 가장 큰 사건(?)이라 부를 만한 일이 2020년 일본에서 일어났다. 아예 인공지능에게 만화의 구상에서 작화까지 모두 맡기는 기획이 진행된 것이다. 재밌게도 1989년 사망한 '만화의 신' 고故 데즈카 오사무手塚治虫의 신작을 인공지능으로 하여금 만들게 한다는 발상인데, 그래서 기획명도 데즈카 2020이다. 〈파이돈ぱいどん〉이란 제목을 단 이 작품은 2020년 2월 27일 고단샤講談社의 주간 만화 잡지 《모닝》 13호에 2부 중 첫 회가 먼저 공개됐다.

작품이 발표되기 전 물 건너인 한국의 업계인들 사이에서도 큰 관심이 일어났는데, 막상 뚜껑을 열고 보니 걱정(?)했던 것보다는 아직

이미 죽은 데즈카 오사무의 신작을 만들어낸
다는 시도로 화제를 모았던 〈파이돈〉.

사람의 손이 많이 필요한 수준임이 드러났다. 데즈카2020은 딥 러
닝을 통해 데즈카 오사무의 장편 65편과 단편 13회 분량 원고 속 세
계관과 시나리오 구조를 분석한 후 이야기의 구성(플롯)을 생성하는
프로그램을 이용해 130개 가량의 구성을 뽑아낸 후 데즈카 오사무
의 아들인 데즈카 마코토手塚眞와 시나리오 작가가 붙어 내용을 완성
했다.

캐릭터 또한 실제 인물들의 사진을 바탕으로 세상에 없는 또 다른
사람의 얼굴을 창조하는 엔비디아NVIDIA의 실사 얼굴 학습 모델을
응용해 데즈카 오사무 만화의 캐릭터 얼굴을 수천 장 집어넣은 후
나온 결과값을 참고해 사람이 완성했다. 실질적인 만화 제작을 위한
지면 설계도라 할 만한 콘티와 기본 작화도 결국 사람이 했다.

데즈카2020 프로젝트에 참여하고 있는 마츠바라 히토시 교수의 전 연구인 AI 소설 프로젝트 또한 결과적으로는 사람의 손을 많이 거칠 수밖에 없었다. 이 점에 비추어 보자면 구성을 뽑아내는 선 이상의 시나리오 완성을 기계만으로 하는 데에는 아직 미치지 못하고 있으며, 이를 바탕으로 만화를 만드는 일 또한 각종 기호와 컷 배분, 연출 등 만화 언어로 '번역'해야 하는 과정 때문에 아직은 불가능한 듯하다. 결국 〈파이돈〉은 신기술을 이용해 업계의 상징이자 전설로 남은 고인의 신작을 만들어낸다는 이벤트 정도로 평가할 수 있다. 하지만 이벤트에 지나지 않는 행위였다 하더라도, 이 작업 과정에서 기계의 조력이 어느 정도까지 가능한가의 선을 잴 수 있었다는 점에서 다음 목표를 설정하는 데 도움이 될 것이다.

〈파이돈〉은 일본의 사례이고, 다소 부풀려진 기대와 걱정이 교차하는 프로젝트였으며 결과 또한 다행히(?) 예상 범주 안이었다. 앞으로의 일을 단정할 순 없으나 아직은 기계에 창작자의 고유 영역을 빼앗기는 일은 일어나지 않았다. 하지만 단순히 이기고 지고의 문제로 생각할 일이 아님을 눈치 빠른 이들은 알아차렸을 터다. 이미지 처리에 해당하는 기술만이 아닌 창의성에 해당하는 부분에서도 기계의 도움을 받을 수 있고, 이를 인정한 시점에서 창작의 범위와 방식이 달라진다. 알파고의 등장 이래 바둑이 망한 것이 아니라 프로 바둑기사들의 공부에 인공지능을 적극적으로 활용하게 되었듯 말이다.

# 만화는 이제 '만드는 것'

이 장의 앞머리에서도 언급한 바지만, 종이가 아닌 웹브라우저를 지면으로 삼은 웹툰은 태생적으로 기술 변화에 예민하게 조응할 수밖에 없는 매체다.

나는 웹툰의 탄생을 가리켜 "디지털 혁명이 한국과 만나 콘텐트로서의 만화인 웹툰이 나왔다"라고 말해오곤 했다. 니콜라스 네그로폰테Nicolas Negroponte가 저서 《디지털이다Being Digital》에서 주창한 디지털 혁명은 디지털을 통한 인류 생활 방식과 사회·경제 측면의 전면적 혁신을 뜻하는데, 만화는 이 흐름 속에서 처음으로 종이책 지면에서 분리되어 내용물 자체로 존재할 수 있게 됐다.

변화라고 해봐야 판형과 표지, 종이 질 정도의 차이가 있는 출판물로서의 만화와 달리 콘텐트로서의 만화는 노출 환경 자체가 급속도로 변하는 데다, 환경의 발전에 따라 내용물의 표현에 기술적으로 개입할 여지가 많이 생긴다. 출판 만화가 형태를 바꾼다 해봐도 TV 애니메이션과 PC 게임이었던 데 비해 웹툰 시대에 접어들기 전후부터는 시행착오를 거듭할지언정 '다른 형태'를 시험하는 이들이 계속해서 등장한다.

용어를 둘러싼 헤게모니 싸움이 이해관계와 현상을 정의함으로써 개념을 정착시키고자 하는 저널리즘적 측면이 없지 않다면, 기술 싸움은 고착되기 쉬운 시장을 흔들고 주도권을 쥐기 위한 선전 효과를 꾀하는 경우가 많다. 이 장에서 언급한 기술 이슈는 대부분 크고 작은 부딪침과 작고 큰 실패를 일으켰고, 겉으로 볼 때엔 큰 성과를 내지 못한 채 "스크롤이 편해"라는 감상으로 독자들을 회귀시키는 경우도 많았다.

어쩌면 당연한 일이다. 독자들이 새롭고 신기한 것에 눈을 두는 건 잠시일 뿐 결국 만화를 보는 독자들이 기대하는 건 만화로서의 재미와 완성도다. 이 점을 놓치고 기술만을 꾀한 이들이 성공한 경우는 없다고 봐도 무방하다.

그럼에도 기술에 주목하고 기술이 열어줄지도 모를 새 시장 형성 가능성에 나를 비롯한 많은 이들이 주목했던 까닭이 있다면 수익 다변화를 꾀하지 않고서 출발점부터 무료 중심으로 형성된 웹툰의 한계를 극복할 수 있지 않을까 하는 기대 때문이었다. 스마트폰 시대가 열리기 전후 시기의 나는 기술결정론자에 가까울 정도로 기술 이슈를 만화와 얽어 설파하고 다녔는데, 사실 그게 전부가 아니었는데도 내 딴에는 절박했다. 다행히 이후 이어진 포털 외 웹툰 사이트의 성공과 유료화 정착, 광고 수익 나누기 등으로 말미암아 이러한 우려를 어느 정도 불식할 수 있었다. 물론 완전하지는 않다.

지금도 기술 이슈를 계속해서 좇고 정리하여 기록하는 까닭이 있다면, 기술이 전부는 아니어도 이를 통해 웹툰, 나아가 만화의 표현과 제작 방식에 관한 고정관념을 깰 수 있다는 점 때문이다. 물론 많은 경우는 기술이 앞서 보이고 그에 관한 비판도 만만치 않다. 일례로 AR 기술을 접목한 〈폰령〉이 등장했을 때, 《아시아경제》에 실린 기사는 제목(《[공포완행열차] 폰 안의 유령, '증강현실 귀신'이 구렸던 까

258

닭〉, 박충훈, 《아시아경제》, 2016. 10. 25)부터 무시무시했다.

"네이버 웹툰 기획자에게 드리고픈 말이 있다. 신기술을 적용한 콘텐츠가 주는 충격효과는 빠른 속도로 무뎌진다는 것이다"라며 스토리텔링을 강조하는 충고는 〈옥수역 귀신〉 이래로 연이어 시도되고 있는 기술 기반 웹툰 콘텐츠에 관한 일반적인 시선을 보여준다. 일면 타당하다. 한데 재밌게도 이에 대구를 이루는 대답이 하루 뒤 《조선일보》를 비롯한 여타 언론에 실린다. 동일한 내용이 여러 곳에 실린 것으로 보아 보도자료 내용일 것으로 보이는데, 기사(〈웹툰도 증강현실로 본다… 네이버 웹툰 AR툰 '폰령' 선봬〉, 박철헌, 《조선일보》, 2016. 10. 26)에서는 "새로운 기술이 콘텐츠 연출의 한계를 극복하는 도구가 되기도 한다" "네이버는 웹툰이 정체되지 않고 계속 진화해갈 수 있도록 다양한 기술적 시도를 하고 있다"는 김준구 네이버 웹툰&웹소설CIC 대표 명의의 입장을 소개하고 있다.

시장 독과점 측면에서 비판점도 많았던 네이버 웹툰이지만, 공뷰 이후 별도의 기술 개발 대신 플랫폼 비즈니스에 좀 더 집중하고 있는 카카오에 비해 웹툰의 '정체'와 '진화'를 언급한 네이버 웹툰 대표의 입장은 이 시점에 시사하는 바가 크다. 다만 네이버 웹툰의 김준구 대표가 연출의 확장에 방점을 찍었으나 더 정확하게는 웹툰의 정체성과 성립 방식의 확장이라 봐야 한다. 정체성이라 함은 곧 형태를 달리하면서도 궁극적으로는 보수적 관점에서도 만화로 읽힐 수 있을까에 관한 고민일 것이고, 성립 방식의 확장은 웹툰을 만화로 만드는 과정과 방법이 만화 하면 생각하는 그 '전통적'인 모습과 완

259

전히 다를 수 있음을 인정하느냐의 문제다.

지금까지 훑어온 기술의 흐름과 그 과정에서 선구적 역할을 해낸 이들의 역할을 보면 분야가 다를 뿐 모두가 명확하게 한 지점을 가리킨다. 만화가 '그리는 것'에 머무르지 않는다는 것, 그리고 '만드는 것'이 되어가고 있다는 점이다. 배경을 컴퓨터의 힘으로 하던 시기도 옛날이 됐고, 이종범은 아예 게임 제작 도구를 동원했다. 3D를 도입해 만화를 제작하던 천계영은 급기야 이젠 입으로 컴퓨터에 명령을 내리고 있고, 네이버는 채색과 선따기를 컴퓨터에게 시킬 기세로 연구 중이다. 기술 노하우 공유라는 측면에선 가장 선구자라 할 만한 만화가 호랑은 이제 VR 웹툰 저작 도구를 제작 중이다. 이들의 만화는 그리기만 해서는 나오지 않는다.

만화를 '만든다'는 점에서 작가의 창의성을 훼손당하는 기분이 드는 이들도 적잖을 수 있을 것이나, 역할이 바뀐다고 생각하면 나쁠 게 없다. 생각해보면 시각 매체 가운데에서 만화만큼 개인 단위의 창작에 머무르는 경우는 극히 드물고, 권리를 침해하지 않는 선에서 의도에 부합하는 것을 선택하고 결정하는 역할 또한 창의성 면에서 중요한 역할을 차지한다.

어쩌면 발전 속도에 따라 소재 수집부터 스토리 창작까지 기계의 도움을 받는 영역이 더 늘어나고, 독창성 면에서 매우 중요한 요소로 여기는 그림체조차도 글꼴 디자이너처럼 의뢰에 따라 남이 디자인해 모델링해준 스타일을 가져다 붙여넣고 연출만 조정하는 경우가 한층 더 보편화할 수도 있다. 어쩌면 만화를 좀 더 빠르고 일관

성 있게 쏟아내기 위한 도구로서 인공지능과 3D가 전면 채용될 날이 올 수도 있고 이를 위한 데이터를 만드는 직군이 만화 업계에 별도로 자리하게 될 수도 있다. 창작이라는 표현에 무게중심을 둔다면 별로 바라지 않는 미래일 수 있지만, 다른 한편으로는 영상에서 말하는 '감독'의 역할로 만화가의 역할이 바뀔 때 지금까지와는 또 다른 요소가 시도될 수 있으리라는 기대도 생긴다. 결과물이 만화의 꼴을 갖추고 재밌게 읽힐 수만 있다면 무엇이든 상관없음을 지금까지의 선구적 사례들이 잘 보여준다.

물론 전제는 있다. 기술의 접목은 단순히 인건비를 줄이기 위한 방편으로 활용되기보다는 더 나은 결과물을 만들어내기 위한 방편이어야 한다. 다시 말해 '정체'를 넘어 '진화'하기 위해선 그만큼 들어가는 비용, 그리고 감독의 역할을 해나가게 될 수 있을 창작자들에게 돌아가는 비용이 커져야 한다. 기술이 사람을 더 갈아 넣기 위한 흉기가 된다면 곤란하다. 사람이 기술에 조응해 자기 역할을 재조정할 자세가 되어 있기도 해야 하겠지만, 기술 또한 사람의 역할을 확장하기 위해 존재한다. 그리고 만화에 접목되는 기술의 최종 목표는 어디까지나 더 나은 형태의 만화로 작가에게 더 많은 돈을 벌어다 주는 것이다.

261

## 생각할 거리들

책 원고를 거의 마무리 짓고 최종 정리하는 단계에서 느닷없이 새로운 만화 형식을 표방하고 나선 사례가 둘이나 등장했다. 하나는 카카오가 내놓은 얼라이브이고, 하나는 김성모가 내어놓은 유툰이다. 둘이 등장한 타이밍을 보고 비명을 지르지 않았다면 거짓말이다. 그렇다고 써놓은 본문에 새 이슈를 추가하면 그만인 게 아닌지라, 이렇게 별첨으로 그 등장을 기록해둔다.

### 카카오의 얼라이브

먼저 얼라이브ALIVE는 카카오가 자사의 다음 웹툰에서 연재를 시작한 웹툰 〈승리호〉를 통해 선보인 기술이다. 2020년 5월 27일 첫선을 보인 웹툰 〈승리호〉는 영화와 세계관을 공유하지만 별도로 제작된 이야기를 바탕으로 하여 단순한 프리퀄이나 스핀오프, 후일담 정도로 웹툰을 활용하는 사례에 비해 한층 본격적이고 공격적인 만화 저작권의 활용 사례로 기록될 전망이다.

카카오는 2020년 들어 슈퍼 웹툰 프로젝트라는 이름으로 '웹툰의

얼라이브라는 기술을 탑재한 〈승리호〉.

영상화'를 넘어서 웹툰을 바탕으로 한 지적재산권IP 사업을 본격화했다. 웹툰 〈승리호〉는 광진의 웹툰으로 2020년 1월 31일 드라마화한 〈이태원 클라쓰〉, 윤태호의 신작으로 남극 탐사 취재를 통해 제작된 〈어린〉에 이은 세 번째 슈퍼 웹툰 프로젝트 작품으로 홍작가의 작품이다. 한데 주목할 만한 점은 〈승리호〉의 프롤로그가 채용한 얼라이브라는 기술이 본문에서 언급했듯 그간 공뷰 이후 플랫폼 비즈니스에 치중하며 웹툰과 기술의 접목이란 측면에서는 네이버에 주도권을 넘기다시피 했던 다음 웹툰, 즉 카카오가 오랜만에 선보인 묵직한 한 방이라는 데 있다.

　얼라이브가 채용된 〈승리호〉 프롤로그는 스마트폰용 다음 웹툰 앱을 통해서만 볼 수 있는데, 감상 방식은 기존 웹툰의 세로 스크롤을 유지한다. 하지만 손가락으로 화면을 쓸어올리거나 내리면 그 손가락의 움직임만큼 시점과 심도가 변화하면서 우주와 지구 사이의 공간을 눈앞에 펼쳐놓는다. 해당 지점마다 음향도 다르고, 시점과 장면도 전혀 다르게 묘사되어 있는데, 그 과정의 런닝타임은 오롯이 독자가 읽는 속도에 맞추고 있다.

이는 시청하는 이의 시간을 빼앗는 영상의 문법이 아닌, 글과 만화와 같은 평면적인 비실사 시각 콘텐트의 문법이고, 보이는 장면 장면 또한 2차원 평면 화상의 유려한 다층적 중첩이지 프레임 단위로 연결되어 움직임을 주는 영상이 아니다. 즉 〈승리호〉의 프롤로그는 웹툰을 읽는 방식 그대로 자기 호흡에 맞춰 읽어나가는, 영상 연출의 스타일을 지니고 있되 본바탕은 만화의 표현 양식을 유지하고 있는 셈이다. 이렇게 되면 웹툰 중간에 삽입된다 해도 웹툰과는 다른 이질적인 느낌으로 시선을 빼앗기기보다 웹툰을 읽는 호흡 그대로를 유지하며 시청각 효과를 만끽할 수 있다.

과거 웹툰의 멀티미디어적 시도는 영상의 특질을 어떻게 정지된 만화 화상 속에서 구현하느냐에 집중한 나머지 결과적으로 게임과 애니메이션의 중간 어디쯤에 있는 듯하다는 인상을 지우기 어려웠다. 반면 얼라이브 기술은 멀티미디어를 채용했지만 본령은 웹툰인 형태가 어떤 모습인지를 보여주는 사례다. 즉 세로 스크롤이라고 하는 웹툰의 기본적인 정체성을 지니고 있으면서도 영상 시대 독자들의 구미를 끌 수 있는 또 다른 형태의 웹툰이 무엇인지를 보여준 셈이다. 2020년 6월 현재 아직은 작품의 프롤로그에만 적용되었지만,

야심차게 내어놓은 이상 〈승리호〉를 넘어 웹툰 스토리 전개에 이 기술이 본격적으로 채용될 때가 곧 오리라 생각된다.

다만 2차원 화상을 끝없이 중첩하여 연출한 〈승리호〉의 프롤로그를 보면 말도 못할 만큼의 노동량을 엿볼 수 있다. 이쯤 되면, 얼라이브로 웹툰 본편 전체를 제작하는 때가 온다면 제작비 책정이나 제작인력의 규모가 작가 1인 단위에 어시스턴트가 붙는 현재의 방식과는 달라져야 할 터다. 만화와 기술의 접목은 그간 대부분 적은 제작비용으로 최대한의 효과를 내며 어떻게 하면 인력을 덜 쓸 것인가에 맞춰져 왔다. 이는 창작자가 최종 노출 직전의 식자 작업에 이르는 공정 전체를 떠안아야 하는 현행 웹툰 창작 시스템에서 너무나 당연하다는 듯 정착되어온 게 사실이다.

하지만 얼라이브와 같은 기술이 본격 적용될 때 웹툰 제작은 영상에 준하는 수준의 기획 인력과 제작 인력을 필요로 할 것이다. 지금까지 기술의 적용 방향과는 정반대로 흘러가는 셈이다. 영상 업계는 웹툰의 2차적 저작물 작성권 계약에 나서는 이유를 "영상 제작에 들어가는 총 제작비에 대비해 얼마 안 해서"라고 실로 공공연하게 밝혀왔다. 이제는 전혀 다른 이야기를 들을 수 있을까? 얼라이브 기술이 그 시작점이 될 수 있다면 좋겠다.

### 김성모의 유툰, 아카마츠 겐의 씨-튜브

2020년 1월 한 비타민제 광고에 이젠 만화의 고전적 명대사의 반열에 오른 "자세한 설명은 생략한다"가 튀어나와 만화 독자들을 즐

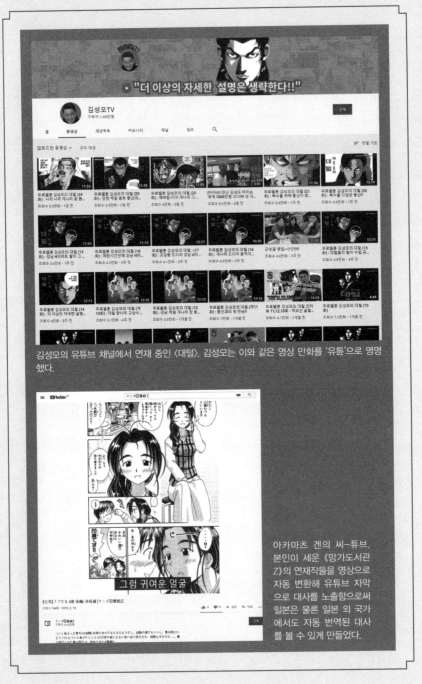

김성모의 유튜브 채널에서 연재 중인 《대털》, 김성모는 이와 같은 영상 만화를 '유튠'으로 명명했다.

아카마츠 겐의 씨-튜브. 본인이 세운 《망가도서관 Z》의 연재작들을 영상으로 자동 변환해 유튜브 자막으로 대사를 노출함으로써 일본은 물론 일본 외 국가에서도 자동 번역된 대사를 볼 수 있게 만들었다.

266

겁게 한 바 있다. 한데 이 대사가 담겨 있는 만화 〈대털〉이 2020년 4월 20일 유튜브에 공개되기 시작했다. '김화백'이라는 별명을 얻으며 인터넷에서 컬트적 인기를 구가해온 김성모가 유튜브에 김성모TV라는 채널을 개설하면서 본인의 대표작이라 할 〈대털〉을 영상으로 제작해 내어놓은 것이다.

김성모는 2020년 5월 7일 페이스북에 유튜브용으로 편집한 영상판 만화에 '유툰Youtoon'이라는 이름을 붙이기로 했다면서 "전 세계 최초의 제대로 된 극화체 영상 만화 형식" "앞으로 유툰이 새로운 만화 발표의 장으로서 창공의 별이 되어 돈다발을 지금도 하얀 밤을 지새우며 노력하고 있는 창작자들에게 뿌려 줄 것"이라고 밝혔다.

유툰이라는 이름은 김성모가 명명했지만, 만화의 영상 변환 자체는 본문에서 소개한 모션코믹스 형식을 보듯 〈대털〉이 오롯이 세계 최초는 아니다. 하지만 만화를 영상 스트리밍 서비스에 올린 사례로 치자면 일본의 만화가 아카마츠 겐赤松健이 2019년 3월 19일 유튜브에 자신의 인기작 〈러브히나〉를 영상으로 만들어 올린 사례를 선례로 들 법하다.

〈러브히나〉 영상은 아카마츠 겐이 운영하는 '망가도서관 Z'를 통해 제작한 것으로, 이름을 씨-튜브C-TUBE라고 지었다. 관련한 공지는 2018년 12월 30일에 망가도서관 Z의 운영사인 주식회사 J코믹테라스의 블로그에 '[새로운 서비스 실험] 만화를 전자동으로 YouTube 동영상으로 변환해, 대사도 100개 국어로 자동 번역해서, 해외에서도 척척 읽게 하자!【新サービスの実験】マンガを全自動でYouTubeの動画に変換し、セリ

フも100ヵ国語に自動翻訳して、海外でもどんどん読んでもらおう!'라는 제목으로 처음 올라왔다.

본래 망가도서관 Z는 일본에서 절판되어 보기 어려운 만화에 광고를 붙여 무료로 공개한다는 구상에서 나온 만화 사이트다. 한데 유튜브에 만화를 멋대로 영상으로 만들어 올리고 수익을 갈취하려는 이들이 나타나자, 아예 역발상으로 저작자 입장에서 영상을 직접 만들어 올리고 유튜브에서 광고 수익을 받을 수 있게 한 것이다.

여기서 주목할 점은 씨-튜브가 자동 영상화라는 측면과 더불어 글로벌 플랫폼을 노려 내놓은 또 다른 아이디어다. 망가도서관 Z에서 제공 중인 만화를 자동으로 유튜브 동영상으로 변환하면 유튜브에서 제공하는 자막 기능을 이용해 대사를 일본어 자막으로 제공하며, 각국의 유튜브 이용자는 이를 유튜브에서 제공하는 자동 번역 기능을 통해 각 국가의 언어로 만날 수 있는 것이다. 번역 식자를 별

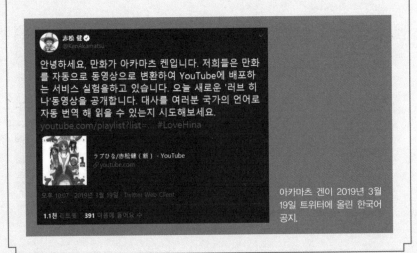

아카마츠 겐이 2019년 3월 19일 트위터에 올린 한국어 공지.

도로 작업하지 않고 유튜브의 기능만으로 외국인들까지 포괄하겠다는 발상이 신선했다.

아카마츠 겐은 씨-튜브와 관련해 "일본에서 유일하게 '대사 자동 추출 기능'을 표준으로 갖추고 있는 망가도서관 Z에서만 제공 가능한 서비스"라고 밝힌 바 있다. 말인즉 망가도서관 Z는 만화 데이터를 넣으면 광학적 문자 판독 기술OCR을 통해 대사를 자동으로 데이터화하는 기능을 갖추고 있다는 이야기다. 아카마츠 겐은 이어서 작가가 오디오 코멘터리를 영상에 삽입하는 기능도 시험했다.

씨-튜브에 관한 언급은 2019년 6월 19일 닛폰닷컴에 올라온 이타쿠라 기미에板倉君枝의 〈디지털 시대 만화의 미래를 개척하다: 《망가도서관 Z》를 목표로デジタル時代の漫画の未来を切り開く:「マンガ図書館Z」が目指すこと〉라는 인터뷰 기사가 끝이고, 유튜브에서도 자막을 붙인 C-TUBE 영상은 2019년 5월 31일 올라온 〈너는 나의 태양이다君は僕の太陽だ〉가 끝이다.

이후에도 영상화한 만화가 2020년 1월 7일까지 계속 올라오기는 하였으나, 처음의 목표였던 영상과 자막의 자동 생성을 통해 타국 사람들이 그들의 언어로 만화를 읽게 하자는 목표가 유의미한 성과를 내지는 못한 듯하다. 하지만 수작업이 아닌 변환 기술로 만화 데이터를 현 시점 가장 강력한 영상 플랫폼이라 할 유튜브에 맞춰 변환하고 다양한 국가에서 수익을 만들어내겠다는 발상은 당분간은 압도적인 힘으로 지속될 영상 시대에 시사하는 바가 크다.

유툰과 씨-튜브는 그 이름에서 보듯 둘 다 '유튜브용 만화'를 뜻한다. 양쪽에 약간의 시차가 있을 뿐 공식적으로 만화 창작자가 만화의 새로운 수익 창구이자 대중과 만나기 위한 창구로서 유튜브를 지목한 점은 주목할 만하다. 물론 만화와 영상은 완전히 다른 호흡을 지니고 있고, 이 때문에 모션 코믹스가 그러하듯 영상에 맞게 재편집과 움직임 효과를 주는 방식으로 간극을 줄여보려는 노력이 계속되어왔다.

하지만 영상과 수익이라는 측면에서 현재 전 세계적인 파급력을 지니고 있는 플랫폼이 유튜브임을 부인할 수 없고, 그 규모가 어떤 종류의 콘텐트보다도 크다는 점도 분명하다. 게다가 그 공간은 창작자가 직접 접근할 수 있는 열린 공간이다. 김성모와 아카마츠 겐이 별도의 영상 만화 서비스를 만들기보다 영상 스트리밍을 통해 독자를 만들어보려는 까닭도 여기에 있다. 영상과 만화의 형식 차이로 말미암은 괴리감을 상쇄할 만큼 유튜브의 영향력이 크고, 현재 세대가 그만큼 유튜브 영상에 익숙해졌기 때문이다. 발상은 다르지만 만화가 유튜브에 닿은 건 어찌 보면 당연한 수순이다. 불법 스캔 만화를 공유하던 이들이 인터넷 게시판에 출판 형식의 만화를 세로로 이어붙여서 뇌 내 보정을 하며 모니터에서의 만화 노출에 재빠르게 적응한 웃지 못할 현실도 떠오르는 대목이다.

재미난 건 유튠도 씨-튜브도 과거 작품의 재활용 내지는 재게재라는 또 다른 공통점을 지니고 있다는 점이다. 이는 신작을 유튜브에서 공개하기보다는, 현재의 활동과 더불어 한 차례 화제를 모은 과거의 작품을 새 매체 새 형식을 통해 공개함으로써 올드팬은 물론 새로운 독자층까지 포괄할 수 있다는 전략을 깔고 있다. 즉 유튜브가 수익 창출 창구로 선택되었지만, 아직까지는 부가 수익 차원으로 접근하고 있음을 알 수 있다. 어느 쪽도 실험 단계지만, 이후 영상으로 만화를 만들려는 시도가 어떤 쪽으로 이어질지를 엿볼 수 있는 대목이다. 한편 김성모의 유튠보다 조금 뒤인 2020년 8월 유튜브를 웹툰스럽게 활용해보려는 사례가 등장했다. 모티MoTea라는 업체는 2020년 8월 31일 유튜브에 첫 영상을 올린 이래 평일 낮 12시 각기 다른 작품의 새로운 에피소드를 갱신하고 있다. 주목할 점은 '세로로 보는 모션 웹툰'이라는 콘셉트가 말해주듯 조금 더 웹툰의 틀을 유지하려는 모습을 띠고 있다는 점, 그리고 영어판을 함께 올리고 있다는 점이다. 출판 만화 화상을 그대로 붙이는 유튠이나 씨-튜브 형태와 달리 영상에서 웹툰의 느낌을 조금 더 입체적으로 살린다는 인상이 강하다.

## 엔비디아의 고갱

데즈카2020 프로젝트의 캐릭터 조형에는 비주얼 컴퓨팅 업체 엔비디아의 스타일GANStyleGAN 기술이 활용되었다. 스타일GAN은 실제 얼굴 사진을 여럿 넣으면 이를 학습해 전에 없던 새로운 얼굴을 지닌 인물 얼굴을 창조하는 인공지능 기술이다.

엔비디아는 가니멀GANIMAL이나 이미지 인페인팅IMAGE INPAINTING, 게임GANGAMEGAN과 같이 이미지 합성에 많이 쓰이게 된 GAN 기술에 지속적으로 투자하고 있다. 게임GAN은 2020년 5월 고전 게

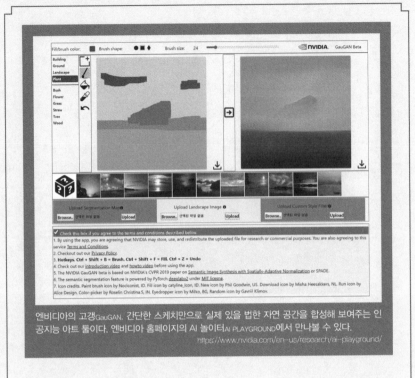

엔비디아의 고갱GauGAN. 간단한 스케치만으로 실제 있을 법한 자연 공간을 합성해 보여주는 인공지능 아트 툴이다. 엔비디아 홈페이지의 AI 놀이터AI PLAYGROUND에서 만나볼 수 있다.
https://www.nvidia.com/en-us/research/ai-playground/

임 〈팩맨〉의 게임 영상 5만여 편을 시청하고 학습한 후 팩맨 게임을 게임 본체 없이 그대로 재현해 AI로 게임을 제작하는 데 성공해 화제를 모으기도 했다. 한데 만화와 관계성을 둘 만한 기술은 따로 있다. 바로 인공지능 아트 툴인 고갱GauGAN이다.

시그라프2019에서 베스트 오브 쇼Best of Show' 및 '오디언스 초이스Audience Choice' 두 가지 상을 수상한 고갱의 이름은 인상주의 화가 고갱에게서 따온 것이다. 고갱은 건물, 땅, 바위, 하늘, 물과 같이 표현하고자 하는 대상을 선택해 붓과 양동이 도구를 이용해 스케치를 하면 AI가 마치 실제로 있는 듯한 배경 화면을 합성해 보여준다.

이전까지는 고가의 장비와 고도의 기술을 갖춘 그래픽 디자이너가 시간을 들여 만들어내거나 실력 좋은 사진사가 직접 찾아가 촬영해온 사진을 구매해야 했던 데 비해 고갱을 이용하면 앉은 자리에서 산과 들, 물, 바위 등이 어우러진 멋진 풍경을 디자인해낼 수 있다. 제작진들은 게임 아트 디렉터나 콘셉트 아티스트들, 그리고 조경 디자이너나 도시계획가들이 활용할 것으로 예상했다고 한다. 한데 고갱의 데모를 웹페이지에서 직접 돌려보고 있자면, 문득 오래지 않아 만화의 배경 제작을 위해 직접 온갖 곳을 찾아 사진을 찍는 일이 줄어들 수도 있겠구나 하는 생각이 든다.

3D 모델링 프로그램인 스케치업으로 만화 배경을 대체하는 경우가 크게 늘었지만, 스케치업은 대체로 건물을 비롯해 인공물이 중심이 된 공간을 만들어내는 데 최적화되어 있는 프로그램이다. 자연 배경을 무대로 하여 일부에 인공물이 섞일 수도 있는 공간이 필요할 때 엔비디아 고갱의 포토 리얼리스틱 합성 기술을 활용하면 세상에 없던 공간을 원하는 형태로 만들어낼 수 있다. 이렇게 제작된 배경을 선화로 뽑아내는 기술이 섞이거나 별도로 적용할 수 있다면 더더욱 만화에 적용하기 쉬워질 터다.

엔비디아 고갱은 현재 공개되어 있는 건 웹 페이지에서 작은 너비의 결과물을 받을 수 있는 데모 수준이지만, 이러한 기술이 등장하고 나면 오래지 않아 비슷한 기술이 포토샵이나 클립스튜디오 등에 적용되곤 하니 곧 상용화되어 다양한 시각 문화 창작자들에게 쓰일 가능성이 크다. 기술이 발전해 실시간 합성이 가능한 수준이 된다면 영화나 게임 속 배경 그래픽을 구현하는 데 곧바로 쓰일 수도 있을 터다. 만화를 위해 개발된 기술은 아니긴 하지만, 스케치업이 그러했듯 향후 상용화 정도에 따라 만화에 널리 접목될 가능성이 크다고 본다.

문득 이런 생각을 해본다. 만약 건물을 빙 둘러 찍은 사진 여러 장을 입력하면 외양은 물론 외양에 따른 내부 구조까지 추측해 건물 한 채의 3D 모델링 데이터를 합성해 만들어내는 기술까지 나오고, 이를 선화로 뽑아낼 수 있다면? 건축업자나 인테리어 업자에게도 많이 쓰일 수 있겠지만, 만화 창작자들도 스케치업 모델링을 애써 처음부터 만들 것 없이 스마트폰을 들고 모델로 삼을 만한 건물을 취재하는 데 좀 더 집중할 수 있게 되지 않을까. 국내에선 어반베이스라는 스타트업이 2차원 평면 도면을 입력하면 이를 3D 화상 데이터로 변환해 건축물 모형을 대체하는 기술을 개발한 바 있는데, 역으로 외부 화상으로 안까지 예측해 그려낼 수 있다면 그 쓰임새가 여러모로 클 듯하다. 당장은 없지만, 언젠가 올 미래로 꿈꿔본다.

# '만화책'은 돌아오고 있는가?

2016년분 교보문고 만화책 판매량 증가 뉴스에 비춰본
우리 만화 시장의 현재 진단

이 글은 《시사저널》 1440호(2017. 5. 22 발행)에 실린 〈만화책이 돌아왔다… 다시 부는 카툰 열풍 – 만화 원작 콘텐츠 인기 영향, 새로운 트렌드 만화 카페 등 즐기는 방법 다양해〉라는 기사 작성을 위해 인터뷰를 요청받아 답변한 내용이다.

해당 기사는 나 홀로 인터뷰한 내용이 아니어서 답변의 일부만 실려 있지만, 시간이 지나는 과정에서도 여전히 유의미한 내용이 있다 판단하여 전체를 옮겨 싣는다.

\* \* \*

[**질문**] 교보문고 통계자료에 의하면 2016년 만화 판매량을 분석한 결과, 2015년보다 13.4% 늘어난 130만을 기록했다고 합니다. 역대 최다 판매라고 하는데요. 2016년 1~4월 판매량 역시 지난해 같은 기간보다 10.5% 증가해 올해 역시 최고 판매량을 기록했다고 합니다. 칼럼니스트님께서 보시기에는 만화책 시장이 다시 살아날 가능성이 있다고 보시나요? 저는 출판업계가 워낙 불황인 가운데, 만화는 꾸준히 소비하는 독자들이 있어서 튀어(?) 보이는 게 아닐까 생각도 해봤는데요. 만화책 시장의 부활이라고 볼만한 건지 궁금합니다. 즉 이게 유의미한 통계일지 궁금합니다.

[**질문**] 특히 30~40대가 구매독자층의 중심이라고 합니다. 2007년 연령별 판매 비중과 비교했을 때 주요 독자층의 연령이 10~30대 중심에서 20~40대 중심으로 바뀌었다는데요. 2007년 16.76%에 달했던 10대 비중은 지난해

6.45%로 늘어난 반면 30대는 24.66%에서 31.44%로 늘어, 전 연령을 통틀어 가장 비중이 컸고 40대 역시 17.15%에서 25.07%로 크게 늘었다고 합니다. 저는 30~40대가 크게 늘었다는 것에 놀랐습니다. 그 요인이 무엇이라고 생각하시나요? 원래 소비하던 마니아층일까요?

묶어서 답하겠습니다.

교보문고가 지난 2017년 5월 8일 발표한 통계 자료가 여러모로 화제인데요. 말하자면 '만화로 분류되는 종이책'의 판매고가 늘고 있다는 이야기입니다. 흐름이 수치를 만들고 그 수치가 흐름을 더 가속화할 수 있다는 점에서 매우 긍정적인 신호로 읽을 수 있겠습니다만 수치의 이면을 읽어본다면 조금 계산법이 복잡하다는 느낌입니다.

기자님께서 말씀하신 바와 같이 출판업계 자체가 불황이고 이는 만화 출판도 마찬가지입니다. 자료에 따르면 장르 구분 없이 대체로 골고루 잘 나갔다고 합니다만 이를 잘 살펴보면 이 판매 부수 대부분을 채우고 있는 건 해외 라이센스 도서입니다. 통계에서 한국 작가들의 작품만 있는 웹툰 분야가 신장했다는 점은 긍정적이기는 합니다만, 전체 비율 가운데 다수는 여전히 만화 콘텐츠 수입에 의존하고 있다는 이야기지요.

이를 바꿔말하면 판매부수 신장이 곧 한국 작가들의 작품들이 책으로 나와 팔릴 수 있는 환경이 무르익은 증거라고 말하기는 어렵습니다. 한국 작가들의 주 활동 창구이자 수익을 낼 수 있는 창구가 아

277

직 웹툰일수밖에 없다는 것이 오히려 두드러지는 결과라고 할 수 있겠지요.

흔히 '전통적인 만화 독자층'을 이야기할 때엔 소싯적에 잡지와 단행본을 통해 만화를 접한 세대와 마니아층(+오덕층)을 이야기하겠습니다만, 이들이 주로 접해왔던 형태의 만화들이 판매고 상승이라는 흐름을 이끌었다고 보기는 어렵다고 생각합니다. 코어 유저층은 일정 연령대가 되면 자기가 가장 활발하게 보고 읽고 즐겼던 형태 앞에 멈춰 서서 새로운 흐름에 잘 편입되지 않거든요.

그리고 만화 출판 시장에서 소위 코믹스 판형이라 불리는 일본 잡지 연재 만화 형식의 만화책은 여전히 유지를 위한 종수 늘리기에서 크게 벗어나지 못하고 있습니다. 해당 통계에서 신장세에서 빠진 몇 안 되는 대목이 재밌게도 '직업 문화'와 '순정만화'인데 이는 곧 만화 좀 보고 자란 연령대들이 남녀 공히 나이를 먹어서도 만화를 계속해서 읽으면서 지갑을 열었다고 해석할 여지를 여지없이 무너뜨리는 근거라고 생각합니다.

직업 문화에 관심을 둘 만한 연령대는 30~40대 이상 남성이고 순정만화는 특유의 깊고 섬세한 서사와 깊은 세계관으로 여성 독자층에서 고른 연령대에 걸쳐 인기를 모아왔던 장르거든요. 그 계층은 지금 만화 시장의 주류로 같이 나이 들어간 게 아니라 과거 영광(?) 속에 머물러 있는 거지요. 분석 자료는 30~40대가 만화에 친숙한 세대이기 때문에 이 수치가 가능했다고 말하고 있습니다만, 저는 그 조건이 충분조건이지 필요조건이라고 생각하진 않습니다.

278

그럼 저 수치가 무의미하냐, 그렇진 않습니다. '웹툰 독자층'이라는 새로운 독자층과 맞닥뜨린 2000년대 초중반 사이에 만화계가 겪은 충격과 비슷한 상황이라 해야 할 텐데, 이 흐름을 만든 건 만화책으로 만화를 봐왔던 사람과 웹툰 부가 상품으로서 만화책을 집어 들어왔던 이들과도 다른 사람들입니다. 웹툰 독자층도 마찬가지긴 했습니다만 더더욱 심화한 부분이 바로 '딱히 만화라서 읽는 게 아닌' 이들의 유입이라 보는데요. 예전에는 '만화이기 때문에' 집어들고 읽었다면 웹툰 이후에는 사람들이 '이게 만화라서' 집어드는 게 아닙니다. 뭔가 색다른 읽을거리의 하나로 받아들이거나, 더 많은 경우 최신 이슈에 예민하게 대응하는 가운데 선택받은 결과물에 가깝다는 것이죠.

히어로물을 예로 들자면 시공사 등이 주도해 그래픽 노블을 국내에 들여오기 시작한 건 벌써 수년이 지나고 있었고 슈퍼 히어로뿐 아니라 독특한 필체와 세계관을 지닌 그래픽 노블 작품들이 소개되어 왔습니다. 하지만 마블표 영화가 이 정도로 화제가 되지 않았다면 저만치 몰렸을까는 의문입니다. 다시 말해 만화여서가 아니라, 마블 로고와 〈아이언맨〉〈토르〉 등의 로고가 찍힌 티셔츠를 사 입고 거리를 활보하는 것과 딱히 다를 바 없는 감각이라는 겁니다. 하지만 이걸 슬퍼하거나 노여워할 필요는 없는 게, 독자들이 어떻게 받아들이든 말든 그건 어쨌든 만화거든요. 많이 팔리면 좋은 거고 많이 팔리면 그만입니다.

애완동물 만화 같은 게 늘었다는 것도 근래 이슈의 반영입니다.

'30년 마약 방석' 대통령이 반려동물들을 데리고 청와대에 입성했으니 관련한 관심은 더 커지겠지요. 간편하면서도 세밀한 정보 전달과 이입 효과를 내는 데 만화 형식은 여전히 그리고 앞으로도 유효할 테니까요.

다만 아쉬운 건 그 흐름이 여전히 그리고 앞으로도 수입물에 편중될 것 같다는 점입니다. 국내 작가들의 작품들이 서점에서 폭발력을 내기엔, 출판에서 먹히는 형태의 만화를 만들던 시스템과 작가군과 독자층이 적잖게 붕괴한 상태입니다. 살아 있는 건 웹툰이고, 웹툰이 책으로서 승부해 서점이라는 시장에서 팬들의 구매 외에 저 '만화여서가 아니라 흥미로워서 집어드는' 새로운 독자층을 상대로 압도적인 흐름을 만들어낼 수 있는가는 이제 좀 더 지켜봐야겠지요. 외연 확장은 정치에서만 통용되는 화두가 아닙니다. 시쳇말로 박스권 돌파를 꾀할 수 있느냐 아니냐가 관건이고 이걸 뚫지 못하면 웹툰의 미래가 그렇게 밝진 않겠지요. 봐주던 사람들이라고 언제까지고 쳐다봐주진 않거든요. 많이들 잊고 있지만 웹툰 독자층도 초기에 비해 벌써 10년 이상이나 나이를 먹었습니다. 웹툰 자체도 그 시기에 만화여서가 아니라 재미난 읽을거리여서 접한 이들이 유입되며 폭발한 케이스지만, 그것도 이만치나 시간이 지나 장르로 굳어져온 겁니다. 매체는 애저녁에 포화 상태고 웹 환경의 유입층도 서비스 업체 판도에 따라 고착화하는 상태죠. 결국 웹툰의 확장은 역으로 온라인 바깥이 되어야 하지 않을까 싶습니다.

**[질문]** 10~20대는 웹툰 등으로 만화에 익숙하지만 그게 구매로 이어지는 것 같지는 않습니다. 아무래도 무료 플랫폼에 익숙해져서일까요? 이게 만화 산업의 성장에도 악영향을 끼칠 수 있지 않을까 생각합니다. 실제로 그러한가요? 여담으로 제 친구는 10대, 20대는 그저 돈이 없어서라고 하는데, 이는 어떻게 보시나요?

10~20대가 돈이 없는 건 맞습니다. 지갑이 매우 얇은 편이긴 하지요. 하지만 무턱대고 돈을 안 쓰느냐면 그렇진 않고 엄밀히 말해 돈을 쓸 우선수위를 정할 때 콘텐츠 소비는 완전히 논외로 놓는 게 일반화했다고 보면 될 듯합니다. 하지만 이걸 지금 젊은층에게만 무어라 할 수가 없습니다. 만화는 '팔리는 책'으로 취급됐던 시기가 1990년대 10여 년 정도이고 그 이외 시기에는 대부분 만화방이나 대여점에서 대여라는 형태로 취급됐습니다. 도서대여점 활황기 직후와 웹툰 정립기 직전에는 불법 스캔 만화라는 형태로 돌면서 권당 300원이라는 대여비조차 아까워하는 세태가 만연했고요.

이 흐름이 지금에 이르러서는 만화책은 불법 스캔판으로 웹툰은 캡쳐판으로 구해서 보는 게 굉장히 똑똑하다고 여기는 세태로 연결돼 있는 겁니다. 젊은 사람들에게 만화는 돈 안 내도 되는 매체라는 생각이 기본이고 지배적이죠. 안 그래도 돈 쓸 곳 많으니까요. 실제로 비슷한 연령대에서 게임은 많이들 결제하지요. 결제도 편하지만 그래야 게임 자체를 즐기기도 편하게 설계하고 있으니까요. 만화는 이런 대응이 콘텐츠 차원에서 쉽지 않고, 결제 자체도 여전히 복잡

281

하지요. 새 정부에서 액티브엑스와 공인인증서를 없애겠다고 했는데 이게 정말 중요합니다.

반면 30~40대가 늘어난 걸로 보이는 까닭은 전통적인 만화 독자의 귀환이 아니라 앞서 언급한 바와 같이 독자층 자체가 코어한 계층 바깥에서 대거 유입한 결과라고 생각합니다. 다시 말해 만화여서 집어들 정도의 충성도는 없는 사람들 말입니다. 이들은 이런 거 저런 거 재가면서 돈을 안 내기 위해 기꺼이 불법 사이트에 포인트를 유료 결제할 정도로 멍청한 노력을 들일 만큼 잉여롭지는 못하거든요. 불법을 저지르는 데 필요한 노력이 귀찮은 사람들은 그냥 지갑 열고 삽니다. 그렇게 해석해야 한다고 생각해요.

**[질문]** 인기 웹툰과 같은 경우는 단행본으로 제작되곤 하는데, 웹툰 팬들이 일종의 굿즈를 구매하듯이 단행본을 구매하는 게 아닐까 생각해봤습니다. 소장용으로 구매를 하는 거죠. 만화책 판매율이 올라갔다는 데는 이러한 요인도 한몫할 수 있지 않을까요?

웹툰 독자들의 단행본 구매는 굿즈 개념이 맞습니다. 유료화 정책의 정착으로 굳이 책을 사지 않는다 하더라도 작가에게 유의미한 수익을 줄 수 있는 방법이 있는 상황이지만 그런데도 책을 사는 건 말씀하신 바와 같이 소장용이죠. 통계에서 웹툰 장르의 성장세는 이 점을 분명 반영하고 있다고 생각합니다.

　하지만 웹툰과 책의 편집은 방법과 호흡이 완전히 다르기 때문에 이 두 차이를 이해하는 작품이 아주 많지만은 않습니다. 그래픽의 밀도도 차이가 커서 책으로 볼 때 난감한 경우도 비일비재하죠. 지금까지는 인기를 끌면 단행본으로 나온다는 게 일련의 단계처럼 여겨져온 경향이 있는데, 소장용으로서의 가치를 증명하지 못하는 사례가 많으면 많을수록 이 경향도 힘을 잃을 것이라 생각합니다. 모든 작품이 책으로 나올 수 있는 것도 아니라서 오히려 웹 독자들에게 집중하겠다고 선을 긋는 작가들도 있어요. 양쪽의 선을 잘 조율하면서 시장의 문을 두드려야 좋은 결과를 만들어낼 수 있습니다.

　반면 아예 안전하게 크라우드 펀딩으로 확실한 독자층을 만들어내는 작가군도 늘고 있지요. 이게 대형서점 통계에 오롯이 잡히는

불키드의 〈정리의 밤〉. 딜리헙 유료 연재 후 텀블벅 크라우드 펀딩으로 책을 낸 사례.

건 아닙니다만, 큰 인기를 끌어야만 가치가 있다는 방향에서 약간 비껴난 작품들도 독자들에게 손에 잡히는 형태로 접근해 사용자 경험성을 확장시킨다는 측면에서 함께 주목할 필요가 있는 흐름이라고 생각합니다.

[질문] 지금 만화가 각광받는 이유가 인기 애니메이션이나 드라마, 영화의 원작이 만화인 경우가 많아서라고 분석하는 사람들이 있습니다. 칼럼니스트님께서는 어떻게 보시나요. 사실 저는 원작 만화가 인기가 있어서 영화 등으로 제작이 됐는데, 그게 다른 사람들을 원작 만화로 끌어들이는 요소가 될 수 있을지 의문이 들었거든요.

마블이나 DC의 히어로 그래픽 노블이 화제인 건 분명 영화의 역할이 큽니다. 하지만 미국 쪽 히어로물은 애초에 만화 제작과 영화를 떼어놓을 수 없게 된 입장이고, 다매체 전략의 일환으로 접근한 작품들이 반드시 영향을 주고받는다고는 볼 수 없습니다. 이건 말 그대로 전략을 어떻게 세우느냐에 따라 좌우되는 문제지 그리 단순하게 "애니메이션, 드라마나 영화의 원작이 만화라서 만화도 인기"라고 말하기엔 무리가 있습니다. 전략을 잘 세운 작품은 인기를 끌고, 그렇지 않으면 고만고만하고 반짝 인기를 끌었어도 곧 내려갑니다.

예를 들자면 국내에서 만화 원작의 2차적저작물작성권을 구매해 영상화했다는 작품 가운데 원작이 다시 잘 팔리는 결과물을 낸 작품

284

〈미생〉. "영상화되어 만화책도 잘 팔렸다"의 사례로
소개되곤 하지만 이 작품이 거둔 판매고는 작가와 출
판사가 시장에서 얼마나 어떻게 밀어붙일지를 계획
해 만들어낸 결과물이다.

은 실상 〈미생〉 정도입니다. 다른 작품들과 관련해선 이를테면 저
작권 구매비가 싸서 선택했다네, 표절 시비가 붙어서 나중 가서 합
의했다네 같은 소식이 주로 들려왔습니다. 작품 자체가 원작을 전혀
존중하지 않고, 만화라는 매체가 영상 제작 측에 전혀 존중받지 못
하는 경우가 태반이었습니다. 정작 영상화한 작품이 나올 때 내용
자체가 너무 엉망진창으로 뒤틀리거나 원작자의 불만이 나올 정도

285

인 경우가 왕왕 있었죠. 이러면 안 하느니만 못합니다.

문제가 자꾸 일어나니 이제는 소송이 걸려도 넘어갈 수 있을 정도로만 적당히 짜깁기한 혐의가 짙은 작품들이 등장하기도 하죠. 〈미생〉이 화제 선상에 오를 수 있었던 까닭은 작품의 제작 단계에서 출판사가 이걸 어떻게 밀 것인가, 몇 부가 나갈 것을 목표로 삼을 것인가를 정확히 재고 덤볐기 때문입니다. 200만 부를 넘긴 〈미생〉 단행본 부수는 기획의 승리지 그냥 드라마가 '터져서' 된 게 아닙니다. 일부가 인기를 끌고 부수에도 일부 영향을 끼치긴 했겠으나 〈미생〉 부수만큼 나온 작품이 여럿 나왔다고 확정된 게 아닌 이상 이게 일반화됐다고 이야기하기엔 무리가 있겠죠. 만화와 드라마·영화가 서로 윈윈한 결과물로 활황세를 이루었다는 결과물이 나오기 전까지는 단순 도식으로 설명하면 안 되지 않을까 생각합니다.

애니메이션의 경우는 국내 애니메이션계가 유아용으로 고착화한 지가 하도 오래라 한국 작품은 어찌 이야기할 방법이 없네요. 〈너의 이름은.〉이 화제여서 연결 짓는 이들이 많긴 합니다만, 이 작품의 히트도 제가 앞서 언급한 전통적 수요층 바깥의 사람들이 대거 반응한 결과물입니다. 조금 더 정확히 말하면 오타쿠의 표현 문법을 들고왔으면서도 보편적 소재를 잘 버무리면서 오타쿠 아닌 넓은 연령대에게 모두 통용된 것이죠. 일본에서도 그랬고, 일본에서의 화제를 타고 한국에서도 화제를 모은 것이고, 그 화제가 한국 한정으로도 압도적인 수치로 증명되니까 만화책도 화보집 구매하듯 산 것이고요. 일반적인 결과물은 아닙니다.

286

결국은 접근을 어떻게 할 것인가로 돌아오는데, '어떻게 전통적 독자층을 만족할 만한 품질과 문법을 갖고 그 바깥까지 포용할 것인가'가 관건인 듯합니다. 만화도 마찬가지겠고요. 〈너의 이름은.〉을 사람들이 애니메이션이라서 봤을까요? 저희 때엔 애니메이션이기 때문에 극장에 보러 갔고 국산 애니메이션이라 보러 갔거든요. 〈너의 이름은.〉의 성적을 보면, 그걸 노려서는 수치를 못 만든다는 걸 실감합니다. 만화 도서도, 어느 정도는 마찬가지입니다. '만화여서 보는 사람들' 바깥을 끌어들여야 합니다.

**[질문]** 예전 만화 대여점 등 만화방이 사라지고 만화 카페가 성행하고 있습니다. 창업의 주 아이템이 됐다고 할 정도로 인기가 많은데, 갑자기 만화 카페가 인기를 얻게 된 이유가 만화의 인기와 큰 관련이 있을까요?

저는 만화 카페가 '세련된 휴식 공간'을 찾는 수요와 만화가 지니는 비치 품목으로서의 유효성이 맞아떨어진 결과물이라고 생각합니다만, 만화방과 대여점의 한창 때와 비교할 만큼 폭발적이라고 생각하진 않습니다. 만화가 인기 있어서 만화 카페가 생긴다기보다는 다양한 테마 카페가 등장하는 흐름 가운데 하나로 이해해야 할 것 같고, 생각보다 황금향이 아니라는 건 운영에 진입하신 분들의 직간접적 토로(?)에서 여실히 드러나고 있는 바지요. 게다가 저작권 문제가 여전히 해결돼 있지 않기도 하고요.

287

방점을 어디에 찍느냐의 문제인데, 만화 카페는 방점이 만화보다는 공간성에 찍혀 있다고 생각합니다. 그렇기 때문에 사람들이 예전에 학급 유인물 등을 통해 학습된 부정적 이미지와 연결하지 않고 들어선다고 생각하고 있거든요. 하지만 유지보수 차원에서 이게 오래갈 수 있을까 하는 건 약간 의문입니다. 운영하시는 분들이 좀 더 만화를 잘 이해하고 장기 계획을 세워나가지 않으면 만화방, 도서대여점들이 걸었던 쇠락의 길을 고스란히 답습하겠지요.

**[질문]** 인기 만화나 애니메이션이라고 하면 대부분 일본이나 디즈니인데, 한국 만화가 이렇게 광범위하게 소비되지 못하는 이유가 있을까요? 그저 콘텐츠 자체가 외국에 비해 부족한 것일까요?

여러 이유가 있겠고 일일이 설명하자면 너무나 길겠지만 한국에서 만화가 상업적인 성공을 거두기에는 인구와 저변이 너무 적고 좁습니다. 자생하기엔 좁은 시장이지요. 그렇다고 나라 바깥에 나가는 것만이 능사는 아니지만요. 일부의 성공으로 일반화하기엔 어렵고요. 그리고 미국과는 규모 면에서 대기가 어려워도, 일본과 비교하는 건 이렇게 볼 수도 있습니다. 한국과 일본은 각자 중심이 되는 콘텐츠가 다를 뿐이라고요. 단적으로 한국은 영화와 드라마를 비롯한 실사 기반 영상물이 강세입니다. 일본은 만화와 애니메이션이 강세고 영화가 고인물 신세를 면치 못하고 있지요.

288

한국의 만화와 일본의 영화 모두 그럴싸한 영광의 시대가 있었습니다. 조금 떨어져서 보면, 한국 만화가 왜 일본만큼의 시장성이 없냐고 분통을 터트릴 필요까진 없지 않나 생각합니다. 통일 이후라면 조금 달라질 순 있겠으나, 만화가 유년기의 거의 유일한 엔터테인먼트였던 1960~1980년대와는 사회가 모든 면에서 변했습니다. 만화 말고도 보고 즐길 게 너무나 많고 인정하기 싫을 수 있어도 지금 한국 엔터테인먼트의 왕좌는 K-POP과 게임이 쥐고 있지요.

'만화여서 보던' 사람들이 사라지거나 박제처럼 남은 지금, '그럼 지금 왜 만화를 봐야 하는가? 왜 만화여야 하는가?'라는 질문을 던져볼 수밖에 없다고 생각합니다. 답은 지금 구해가는 과정이지만, 이제 와서는 '형태가 뭐든 별 상관 없어' 하는 소비자들과 '썸' 타는 기술을 익힐 필요가 있을 것 같습니다. 만화인 듯 만화 아닌 만화 같은 걸로요. 물론 그럼에도 업계인들은 자기 콘텐츠 안의 정체성을 지켜야겠지요. 그 거리 차이를 납득하는 데에서 시작해야 하지 않나 생각합니다.

**[질문]** 만약 콘텐츠에 부족함이 있다면 칼럼니스트님께서 개인적으로 창작자들에게 바라는 점이 있으신가요?

시장 규모가 콘텐츠의 질을 담보합니다. 콘텐츠의 부족함이라기보다는 시장 수준의 문제라고 생각해요. 규모가 커지면 해결되는 부분이 분명 있습니다. 웹툰 플랫폼들이 성적을 내걸고 경제 연구소들이 웹툰 시장 규모를 재고 이번 교보문고 통계에서 만화 잘 팔렸다고 나오는 등의 상황은 성장을 위한 근거자료인 수치가 도출되는 과정이라고 생각합니다. 신뢰성 이전에 수치 자체에 끌려가는 부분이 있게 마련이니까요. 창작자들은 한계선 끝에 서서 작품들을 만들고 있습니다.

그러니 콘텐츠가 부족함이 있다고 말하고 싶진 않습니다. 다만 다매체화든 뭐든, 결국 '터지는' 작품은 시대정신에 둔감하지 않으면서 대중이 원하는 게 무엇인지도 놓치지 않는 작품이 아닐까 하는 생각을 합니다. 궁극적으로는 우리에게 '대중'이 어떤 존재인지에 관한 질문을 던질 때라고 생각합니다. 우리 마음 속 '만화 독자'는 이미 더는 없는지도 모른다는 사실을요.

[질문] 일본 지브리 애니메이션이나 최근 〈너의 이름은.〉 같은 경우는 한국에서도 인기를 많이 끌었습니다. 이를 보면 우리나라도 애니메이션 시장이 가능성이 있다고 생각하는데, 한국 만화는 애니메이션으로 나아가지 못하는 것 같습니다. 기술이 부족한 건가요? 아니면 상업적으로 안 된다고 보기에 제작하지 않는 걸까요?

계속 반복되는 이야기지만 〈너의 이름은.〉은 애니메이션 관객층에게 인기를 끈 작품이 아닙니다. 보편적인 이야기를 그럴싸하게 잘

신카이 마코토의 〈너의 이름은.〉
포스터.

버무려 세대를 아우르는 문법과 감독이 지닌 적절한 화제성을 섞어
낸 결과물이죠. 우리나라에서 모든 애니메이션이 이와 같기는 어렵
고, 이런 게 나오기 위해서는 애니메이션 관객층만으로도 성공하는
것들이 다수 나올 수 있는 인적 인프라가 받쳐줘야 그 끝에 저런 작
품이 터지는 건데요. 우리는 그게 없죠.

　마니아층 자체도 적었고, 방송국들이 이를 받쳐주지도 않았고, 작
품들도 기대치를 충족시켜주지 못했다. 2D에서 청소년층 이상을 노
린 작품이 나와서 흥행할 가능성이 사라진 시점에 초등학생용 3D,
아니면 육아용만 살아남게 됐죠. 가끔 청소년 이상층에게도 먹힐 법
한 소재를 섞은 〈바이클론즈〉 같은 변종이 나오기도 하긴 하지만 일

반적이진 않고요.

어린 애니메이션 시청자층이 성장하면서 그에 맞는 작품들이 나와주고 이게 어느 정도 성공한다는 수치가 나온다면 모르겠지만 최소한 지금으로서는 좀 어렵지 않나 싶습니다. 그리고 어떤 게 성공해도 애니메이션 마니아층이 좋아하던 그건 이미 아니겠지요. 〈안녕 자두야〉나 〈마음의 소리〉 등 캐릭터성이 강한 작품이 일부 애니메이션으로 나오고 있긴 합니다만, 서사가 긴 작품의 성공 여부를 타진하기엔 아직 작품 수도 데이터도 부족합니다.

[질문] 플랫폼 변화에도 일정한 마니아층을 항상 사로잡는 2D만의 매력이 무엇인지 궁금합니다. 수많은 '덕후'가 2D에 이끌리는 이유는 무엇일까요?

덕질의 범위가 많이 확장돼 있는 지금 오덕들이 2D에만 관심을 둔다고는 할 수 없겠습니다. 좋아하는 대상이 있고 이를 파고들면 가볍게 무슨무슨 덕이라고 부르는 게 일반화해 있지요. 이는 대상이 현실 인물이어도 해당합니다.

물론 오타쿠라는 부류의 성립 자체가 만화나 애니메이션, 게임과도 같은 가상 세계관이나 2차원적 표현에 좀 더 몰입하는 아들을 빼놓을 수 없기는 한데, 이들의 몰입 원인을 단순히 이야기하는 건 좀 불가능하다고 생각합니다. 일본의 소비/고도성장기/영상 문화의 폭발기에 달하는 사회 흐름을 모두 훑은 후 한국에서의 변조까지 건드려야 비로소 그나마 납득할 수 있게 설명할 수 있는 현상일 테니까요. 세대론까지 가면 같은 정의로 설명하는 게 불가능한 부류가 나오고⋯. 이걸 너무 뭉뚱그려 한국에 대입하면 극단적으로는 적당히 욕하기 좋은 '안여돼 화성인'과 '일빠 방구석 폐인'이 나옵니다.

그래서 오덕들이 유독 끌려 하는 2D만의 매력이 뭐냐 물으면 굉장히 조심스러운데요. 그럼에도 이렇게만 말하면 기자님께 답이 안 될 것 같네요. 굳이 사람 손으로 작화된 가상 세계와 그 세계의 주민(?)들에만 집중해 말하자면, 이들은 엄밀히 말해 극사실주의의 정반대편에서 극단적으로 기호화한 시각 언어입니다. 오덕들은 뇌 내에서 재조립해 실사 이상의 리얼리티로 받아들이는 과정과 그 해체-재해석 과정에서의 자기 개입(작가와도 별개로)에 즐거움을 느끼는 사람들이죠. 지금의 덕질이야 실사도 포괄하지만, 2D로만 좁히자면 오덕들은 저런 해석을 즐길 텍스트에 끌리는 게 아닐까 생각합니다.

**[질문]** 한국 만화 역사를 보면 한국에서 만화는 좋은 인식은 아니었던 것 같습니다. 1970년대에는 만화 화형식이 있을 정도였으니까요. 이 인식이 만화 업계의 성장을 막아왔던 부분도 있었겠지요?

지금은 탄압 1순위가 게임이 됐지만 만화가 엔터테인먼트의 왕좌에 올라 있던 시기에는 만화가 단연 선두였습니다. 단속 효과가 굉장히 컸거든요. 부모 세대를 향한 주의환기 효과는 물론 대중 의식에 뚜렷한 사회악을 정함으로써 사회문제의 원인에서 눈을 돌리는 효과, 그리고 무엇보다도 화형식을 비롯한 시각적인 충격까지. 정권과 일부 종교 집단들이 원하는 건 바른 생활 어린이 육성이 아니라 지극히 정치적인 계산에 따른 대중 통제였습니다. 그래서 독재 성향이 강한 정권일수록 사회문제가 대두될 때 대중문화를 건드렸습니다.

만화에 관한 인식은 그래서 오래도록 안 좋았죠. 이젠 그 인식 평계만 대선 안 될 시점에 와 있지만, 5월만 되면 여전히 얻어맞지 않을까를 걱정하고 자기 검열을 하는 창작자들이 있고 여전히 만화 때문에 애들이 공부를 않고 사고력이 떨어지며 나쁜 것만 배운다는 사람들이 슬쩍슬쩍 대상만 바꿔 똑같은 말을 하곤 한다는 게, 이 문제

한국 만화사는 그 자체로 오랜 탄압의 역사이기도 했다. 2017년에는 이러한 역사를 모은 '빼앗긴 창작의 자유'라는 전시가 별도로 열리기도 했다.

가 얼마나 뿌리 깊은 악습인지를 보여줍니다. 만화는 이런 탄압 기조 속에서 오프라인 시장이 완전히 박살났단 말이지요. 물론 모든 원인이 탄압 때문만은 아닙니다만, 매우 큰 비중을 차지한 걸 부정해선 안 됩니다.

현재 웹툰 중심 시장은 활황세란 뒷면에 잡음이 상당히 큽니다. 왜곡된 구조 위에 비틀린 수익구조를 얹어 아슬아슬한 기적을 덧대가며 성장해왔고 이제 섣불리 되돌아갈 수도 없죠. 그나마도 지난 정권은 음란성 시비로 흔들려 했고요. 이들이 일군 모든 인식 구조가 성장은 물론 발전을 다방면으로 막아왔지요.

**[질문]** 그렇다면 한국에서 앞으로 만화가 어떻게 성장해갈지 궁금합니다. 성장 가능성이 있다고 보시나요? 만화책 시장이 부활했다고 언론에서 나오는 것처럼 부활 가능성이 있다고 보시는지요.

굉장히 여러 각도로 볼 수밖에 없는 이야기입니다. 만화 출판 시장이 수입으로나마 성장세를 기록하고 있는 건 나쁘지 않은 징조지만, 한국 만화의 성장이란 측면에서 보면 그 안을 채우는 한국 작가들의 작품이 어느 정도 비중을 차지할 수 있는가를 봐야 하기 때문이지요. 이 측면에서 볼 때엔 어쨌든 한국 만화의 헤게모니를 쥔 웹툰의 역할에 눈을 돌릴 수밖에 없습니다.

웹툰 시장은 한국 만화 시장(즉 '한국의 만화 출판 시장'의 동의어가 아

295

닌)에서 완전히 새로운 시장 하나가 더해진 결과물이고, 이제 국내 작가들의 손으로 창작되는 만화의 절대 다수는 포털과 웹툰 플랫폼을 통해서 나오고 있습니다. 그리고 웹툰은 나름대로 수치를 만들어내고 있다고 평가받는 와중입니다.

하지만 성과 뒤에 최근 작가 간의 불공정 계약 이슈를 비롯해 허약한 일면이 잦아들긴커녕 오히려 계속해서 불거지고 있기도 하지요. 웹이라는 무주공산 같은 공간에서 돈을 만들어내고 출판 때와는 비교하기 어려운 압도적인 양적 규모를 유지하기 위해서 소요 비용 자체가 불균형하고 낮을 수밖에 없는데 이게 웹툰의 태생적 역설이라고 생각합니다.

물론 웹툰은 유료화를 어느 정도 성공시켰고 부분 유료화 모델 도입 등 초기와는 많이 다른 모습을 보여주고는 있습니다만, 그걸로 만족하기엔 작품 수와 작가 수가 너무 많습니다. 이 때문에 콘텐츠 질을 제어하고 담보하기 어려워지고요. 규모 싸움 중이니 줄이라고 할 순 없는데, 불균형 때문에 앞으로 나아가기가 어려워지는 것도 옳지는 않지요. 이런 와중에 웹툰의 출판화는 굿즈 형태에서 크게 벗어나지는 못하고 있고요.

정리하자면, 한국 만화 출판 시장의 성장세는 반갑지만 그 안의 한국 만화의 역할이 미미하며 이 안에서 어느 정도 역할을 하는 키 플레이어가 필요한데 현재로서는 만화 전문 출판사들보다는 웹툰의 역할이 크다, 하지만 웹툰이 여러 수익 모델 접목에도 불구하고 웹환경의 한계를 벗어나지만은 못하고 있고 웹툰의 출판화는 웹툰에

296

서 큰 비중을 차지하진 않는다. 그리고 현재는 고착 상태에서 업계 내부의 불합리성을 토로하는 작가들이 늘고 있다. 이는 결국 '한국 만화'의 성장에는 악영향을 줄 것이다…입니다.

저는 웹툰이 한국 만화에서 새로운 시장을 더하는 결과를 만들며 헤게모니를 쥐었듯, 궁극적으로는 웹툰이 다시 웹 환경에 머무는 '웹툰 이용층' 바깥의 넓은 대중 독자층에게도 다가갈 수 있는 확장성을 보여야만 한다고 생각합니다. 즉 웹 환경에 맞춘 경량형 이미지 조합에 디지털 기술을 덧붙이는 게 아니라 어느 쪽에서든 보편적으로 읽힘으로써 파괴력을 높이는 웰메이드 작품을 만들어내야만 한다는 이야기입니다. 만화 출판 시장이 웹툰의 대체제나 보완재가 아니

오래 전부터 비유해 온 바로, 만화는 한국의 문화 지형에서 복싱의 영역에 들어서고 있다고 생각한다. 복싱은 스포츠 자체로서의 흥행성 면에서 다른 스포츠에 비교하기 어려워졌고 파퀴아오 대 메이웨더 정도쯤 되는 이들이어야 관심을 받지만, 막상 격투기에서 복싱을 모르면 상대를 절대로 이길 수 없으며 각종 유산소 운동 등으로도 변용되어 쓰이고 있다. 그 현실을 슬퍼하거나 노여워하지 않는다면 오히려 예전보다 나은 상황으로도 볼 수 있다. 사진은 2015년 5월 2일 열려 오랜 복싱 팬들을 설레게 했던 파퀴아오와 메이웨더의 대결 포스터.

라 만화로서 확장의 대상일 수 있어야 비로소 '한국의 만화 출판 시장'만이 아니라 '한국 만화'의 성장을 논할 수 있으리라 생각합니다. 여기엔 앞서 언급한 바와 같이 만화여서 보는 충성도 높은 독자층을 상정하지 않는 발상이 중요하리라 봅니다.

전 웹툰만의 고도성장에는 부정적입니다. 만화는 게임이 아니고 게임의 위치에 만화가 다시 올라가는 일은 없을 겁니다. 인정할 건 인정해야죠. 발전할 가능성이 아직 남아 있지만, 때를 놓치면 그냥 거기서 멈출 것 같습니다. 그래도 형식 자체가 사라지진 않겠지요. 스포츠로서는 인기가 하락했지만 모든 이종격투기의 기초이자 다이어트 스포츠로 변용되어 유지 중인 복싱과 같은 역할을 할 수 있으리라 생각합니다. 그래도 저 위치에만 머무르지 않길 바랄 따름이지요.

[질문] 업계 성장에 문제가 있다면, 만화는 돈 주고 보는 것보다는 대여나 무료로 본다는 인식도 굉장히 큰 영향을 미치는 것 같습니다. 칼럼니스트님께서도 그렇게 생각하시나요?

이미 오래된 일이지요. 만화책을 소비하지 않아 만화 시장이 무너진다는 주장과 대여가 무엇이 문제냐는 주장이 부딪친 바 있습니다. 이 논쟁이 무의미할 만큼 2003~2006년 이후의 한국 만화계는 체질 자체가 바뀌었지만, 이번엔 웹툰 캡처라는 형태로 다시 돌아왔지요. 형태가 바뀌었지만 사람들의 인식선 자체는 고스란히 이어지고 있는 셈입니다. 만화는 돈을 낼 필요가 없다는 인식 말입니다.

최근엔 많이 나아졌습니다만 웹툰 유료화 초창기에 첫 타자 격이었던 주호민이 받았던 "이미 그려놓은 그림으로 계속 먹고 살겠다는 이야기는 내 배 불리자고 독자들 돈 받아먹겠다는 소리밖에 안 된다" "만화에 왜 돈을 내야 하는가?" "작가들 고료 다 받을 거 받아놓고는 저작재산권 침해한다고 씨부린다" 같은 인신공격을 떠올리면 보는 입장에서도 치가 떨릴 정도입니다. 주호민은 이후 2012년 11월 12일 트위터에 "〈신과 함께〉를 석달동안 중국에서 연재했는데 15만원 수익 남. ㅋㅋ 불법 번역으로 이미 다 퍼짐. 놀라운 것은 저런 불법 번역자들이 대부분 한국인이고 무려 '팬심'으로 번역을 한다는 것이죠?"라는 글을 올려 문제가 매우 심각한 상황임을 보여준 바 있습니다.

지금도 마루마루와 같은 만화 공유 사이트를 비롯해 만화 콘텐츠의 불법 유통은 만화 시장에 악재로 작용합니다. 일본 작가가 한국에서 이런 사이트로 만화를 공유하는 사례를 들먹일 때면 망신도 이런 망신이 없습니다. 이러한 인식 구조는 계속해서 깨나가야 합니다.

하지만 대중 인식 개선은 단속만으로 하기보다는 불법보다 합법이 편하단 사실을 주지시키는 쪽을 함께 해나가야 합니다. 쉬운 결제가 가능해야 한다는 점에서 정책도 뒷받침되어야 하겠지요. 하지만 이 모든 것에 업계 자체의 방향 설정이 함께 따라가지 않으면 아무 소용이 없다고 생각합니다. 그래서 앞서와 같은 답을 한 겁니다. 확장 없이 성장 없습니다. 대중 수준이 높아도 이끌어가야 하는 자

〈U.Q.홀더〉의 아카마츠 겐이 2017년 5월 5일 트위터에서 밝힌 내용. 잡지 발매 4일 전인데 연재 최신회차가 중국어-영어-한국어라는 경로로 번역되어 올라오는 장면을 직접 캡쳐해 올렸다. 해당 불법 사이트는 악명 높은 마루마루.

들의 방향이 엉망이면 아무 소용이 없음을 우리는 지난 두 정권 간 국가 단위로 잘 체험했잖습니까?

**[질문]** 또 만화를 즐기는 '덕후' 등이 인식이 좋지 못한 것도 이유가 될 수 있다고 생각합니다. 이는 일본과 큰 차이이기도 하구요. 덕후 관련 책을 쓰신 만큼 이에 할 말씀이 많으실 것 같아요. 우리나라에는 어떤 분야에 대한 덕후가 부족하다는 것에 공감하시나요?

글쎄요, 오덕 집단이 부족하다기보다는 잉여 시간과 자본 자체가 부족하지 사람들의 덕심은 여건만 되면 얼마든지 폭발할 수 있으리라 생각합니다. 최근 두 정부가 평화 덕질을 불가능하게 해왔기 때문에요. 오덕질은 잉여 시간과 잉여 자본의 극단을 실천하는 행위입니다.

사실 일본에서도 오타쿠를 향한 인식이 아주 좋은 건 아닌데 사회 현상의 어두운 점을 편리하게 해석하기 위한 방편인 경향이 있어요. 한국에서만 그런 건 아닙니다. 하지만 오타쿠 계열을 향한 여러 비판점에도 불구하고 이들이 만들어내는 문화가 사회의 보편적 평균보다 조금 더 나간 지점의 경계선 바깥에서 전에 없던 무언가를 끌고 들어오는 점을 부인할 수는 없지요. 무조건 비난하거나 역으로 무조건 과대 포장하려 들기보다는 이들의 역할과 에너지를 활용할 수 있게끔 해야 한다고 생각합니다.

생각할 거리들

생각할 거리들

　해당 인터뷰가 진행된 지도 3년이 넘었다. 교보문고가 2016년분 만화책 판매 부수가 늘었다는 분석을 내면서 언론 곳곳에서 관련한 뉴스를 실었는데, 그 가운데 《시사저널》이 나를 포함해 인터뷰이들을 통해 상황을 조금 더 깊이 바라보려 시도했다.

　당시 상황을 복기하자면, 만화 분야 판매량이 서점마다 증가세를 보였다. 그 가운데 교보문고가 2009년 120만 권에 이어 2016에 최대치인 130만 권을 팔았고, 2017년 상반기에도 1년 전에 비해 동기 대비 10% 이상 증가한 것으로 기록되었다. 그간 판매량이 떨어진다고만 하더니 갑자기 수치가 불어 보이니 이유가 궁금했던 셈이다. 상승요인으로 지목된 것은 영화나 드라마의 인기와 함께 30대 키덜트족의 존재였는데, 나는 인터뷰를 통해서 그렇지만은 않다는 의견을 피력했다.

　물론 3년이 지난 지금에 이르러 상황이 똑같지만은 않다. 이를테면 교보문고 판매량 기준으로 2019년 만화 판매량은 2018년 대비 9.9% 감소했다. 만화와 라이트노벨을 합쳐 통계를 내는 YES24 기준으로는 2018년 만화 판매량이 2017년 대비 6% 감소하고 2019년은 2018년에 대비해 13%나 줄었다. 《독서신문》이 2018년 말 자료를 분석해 내놓은 〈올해 교보·인터파크·예스24에서는 무슨 일이… 3대 서점의 '비슷한' 통계들〉(2018. 12. 9)이라는 기사 제목처럼 판매량 통계치는 대체로 서점들마다 비슷한 구성을 보여주었다. 이를 감안하면, 해당 기사가 나온 2017년 이후 만화책 판매량은 착실하게 감소세를 보였다고 할 수 있다.

비슷한 시기에 상징적인 사건도 있었다. 2018년 8월 15일 홍대 앞 오프라인 만화 전문 서점 한양툰크TOONK가 오프라인 매장의 문을 닫고 휴업에 들어갔다. 한양툰크는 나의 두 번째 책이었던 《나의 만화유산 답사기》에서 홍대 앞을 만화유산으로 기록게 하는데 중요한 역할을 한 공간이었다. 오덕의 성지니 뭐니 하는 수사까지는 치우더라도, 한양툰크의 휴업은 "한양툰크의 역사는 '홍대 앞'과 출판만화의 역사를 함께 담고 있다"(〈지금 홍대 앞 그 만화 서점은 없지만〉, 임지영, 《시사인》, 574호, 2018. 9. 18)라는 한 언론 기사의 서술 그대로 아동 학습 장르를 제외한 출판 만화가 어떤 상황이었는지를 잘 보여주었다.

홍대 앞이 만들어내던 독특한 문화가 젠트리피케이션의 거센 물결에 밀려나 홍대 앞이 예전 같지 않아진 것도 문제로 지목된다. 아닌 게 아니라 한양툰크 휴업을 전후해 홍대 앞으로 만화인들을 끌어모으던 카페며 서점 공간이 하나둘 사라졌다. 《나의 만화유산 답사기》의 한 꼭지에서 다룬 공간들이 그 짧은 사이에 거의 대부분 사라지는 대참사가 일어났다. 임차료 문제보다도 한양툰크의 오프라인 만화 매장을 유지하기 어렵게 했던 건 서점 사장님의 말마따나 인터넷 서점과 가격 차별점을 둘 수 없게 만들었던 어정쩡한 도서정가제 문제도 한몫했다. 도서정가제의 목표와 역할에는 의견이 분분하지만, 실물 만화 도서를 사려는 입장에서 가격적인 매력을 부여할 방법이 막히니 오프라인 만화 서점의 매출 하락이 뒤따랐다는 경험적인 분석은 어느 정도 설득력을 지닌다. 2020년 중반 들어 도서정가제를 고수 및 강화하려는 목소리가 높아지고 있지만 여기에 만화 도서와 더불어 웹툰, 웹소설의 속성이 그리 고려되고 있지 않아 젊은 대중의 반발을 사고 있는 모습은 많은 점을 시사한다.

한양툰크의 매출 하락과 휴업은 단지 서점 하나의 사례로 볼 수만은 없다. 이곳에 들르던 이들은 적어도 책을 굳이 나와서 살 정도의 적극적인 만화 소비층이었고 '만화여서' 만화책을 동 타이틀을 시리즈로까지 챙겨보던 이들이다. 이들이 구매욕을 잃었다는 건 어디에서도 만화책이 쉬 팔리기 어렵다는 이야기가 된다. 만화책을 고르는 기준이 '만화여서'가 아닌 층이 그때그때의 화제성에 따라 일부 늘어날 수는 있지만, 이를 바꿔 말하면 화제성이 따라주지 않는다면 그만큼 빠질 수 있다는 이야기도 된다. 본문에서 언급한 바, 2016년의 수치를 만들었던 이들은 딱히 만화여서 읽는 사람들이 아니었고 이후 그만큼이 고스란히 빠져나갔다고 보면 된다. 그나마도 일본 만화 수입으로 유지되던 출판 만화 도서 매출 규모는 일본 만화의 매력이 작품 단계는 물론 일본 문화 자체에서 떨어지는 추세여서 점점 더 줄어들 것으로 전망된다.

하지만 이와 같은 출판 만화 판매량의 하락이 만화 자체의 하락으로만 해석되기엔 조금 다른 수치들이 눈에 띈다. 일례로 비슷한 시기인 2018년 9월 19일 포털 사이트 네이버가 '네이버북스'라는 이름으로 운영하던 유료 비실사 시각 콘텐츠 플랫폼을 '네이버 시리즈'라는 이름으로 개편했다. 개편 전까지의 만화·소설 매출은 이미 하루 거래액 6억 원을 찍고 있었다. (〈네이버웹툰, 기존 '네이버북스' 개선한 신규 소설·만화 플랫폼 '시리즈' 출시〉, 이정민, 《조선비즈》, 2018. 9. 19)

이 서비스가 비단 출판 만화의 디지털판만을 제공하는 것은 아니나, 웹툰 서비스와는 분리되어 출판된 만화를 웹에서 유료 제공하고 있고 신작들이 맹렬히 갱신되는 웹툰과는 달리 완결된 옛 출판 만화들이 뭉텅이로 올라와 있기 때문에 이용자들이 꾸준히 찾는다. 선행주자 격인 카카오 페이지도 2014년 180억 원에서 2018년 1875억 원으로 10배 가까운 성장세를 보인 바 있다. (〈네이버시리즈 vs 카카오페이지 포털발 콘텐츠 전쟁, 누가 웃을까〉, 원태영, 《시사저널》, 2020. 2. 6)

이쯤 되니 출판 만화 형식을 띠고 있는 만화들이라고 반드시 책을 먼저 내지 않고 이러한 콘텐츠 플랫폼에 먼저 실어 매출을 일으킨 후 출판을 꾀하는 경우도 왕왕 있고, 콘텐츠 프로바이더CP 또는 에이전시들이 작가들의 구작들을 수배해 콘텐츠 플랫폼에 실음으로써 자잘한 수익을 챙기는 사례들도 보인다. 이런 작품들은 비단 카카오페이지나 네이버만이 아니라 리디북스 같은 전자책 업체들에서도 만나볼 수 있는데, 한 작품이 한 플랫폼에만 실리는 경우는 많지

305

않고 출판물과는 별개의 매출이 되므로 작품 자체가 만들어낼 수 있는 매출이 책 매출에만 고정되지 않게 되었다고도 볼 수 있다. 간단 결제 서비스의 발달 등으로 공인인증서와 액티브엑스 따위를 피해서도 소액 결제가 가능해진 결과이기도 하다.

이와 같은 환경 변화는 곧 출판 만화를 주로 보던 독자들의 독서 방법 자체도 바꾸고 있다. 출판 만화 잡지를 내던 출판사들은 이제 온라인을 주 무대로 삼아 연재 매체의 틀을 유지하고 있다. '흑백 출판 만화'의 형식을 웹에서도 여전히 유지하는 《윙크》나 《파티》, 《이슈》, 《점프》 등이 네이버 시리즈, 카카오 페이지, 리디북스 같은 곳에 동시 공개되며 독자를 만나는 중이며, 잡지로서는 물론 작품 단위로 별도로 검색됨으로써 독자들의 결제를 복합적으로 끌어내고 있다. 일례로 고정 열성 독자층을 보유한 임주연의 《이슈》 연재작 〈대답하세요! 프라임 미니스터〉 같은 작품은 새 회차가 올라올 때마다 SNS 등지에서 '유료 결제 간증'과 비명과도 같은 반응을 이끌어낸다.

종이책으로서의 상업 만화가 이 땅에서 1990년대와 같은 위용을 회복할 길은 요원하고, 〈미생〉 정도의 마케팅 드라이브를 걸지 않는 이상 드라마나 영화화가 단행본 판매고 상승을 무조건 이끌어주지도 않는다. 하지만 '출판 만화'의 형식을 띤 만화라는 측면으로 놓고 보자면 인터뷰를 하던 시점 이후로도 계속해서 만들어지고 계속해서 독자들의 반응을 높여가고 있음을 볼 수 있다. 그래서 책 시장의 확대를 기대하긴 어려워도, '웹툰 이외의 만화'는 웹 공간에서 오히려 조금씩 힘을 받고 있다고 볼 수 있다. 만족스러울 정도는 아니어도 어쨌든 한국 만화는 이렇게 다변화해가고 있다. 종이책으로서의 상업 만화가 웹툰 굿즈와 수입 일본 만화를 중심으로 하는 상황 자체가 더 변할 것 같진 않지만, 중요한 건 한국 만화가 웹툰이 아니어도 웹 환경에서 수익을 낼 수 있는 환경이 어느 정도 정착되었고 독자도 많은 부분 적응해가고 있다는 점이다. 만화 자체의 위상이야 게임 이상으로 강대해질 일은 없겠으나 우려하던 만큼 비관적인 상황으로 흘러가고 있지 않은 것만 해도 다행이라면 다행이다. 물론 변수는 있다. 2020년 8월 31일 느닷없이 한국 카카오페이지에 등장해 사람들을 놀라게 한 일본 대흥행작 〈강철의 연금술사〉의 풀컬러 웹툰판은 그야말로 정통파라 할 일본식 소년만화를 거의 완벽에 가깝게 한국식 웹툰으로 분해해 재조립해냄으로써 여러 층위로 시선을 모으고 있다. 이 글을 마무리하고 있는 2020년 9월 초 시점에서 판단할 수 있는 게 많진 않다. 다만 상업적 성과에 따라서는 국적과는 별개로 출판 만화와 웹툰 사이의 역학 관계에 작은 변곡점이 될지도 모른다고 생각한다.

한데 생각해보면 2000년대 초반 학산문화사가 웹상에서 출판 만화 형식의 만화를 고스란히 담은 잡지 《해킹》을 내놓은 바 있고, 2000년대 중후반 SK커뮤니케이션이 포털 네이트를 통해 만화 서비스 툰도시를 통해 출판 만화 잡지들을 온라인화한 데 이어 자체 잡지인 민트와 비트를 만든 적이 있다. 이 서비스들도 웹이라는 새 공간에서 출판 만화 형식을 유지하는 만화들의 시장 확대와 신규 독

자층 생성 및 유입을 꾀했다. 그 시기 업체들의 목표 지점이 2010년
대 후반을 넘겨서야 환경 변화와 쉬운 결제의 보급을 업고 비로소
눈에 보이려 드는 건 좀 얄궂은 일이다.

2009년 〈당신은 거기 있었다〉 이후 〈미생〉과 〈인천상륙작전〉을 준비하고 있던 당시 윤태호 작가 인터뷰를 진행한 적이 있다. 데뷔부터 당시까지의 만화 작업에 얽힌 이런저런 이야기를 듣던 중, 윤태호 작가가 문득 "만화를 그리기 어려웠던 시기가 있다"고 운을 뗐다. 슬럼프 이야기를 들을 수 있을까 싶어 어떤 이유인지를 물었는데, 들려온 대답은 "아이들이 너무 예뻐서"라는 말이었다.

"아이들이 너무 예쁜 거야. 행복하고. 그러니 세상에 별로 건넬 이야기가 없어요. 마이너적인 감성을 지니고 있던 사람이 확 채워져서 채색이 되다 보니까. 세상에 대해 내가 말해 왔던 어법이 사라지다 보니까 별로 창작욕이 안 생기고. 아이템이 안 떠오르고. 그땐 진짜 아이들하고만 놀았어요. 애 무릎에 앉혀놓고 그림 그리고. (중략) 애가 네발자전거에서 바퀴 두 개 뗀 날엔 네 시간을 붙잡고 가르쳤거든요. 애는 그 날 바로 바퀴 두 개로 탔어요. 아, 그 쾌감들. 그게 창작욕을 넘어서는 거죠. 그때 작업적으로는 참 힘들었어요"

〈만화가 윤태호—독특한 시선의 힘〉 (서찬휘, 네이버캐스트, 2009. 5. 8)

듣는 입장에서 얼굴이 빨개질 만큼 행복한 표정으로 말을 건네는 윤태호 작가를 보며 행복해 보인다고 생각했지만, 사실은 거기까지였다. 왜냐면 그때의 나는 아이를 키우며 느끼는 행복이란 걸 몰랐던 시기였기 때문이다. 글자로만 아는 그 감정을 보며 와아, 경탄했을 뿐이다. 그땐 정말 몰랐다. 하지만 지금은 그때 그분이 얘기한 행복감이 무엇이었는지를 오롯이—똑같지는 않을지라도—알 것 같다. "작업적으로는 참 힘들다"라는 말의 진짜 의미 또한. 아아, 이런 것이었군요!

이번 책의 작업 능률이란 이제 여섯 살이 되는 아이를 바라보며 느끼는 행복감에 정확히 반비례했다. 안에서 눌어붙어 잘 나오지 않는 생각들을 고통스레 부여잡고 한 줄 한 줄 적어 내려갔다. '그래도 이 이야기는 지금 이 시점에 필요할 거야'라고 생각하면서. 더 쓸 수 있는 이야기도 있었고, 쓰려다가 아쉽게 내어놓지 못한 이야기도 있지만, 언제나 그렇듯 이것이 지금 이 시점에 내어놓을 수 있는 최대치라는 심정으로 썼다.

* * *

아내가 아미인 덕에 방탄소년단을 비롯한 아이돌 문화의 흐름을 오롯이 푹 빠져서는 아니어도 꾸준히 지켜보게 된다. '덕질'의 무게 중심이 아이돌로 넘어가고 그 흐름이 전 세계 단위로 넘어가는 과정을 지켜보면서 착잡함과 아쉬움이 안 들었다면 거짓말이다. 저건 어떻게 봐도 내 오랜 덕질 대상이었던 만화나 애니메이션이 단독으로 닿을 수 있는 영역이 아니다. 분야와 성격이 다르니 똑같이 댈 수 있는 건 아닐지라도 약간의 질투심까지 나는 건 어쩔 수 없다. 한데 비단 아이돌 때문만이 아니라, '덕질'이란 용어가 가리키던 모든 것의 저변이 바뀌었다. 불과 몇 년 사이의 일이다.

내 첫 책 《키워드 오덕학》이 말하고 싶었던 것은 만화와 애니메이션을 비롯한 다양한 매체를 즐기던 이들의 문화가 우리 땅에서 어떻게 자리하고 있는가였고, 이미 많이 바뀌어가고 있기는 했으되 여전히 남아 있는 몰이해와 오해를 설명을 통해 약간이나마 해소하고 싶은 마음도 있었다. 오덕으로서의 명예회복 같은 목표를 떠올린 건 아니었지만 적어도 있는 걸 애써 체급을 부풀리는 식으로 자의식을 채우고 싶진 않았고, 적어도 이 땅에서의 흐름을 내가 할 수 있는 한 기억하고 기록해두고 싶었다. 그런데 그 이후 고작 3년 정도 지나는 동안의 변화는 그간 겪어온 바와는 완전히 다른 속도였다. 더 이상 '덕질'은 왕년의 덕심을 간직하고 있던 오덕의 것이 아니다.

그리고 더 놀랍게도, 이젠 만화와 애니메이션 등도 오덕만의 것은 아니게 됐다. 한 시기 우리에게 많은 영감과 즐거움을 줬던 일본발 오덕 문화들은, 이제 일본이라는 나라가 지니고 있던 정치적 한계와 맞물리며 한국의 어떤 것에도 우월성을 보이지 못하게 됐다. 그래서 한국에서 오덕의 정체성을 지니고 있던 이들은 2020년 현재 굉장히 기묘한 입장에 끼어 있다.

모든 사람은 자신이 아동기에서 20대에 이르는 시기에 접한 문화 매체에 평생을 저당 잡혀 산다. 그 이후에 급속하게 빠져든 문화조차 어린 시기에 문화를 접하고 받아들이던 자기 안의 공식에 맞춰서 소화하게 된다. 그래서 지금 상황은 좀 낯설고 당황스럽기도 하다.

한국이 나름대로 잘해나가고 있는 모습에 기뻐하지 않을 이는 없다. 하지만 일본 문화가 그들의 전근대 정치와 발맞추어 갈수록 동어반복과 자기 복제에서 벗어나지 못하면서 더 이상 새롭고 힙한 문화로서의 가치를 주지 못하는 부분에서는 이러자고 덕질을 해왔나 하는 자괴감이 들고 마는 것이다. 심지어 무얼 잘못 먹기라도 했는지 일본의 유명 창작자들이 하나둘, 우리 식으로 치면 매국보수 집회에 나가는 어르신 같은 소리를 해대기 시작하니 정이 붙어 있으면 그게 이상할 지경이다.

이 와중에 지금 우리나라의 만화와 애니메이션은 완전히 다른 세대에 최적화되어 나름대로 잘 만들어지고 있다. 이를 보면 우리는 오랜 시간 품어왔던 대중문화에 얽힌 갖가지 콤플렉스에서 해방되는 순간을 맞이하고 있는 게 아닌가 하는 심정이 든다. 다만 바라고 바라왔던 바와 같이, 내가 보고 자라며 즐거워했던 형태의 만화

312

와 애니메이션이 대중 엔터테인먼트의 중심이나 원천으로서 온 대중에게 먹히고 시대 조류를 이끌어가고 있지는 않다. 바라던 모습을 K-POP 엔터테인먼트가 맹렬하게 보여주고 있고, 덕질의 헤게모니도 그쪽이 거의 가져갔다. 약간은, 아니 사실은 많이 질투 나는 대목이다.

그러나 만화와 애니메이션 같은 문화 또한 그사이에 철저하게 '더 넓은' 대상, 다시 말해 대중 전반을 향한 자리를 찾아가고 있다. 이들 문화는 이제 만화 독자, 애니메이션 오덕의 범주를 넘어서 먼 길을 와서 비로소 '대중'을 상대로 하는 자리에 도달했고, 최고의 자리에 단독으로 서 있지는 않아도 한국의 대중문화라는 한 팀을 이루고 있음을, 더는 구구절절 억지로 강변하지 않아도 대부분 아는 단계에 이르렀다. 놀랍게도 불과 요 몇 년 사이는 그러한 '확인'이 대중적으로 확정되는 단계였다. 일본의 자멸 덕분이든, 한국의 문화적 체력 강화든, 어쨌든 모든 요인이 절묘하게 엮여, 여기까지 왔다.

그러니 단독이 아니면 뭐 어때. 〈슬램덩크〉에서 변덕규가 그러지 않던가. "나는 팀의 주역이 아니어도 좋다"고. 그 타이밍에 변덕규가 없었다면 윤대협은 있을지라도 능남이란 팀은 없었을 테니까. 만화도 어쩌면, 이제 우리 문화 안에서 그런 역할을 하게 된 게 아닐까. 일단은 그리 생각하기로 했다.

* * *

만화와 웹툰이라는 표현 차이도 그렇지만 이제 같은 걸 보는 이들의 세대도 많이 갈리는 통에 고작 나이 마흔 줄에 뭔 화두만 나오면 "라떼는 말이야"가 되기 십상이 되는 상황을 놀랍게도 곧잘 겪게 된다.

당황스럽기 이를 데 없지만 앞 세대들도 비슷한 심정으로 입을 적당히 봉하고 제 일 하시는 데 집중하셨던 것이겠거니 여긴다. 내가 하기도 웃긴 이야기지만, 정말로 세상이 눈앞에서 완전히 뒤집혔고 이건 만화가 웹툰이 되던 것과는 또 다른 전복이었다. 단언하건대 지금 이 시점을 겪은 현재의 유년기~20대 세대에게 만화와 애니메이션은 이전 세대가 보아온 것과는 완전히 다르고 강인한 무언가가 되어갈 것이고, 덕질의 형태 또한 마찬가지다. 그건 그 시간을 오롯이 실시간으로 겪고 있을 이들의 영역이고, 그들의 말과 글로 풀어나가야 할 이야기일 것이다.

그런 현실 인식 앞에서 내가 앞으로 풀어낼 수 있는 이야기는 무엇일까. 조금은 막막한 기분이다. 물론 내 안에는 채 담아내지 못한 이야기들이 아직 남아 있다. 끄집어낼 수 있는 한은 끄집어내고 정리하여 남겨야 할 터다. 이 작은 각오와 약간의 막막함을 끌어안고 이번 책을 여기서 맺는다.

# 덕립선언서

초판 1쇄 인쇄 | 2020년 10월 26일
초판 1쇄 발행 | 2020년 11월 5일

지은이 서찬휘
책임편집 손성실
편집 조성우
디자인 권월화
용지 월드페이퍼
제작 성광인쇄(주)
펴낸곳 생각비행
등록일 2010년 3월 29일 | 등록번호 제2010-000092호
주소 서울시 마포구 월드컵북로 132, 402호
전화 02) 3141-0485
팩스 02) 3141-0486
이메일 ideas0419@hanmail.net
블로그 www.ideas0419.com

ⓒ 서찬휘, 2020
ISBN 979-11-89576-70-7  03300